Maja Langsdorff

Die Geliebte

Was es heißt, die Andere zu sein

verlegt bei Beltz

CIP-Kurztitelaufnahme der Deutschen Bibliothek

Langsdorff, Maja:
Die Geliebte : was es heisst, die Andere zu sein /
Maja Langsdorff. – Weinheim ; Basel : Beltz, 1987.
(Psychologie heute : Bewusstsein)
ISBN 3-407-85081-6

© 1987 Psychologie-heute-Buchprogramm, verlegt bei
Beltz · Weinheim und Basel
Lektorat: Heiko Ernst
Satz: Fotosatz R. Schneider, 6900 Heidelberg
Druck: Druckhaus Beltz, 6944 Hemsbach
Buchbinderische Verarbeitung: Konrad Triltsch,
8700 Würzburg
Umschlaggestaltung: Studio Sign, Frankfurt
Printed in Germany

ISBN 3 407 85081 6

Für

den
JÜRGEN,
in den ich mich verliebt
hatte

ELKE,
seine Frau

JOCHEN,
der mich verstand

WALTER,
der zuhören konnte

TOPSI,
die mir Mut machte

und für

die unzähligen Frauen,
die mir vertrauensvoll
ihre Erfahrungen geschildert
haben

Vorwort

Dieses Buch ist kein Racheakt. Es ist auch kein Rechtfertigungsversuch und schon gar kein Plädoyer für die außereheliche Liebe. Es soll nicht das Alltagsdrama eines folgenschweren „Ausrutschers" banalisieren, nicht Männer pauschal zu verantwortungslosen Lustmolchen, Ehefrauen zu lamentierenden Haustyranninnen und Geliebte zu aufopfernden Unschuldsengeln stilisieren.

Dieses Buch ist ein Experiment.

Es soll anregen, ein emotionsgeladenes Thema sachlicher und objektiver zu diskutieren. Es ist außerdem der Versuch, die moderne Geliebte von überholten, unfundierten und unwürdigen Vorurteilen zu befreien, ohne außer acht zu lassen, daß ihr Handeln nicht durchweg hehren Motiven entspringt. Kurz: dieses Buch soll sich dem Phänomen der „Frau im Schatten" – der leidenden Geliebten – und ihrer Lebenssituation als perspektivenlos Liebende annähern. Es soll ihre alltäglichen Konflikte, ihre gefühlsmäßige Zerrissenheit und ihre Ängste aufzeigen und Schlaglichter auf psychologische Hintergründe werfen. Es soll gleichzeitig deutlich machen, daß nicht nur Leidensdruck und Sehnsucht dominieren: die *Andere* zu sein, bietet manchen Vorteil. Die unerlaubte Liebe zwischen Ehemann und Freundin hat eine illusionistische Qualität. Nur in einem von zehn Fällen wird aus dem heimlichen ein offizielles Paar. Was den restlichen Geliebten bleibt? Nun, sie haben ihren Traum von der wahren Liebe gehabt. Sie sind mit dem Partner nicht im Sumpf der Gewohnheit versunken. Träume, die nicht Wirklichkeit werden, sind unzerstörbar.

Inhaltsverzeichnis

I
Die UnbeLIEBte: Die Andere am Rande der Gesellschaft

Einleitung

Sie treibt einen Keil zwischen friedfertige Eheleute. Sie stellt das ungetrübte Familienglück infrage und raubt am Ende unschuldigen Kindern den Vater. Die „andere Frau" macht ein erlaubtes Gefühl am tabuisierten Objekt fest: Sie liebt einen Mann, der gebunden ist. Was nicht rechtmäßig sein kann, wird schnell abgeurteilt. Sie, die Femme fatale, die Egozentrikerin, die Frau ohne Skrupel, erscheint der Gesellschaft als impertinente Person bar jeden Gewissens. Sie ist ein (Un-)Wesen, das sich offenbar hemmungslos über alle sittlichen und moralischen Ansprüche hinwegsetzt. In einem System, das zwar endlich auch „nur" eheähnliche Verbindungen duldet, das aber eine neue Mütterlichkeit propagiert und Liebende ausschließlich in monogamen Beziehungen – am besten mit goldenen Ringen am Finger – glücklich sehen kann, erlebt man/frau die heimliche Geliebte als unheimliche Bedrohung.

Frauen an der Seite verheirateter Männer sind Frauen zweiter Klasse. Daß sie auch Menschen sind, wird dabei allzu leicht vergessen. Die personifizierte Sünde, die verkörperte Verwerflichkeit kann sich kaum wehren. Ihr Los hat sie meist freiwillig, nicht selten ganz bewußt gezogen. Selbst ist sie dran schuld, wie man über sie spricht, über diese wandelnde Verführung, die sich dem gebundenen Mann an den Hals wirft, ihm den Kopf verdreht und ihn um den Verstand bringt.

Aber ist sie wirklich so wie das Bild, das sich die Allgemeinheit von der „anderen Frau" macht? Sind die Frauen, die verheiratete Männer lieben, wirklich die Monster, zu denen sie von moralbewußten Zeitgenossen (allesamt glücklich verheiratet?) hochstilisiert werden? Ist das Feindbild der Geliebten denn wirklich begründet? Wie auch immer sich eine „verbotene Liebe" rechtfertigen läßt – gehören nicht jeweils die sprichwörtlichen Zwei

13

dazu? Und dringt die „Andere" tatsächlich in gesunde, intakte Ehen ein? Ist es überhaupt möglich, stabile Beziehungen in ihren Grundfesten zu erschüttern? Oder hatte die bewußte Ehe vielleicht nur deshalb perfekt funktioniert, weil man bereit war, den Riß in der Partnerschaft zu übersehen?

Unser bürgerliches System hat seine Ordnung. Wir werden verplant, verkabelt, verdatet, vermessen, verschaukelt. Der Verstand, nicht das Gefühl dominiert. Orgasmuskurven werden berechnet; Angst-, Streß- und Erregungszustände biochemisch definiert; Liebe ist eine Frage der Moral – in vielerlei Hinsicht. Die demonstrative Freizügigkeit, die vielzitierte Liberalität, hat ihre Grenzen. Bei aller Aufgeklärtheit fällt noch immer jeder neue Papst das Urteil „lebenslänglich" für heiratswillige Liebende, und noch immer sollte der gläubige Katholik in der körperlichen Liebe vor allem anderen eine (freudlose?) Pflichterfüllung sehen. Gewiß, selbst strenge Christen haben begonnen, sich in dieser Hinsicht von der erstarrten Glaubenslehre vergangener Jahrhunderte zu lösen. Vorbei sind die Zeiten, da es fürs Zusammenleben eines Trauscheins bedurfte. Skandalträchtige „wilde" Ehen sind als simple „Zweierbeziehung" zur adäquaten, anerkannten Lebensform geworden. Weniger verklemmt stehen wir den „un"ehelich Geborenen gegenüber, seit sie offiziell „vor"ehelich zur Welt kommen. Selbst ledige Mütter erfahren weniger Repressalien als früher, stoßen kaum noch auf Vorurteile und finden mancherlei soziale und finanzielle Unterstützung, wenn sie die richtigen Quellen anzapfen. Fast penetrant wirkt die Enthemmung im Atomzeitalter. Über Verhütung wird in der Kantine diskutiert, am Frühstückstisch empfiehlt sich via Radio ein neuer Tampon mit Sicherheitszone und spießig ist, wer FKK ablehnt.

Flexibilität auf allen Ebenen ist die meistgefragte Eigenschaft, der größte Makel ist der, als altmodisch zu gelten. Eifersucht zum Beispiel ist zwar immer noch weitverbreitet, aber auch ein Tabu-Thema, gilt doch der/die Eifersüchtige als hoffnungslos rückständig. In den späten 60er Jahren wurde erstmals die offene Ehe propagiert. Als Gegenmodell zur herkömmlichen Ehe empfahl das amerikanische Anthropologen-Ehepaar Nena und George O'Neill seinerzeit, sich gegenseitig der sexuellen Treuepflicht zu entbinden und Nebenbeziehungen ausdrücklich zu erlauben. Es zeigte sich, daß das Gros der Ehepaare von dieser Form des Zusammenlebens überfordert war. Ein mit dem Zugehörigkeitsgefühl gewachsener instinktiver und eher unbewußter Besitzanspruch läßt sich nicht einfach weg-modernisieren.

Ja, ein Seitensprung kommt angeblich (oder gerade da) in den besten Familien vor. Doch wenn die Sache die Dimension des Abenteuers sprengt, wenn sie tieferen Gefühlen entsprang und aus der Versuchung die verbotene Liebe keimt, dann treten sie an, die angepaßten Spießer, und predigen Moral.

Die Toleranz gegenüber Außenseitern ist in der breiten Öffentlichkeit in den letzten Jahren gewachsen. Am deutlichsten zeigt sich ein Abbau der Diskriminierung von Randgruppen am Beispiel jener, die im Dritten Reich als sexuell abartig eingestuft und „unschädlich" gemacht wurden: an Homosexuellen beiderlei Geschlechts. Eine zunehmende sexuelle Freizügigkeit und Toleranz ist auch in den Kontakt-Spalten vieler Zeitungen und Anzeigenblätter abzulesen. Auch in einer liebenswert kleinkarierten süddeutschen Großstadt flattert allwöchentlich ein dickes, kostenloses Anzeigenblatt in alle Haushalte. Angeblich ist es das größte seiner Art in diesem unseren Lande, und angeblich werden die knapp 350.000 Exemplare jeder Auflage von über einer halben Million Menschen in Stadt und Region gelesen. Dementsprechend blüht das Geschäft mit wohlformulierten Kontakt- und Liebeswünschen. Meist füllen die privaten und die gewerblichen Heirats- und Bekanntschaftsanzeigen zwei große Seiten.

Die Anzeigenabteilung betont zwar, wie sehr man stets auf Korrektheit und Seriosität der Inserate bedacht ist. Obszöne, moralisch unvertretbare und gewerbliche Anzeigen von Mannequins und Modellen werden in diesem Presseerzeugnis grundsätzlich nicht aufgenommen. Veröffentlicht werden als sittlich einwandfrei befundene Gesuche und – man ist ja liberal – natürlich hier und da auch mal etwas weniger konventionelle Offerten, etwa:

„Er, 35, sucht sportlichen, behaarten Freund."

oder

„Berlinerin mit Herz, Niveau und Toleranz sucht zärtliche Freundin. 100% Diskretion."

und

„Er, 36, sucht nette Sie für diskrete Unternehmungen."

Es stimmt versöhnlich, daß hier offenbar auch Lesbische, Schwule und sexuell Vernachlässigte nicht der strengen moralischen Zensur unterworfen werden. Wie tief verwurzelt aber das Vorurteil über die Spezies männerverschlingender Mätressen sein muß, beweist die Tatsache, daß eine völlig unzweideutige Anzeige „wegen moralischer Bedenken" strikt abgelehnt wird. In einem anständigen Blatt haben solche Texte offenbar nichts verloren:

„Sachbuchautorin sucht Frauen, die bereit sind, ihre Probleme als Freundin eines verheirateten Mannes zu schildern."

Das sollte zu denken geben. Wird da nicht insgeheim die „Andere" auf eine Stufe mit Frauen gestellt, die Liebe als käufliche Ware anbieten? Wieviel Elend und Not auch immer hinter Prostitution verborgen sein mag – der Frau im Schatten des verheirateten Mannes sollten derartige Motive als Allerletztes unterstellt werden. Freilich, was sie tut, entspricht nicht den gängigen Moralvorstellungen, ist ein Akt wider die Frauensolidarität und trifft mitten ins Herz unseres Staates – die Familie.

In billigen Komödien und seichten Fernsehspielen werden die gängigen Klischees erbarmungslos ausgewalzt. Hier, ja fast ausschließlich hier, taucht die „andere Frau" aus dem Dunkel ihres Liebesdramas in das grelle Licht der Öffentlichkeit auf: vorzugsweise in der Rolle der Sekretärin als dumm-liebestolles Betthäschen eines ach so honorigen Chefs.

Die Realität sieht anders aus. Martha S., eine 30jährige Betroffene glaubt: „Eine Beziehung zu einem verheirateten Mann? Das haben doch 80 Prozent aller Frauen schon mal durchgemacht." Mag eine solche Zahl auch um etliches zu hoch gegriffen sein, die Frau als „geliebter Schatten" ist kein Einzelfall. Und oft ist sie eine sehr unglückliche Gestalt, die unter den Begleitumständen ihrer Liebe leidet, wie Hanna, die mit 22 Jahren Geliebte eines verheirateten Mannes wurde und dies 16 Jahre lang blieb. Sie schreibt:

„Ich glaube, die Spießer, die immer empört fragen, woher eine Frau die Unverfrorenheit nimmt, in eine fremde Ehe einzubrechen, können nicht ermessen, welchen seelischen Schmerz die Geliebte eines Mannes durchleidet – sie geht den Opfergang einer Liebe. Eine solche Liebe besteht oft nur durch Aufopferungen und durch Nicht-alles-Verlangen. Oft ist man zerrissen von tausend sich widersprechenden Qualen. Mein Freund sprach oft von dem Graben, der zwischen uns war. Aber er führte keine Änderung herbei – ich begreife es bis heute nicht."

Das Los der Geliebten ist alles andere als angenehm: sie muß in aller Regel ein Doppelleben führen. Hier selbstbewußter Single, da Nachtschattengewächs und stets präsenter Engel für die Illusion einer trauten Zweisamkeit.

Wenn es ein Fehler sein kann, zu lieben, dann macht diese Frau einen unverzeihlichen Fehler. Denn läßt sich auch das Wesen der verbotenen Liebe nicht verallgemeinern, so ist es doch fast immer die andere Frau, auf die alle Folgen und Nachteile der Beziehung fallen.

Ein Problem mit Geschichte

Es ist mehr als zweitausend Jahre her, daß der römische Komödiendichter Terenz (ca. 190-159 v. Chr.) den Satz prägte

Duo cum faciunt idem, non es idem –
wenn zwei dasselbe tun, ist es nicht dasselbe.

Diese Worte haben nichts an ihrer Aktualität eingebüßt. Der Wahrheitsgehalt dieser Aussage kommt besonders plastisch zum Ausdruck, vergleicht man einmal Position, Profil und gesellschaftlichen Status von einstigen und heutigen Geliebten. Die romanfüllende Faszination des Außergewöhnlichen ist einer eher nüchtern-

distanzierten bis schuldzuweisenden Betrachtungsweise des All-
tagsproblems „Seitensprung" gewichen. Die „Andere" bietet auch
im Zeitalter der universalen Aufgeklärtheit reichlich Gesprächs-
und Konfliktstoff. Zumal dann, wenn sich der „außereheliche
Geschlechtsverkehr" des ehedem treuen Gatten als tiefergehende
zwischenmenschliche Beziehung entpuppt. Trotz sexueller Freizügigkeit und gewandeltem Partnerschaftsverständnis in „modernen" Ehen ist die natürliche Toleranzgrenze spätestens dann
überschritten, wenn das Wort „Liebe" ins Spiel kommt. Wie das
konventionelle Einehe-Ideal körperliche Treue fordert, stehen
Engstirnigkeit, Besitzanspruch, Eifersucht, Angst und Feigheit in
unserem Kulturkreis der Aufnahme von außerehelichen Beziehungen, die über das Sexuelle hinausgehen, normalerweise im Wege. Es
gibt einige seltene Ausnahmen von gelebten „offenen" Ehen, die
ahnen lassen, daß andere Lebens- und Liebesphilosophien men-
schenwürdige(re) Alternativen zum Herkömmlichen bieten können. Ein „fremdgehender" Ehemann der Flower-Power-Genera-
tion berichtet:

„Mit Zwanzig magst du an die absolute Liebe glauben, später glauben's nur
noch die wenigsten. So sehr du einer Frau verbunden sein magst, bleiben
doch auch immer Felder unbesetzt. Darauf kannst zu verzichten – oder sie
anders besetzen. Erotische Neugier spielt dabei die geringste Rolle, und
entscheidender ist der Wunsch nach einem anderen Intellekt, der anderen
Lebensart. Die andere Sinnlichkeit mag dazukommen, als schönste
Nebensache der Welt. Sich danach auch anderen zu verbinden, ist kein
*Fremd*gehen, sondern ein *Weiter*gehen. Das allerdings setzt voraus, daß
Mann, Frau und Geliebte aus gleicher Einsicht, in gleicher Konsequenz
und mit einer nach Jahren daraus entstandenen Gelassenheit handeln. Das
kann dann sehr schön und beglückend sein, wenn keiner das Gefühl haben
muß, daß die Existenz des anderen ihm etwas vorenthält. Die primäre
Bindung lebt aus einer in Jahren erworbenen Tiefe, die sekundären
Bindungen erfahren ihr Glück aus einer besonderen Einläßlichkeit
aufeinander: Lebensbindung und Wahlverwandtschaften müssen einander
nicht im Wege sein, wenn jeder weiß, was nur ihm gehört, weil kein anderer
es ja überhaupt beanspruchte."

Doch solche „Reife" ist das Seltenste. Meist genügt sogar schon ein
vager Verdacht, eine instinktive Ahnung, daß da noch „etwas" ist,

um die scheinbar intakte, funktionierende Ehe in eine ernsthafte Krise zu stürzen.

In der Regel erscheint die „Andere" erstmals auf der Bildfläche, wenn der Mann längst in ein dichtes Gespinst aus familiären, beruflichen und sozialen Verpflichtungen verwoben ist. Wo die Konsequenz einer Scheidung vorerst oder generell ausscheidet, bieten sich dem Ehemann also scheinbar nur zwei Lösungsmodelle an: auf die Freundin zu verzichten, oder – was wahrscheinlicher ist – sie schlichtweg seiner Umgebung, insbesondere der Gattin, zu verheimlichen. Wer möchte es ihm, bei den hierzulande gültigen Moralprinzipien, verdenken, wenn der Liebhaber den zunächst einfachsten Weg wählt?

Seine Freundin gewiß nicht, auch wenn sie sich insgeheim nichts mehr als Offenheit, Klarheit und Ehrlichkeit wünscht. Die Andere hat Moral, Ethik und Gesetz, oft sogar ihre Freundinnen und die Verwandtschaft gegen sich. Den großen Trumpf, ihr allumfassendes Verständnis für die „verfahrene" Situation ihres verheirateten Freundes, darf sie nicht verspielen. Denn paradoxerweise ist die typische Geliebte unserer Tage zwar eine zielstrebige, attraktive und selbstbewußt wirkende Persönlichkeit. Aber wirft man einen Blick hinter diese Fassade, wird man eines Menschen gewahr, der in zwei Welten lebt: mehr als viele ihrer Geschlechtsgenossinnen ist sie – die strahlende, intelligente, sympathische Kollegin – privat eine angepaßte, oft sehr verzweifelte „Frau im Schatten".

Seit Menschengedenken, in allen Epochen, vielen Kulturkreisen und monogam orientierten Gesellschaften hat es Frauen gegeben, die sich offen oder heimlich über geschriebene und ungeschriebene Gesetze von Moral, Sitte und Anstand, von Ethik und Religion hinwegzusetzen wußten, um die „Gunst" eines gebundenen Mannes zu genießen oder gar bis zur Neige auszukosten. Ihre Rolle spielten sie mal verdeckt, mal unverhohlen und provokativ.

Der Untergang von Monarchie und Aristokratie, die Entwicklung der Frauenbewegung und -emanzipation und das freiere Miteinander im täglichen Leben – die zeitgeschichtlichen Strömungen beeinflußten das jeweilige Schicksal der „Konkubinen" entscheidend, wirkten auf das öffentliche Bewußtsein und schlugen sich in der allgemeinen Einstellung zur Nebenfrau nieder. Sieht man einmal von den als Geliebte ausgebeuteten und geächteten

Dienstmägden ab, war die Position der Geliebten selten schlechter als im modernen Industriezeitalter.

Bezeichnend ist vielleicht, daß die heimlichen Freundinnen dem Begriff „Geliebte" selbst mit gemischten Gefühlen gegenüberstehen. Sie wollen einfach „seine Freundin" oder „seine Partnerin" sein, nicht die romantisch verklärte „Angebetete" oder gar seine „Mätresse". Diese Bezeichnung würde sie nur noch mehr abwerten. Die Namen, die andere Anderen geben, sind ihnen nicht gleichgültig.

Wer versucht, ein wenig mehr über berühmte und längst vergessene Geliebte zu erfahren, wird schnell feststellen, daß sich nicht nur die Namen geändert haben, mit denen ihre Zeitgenossen die unrechtmäßigen Nebenbuhlerinnen versahen. Die „Andere" – lange Zeit nannte man sie nur „Kurtisane" oder „Maitresse" – war stets auch die etwas andere Frau. Von der Allgemeinheit wurde sie mit zwiespältigen Gefühlen beobachtet; je nach Zeitgeist und Geschlecht pendelte man/frau zwischen Neid und Verachtung, Bewunderung und Ablehnung. Nicht anders als in der Gegenwart weckte ein Lebenswandel, der nicht ins Klischee paßte und den gerade gültigen Normen entsprach, Neugier, schürte Emotionen und provozierte Gerüchte. Es ist so bis in unsere Tage geblieben: Wenn Menschen mit Konventionen brechen, bewußt oder unversehens ihren Ruf riskieren, erregen sie Aufmerksamkeit und beflügeln die Phantasie braver Zeitgenossen ebenso wie die genialer Denker.

In der Geschichte spielte die Geliebte viele Dutzend Rollen. Sie war dramatische Titelheldin, Objekt männlicher Begierde und weiblicher Entrüstung. Sie war die geheimnisvolle Außenseiterin, umgeben von einem Hauch Faszination, eine Frau, die offen umworben oder verachtet wurde, die eindeutig privilegiert oder bestenfalls toleriert war. Wie es im Einzelfall um das Schicksal der Kurtisane, Mätresse, Geliebten bestellt war – als „andere" Frau war sie dem kleinbürgerlichen Milieu nie vollkommen gleichgültig. Es wäre jedoch ein Fehler, *die* Geliebte als einen besonderen Typ Frau pauschalisieren zu wollen. *Die* Geliebte hat durch die Jahrtausende viele Gesichter, und ihre Position als Mensch und Frau war stets eng verknüpft mit dem gesellschaftlichen Stellenwert der Familie; sie war abhängig vom jeweils gültigen Ehe-Ideal und von den sittlichen und religiösen Einflüssen jener Tage. Sie stand manchmal etwa als ausgehaltenes Dienstmädchen oder Wäscherin, ganz unten auf der sozialen Skala, oder als Mätresse einflußreicher Männer ganz oben. Im Gegensatz zum festumrissenen Rollenbild der Gattin als Hausfrau und Mutter gibt es bei den Geliebten keine durchstrukturierte „Rollenbeschreibung".

Im ausgehenden 20. Jahrhundert sind die Anderen ein Tabu, von dem jede(r) weiß und kaum eine(r) objektiv spricht. Sie sind so etwas wie ein lästiges Unkraut, das mit unverschämter Selbstverständlichkeit zwischen edlen Zuchtpflanzen zu wuchern scheint. Wie anders waren dagegen beispielsweise die Verhältnisse im Rom der republikanischen Zeit. Da scheuten sich angesehene Männer nicht, unter ihnen viele Dichter, öffentlich mit ihren Mätressen aufzutreten. Nicht selten war es die Ehefrau, die in der Dreier-Konstellation Ehefrau – Ehemann – Geliebte den Kürzeren zog. Überliefert ist zum Beispiel, wie sich eine junge Frau bitterlich darüber beschwerte, daß ihr Mann sie verschmähte und ihr eine Kurtisane vorzöge*. Ihr Vater rügt sie verständnislos für den Lapsus, ihrem Mann nachspioniert zu haben und erwidert, „Recht hat er; und er soll sie dir zur Strafe noch mehr lieben!". Die Ehefrau ohne Mitgift lebte in erniedrigender Versklavung. Sie wurde für Ehebruch mit dem Tode bestraft. Ihr Mann hingegen konnte ihre Kleider ungerügt seiner Geliebten schenken.

Nicht „Frauen im Schatten", vielmehr solche im Licht der Öffentlichkeit waren auch die Mätressen des 17. und 18. Jahrhunderts. Die *Maitresse en titre* (Maitresse = frz. ,Herrin') war die anerkannte, oft einflußreiche Geliebte eines Fürsten. Es gehörte im Zeitalter des Sonnenkönigs Ludwig XIV. (1638-1715) in gewissen Kreisen zum guten Ton, Mätressen zu haben. Diese Geliebten waren keine naiven Betthasen – ihre Macht reichte an die von Königinnen heran, wie etwa bei der Marquise de Montespan, mit der Ludwig XIV. nicht weniger als acht Kinder hatte.

Vorbei sind die Zeiten des Glanzes und die Ära der Mätressen. Die großen Geliebten von einst machten Geschichte. Die moderne Geliebte macht, als Alltagsärgernis, allenfalls Geschichten ...

---

* Paul Werner, „Leben und Liebe im alten Rom", Productions Liber S.A., Fribourg 1977

Wie unmittelbar sich gesellschaftliche Faktoren – Zeitgeist, Umfeld und Sozialstruktur – auf die Rolle der Geliebten auswirkten, macht ein Vergleich zwischen „Anderen" verschiedener Epochen und Kulturkreise deutlich. Anke Hüper hat sich mit der Geschichte der anderen Frauen auseinandergesetzt und faßt im folgenden Abschnitt ihre Erkenntnisse zusammen. Sie gibt einen Überblick darüber, was es bedeutete und wie man lebte, war man:

Die Andere zu anderen Zeiten

„Auf der Suche nach Vorgängerinnen der Anderen in der Geschichte entdeckt man viel Überraschendes. Die Geliebte eines verheirateten Mannes ist keine Rolle, die sich unverändert durch alle Jahrhunderte verfolgen läßt. Bis etwa ins 18. Jahrhundert noch unterschieden sich die sozialen, rechtlichen und geistigen Strukturen so stark von den heutigen, daß auch die persönlichen Beziehungen zwischen Menschen ganz und gar anderen Regeln und Gesetzmäßigkeiten unterworfen waren. Außereheliche Bindung, so alt wie die älteste Form der Ehe, hat keine autonome Geschichte. Sie steht immer schon in einem symbiotischem Verhältnis zur Ehe, und eine Geschichte der Ehe ist zugleich eine Geschichte der außerehelichen Beziehung. – Vor der Einführung des christlichen Ehemodells in der westlichen Welt war – wie heute außerhalb des Geltungsbereiches christlicher Moralauffassung – die Eheform am meisten verbreitet, in der zumindest der Mann seine Frau verstoßen und eine andere heiraten konnte. Die meisten Gesellschaften duldeten eher polygyne (Polygynie = griech. ‚Vielweiberei‘) als polyandrische (Polyandrie = griech. ‚Vielmännerei‘) Lebensformen, d.h. einem Mann war es eher gestattet, gleichzeitig Beziehungen zu mehr als einer Frau zu pflegen, als umgekehrt. Für dieses Ungleichgewicht hat man oft nach Erklärungen gesucht. Eine Hypothese ist, daß polygyne Strukturen eher die Nachkommenschaft eines Volkes sichern. Zu Zeiten, in denen ein Staat glaubte, reichen Kindersegen propagieren zu müssen, wurden stets Überlegungen laut, polygyne Eheformen zu legalisieren, wie etwa in Sparta oder aber auch im Dritten Reich. Ein anderer Erklärungsansatz: Ein Mann kann die Vaterschaft seiner Kinder nur als gesichert annehmen, wenn er sich auf die sexuelle Treue seiner Frau verlassen darf.

Heiraten und Liebschaften des Adels hatten häufig politische Hintergründe. Schon in den antiken Hochkulturen war es zwar üblich, nur mit einer Frau zur selben Zeit verheiratet zu sein. Doch mit am Hofe lebte oft eine ganze Reihe von Nebenfrauen. Manche Mätresse übte vorübergehend einen wirksameren Einfluß auf den Herrscher aus als die Königin selbst. Gelegentlich wurden Frauen auch dem Mächtigen von einem befreundeten König zum Geschenk gemacht oder man hatte sie als Kriegsbeute mitgebracht. Von Gefühl und Politik abgesehen sicherte eine große Zahl von Frauen dem Königshaus die Nachkommenschaft – bei der früher so hohen Kindersterblichkeit ein wichtiges Faktum.

Zur unterschiedlichen Stellung und Behandlung von Mann und Frau im alten Griechenland liefern Homers Ilias und Odyssee Aufschlußreiches. Kehrte ein König von jahrzehntelangen Feldzügen zurück, vielleicht noch mit einigen neuen Frauen an Bord, dann erwartete ihn nicht immer ein glückliches Los. Als Agamemmnon aus dem Kampf gegen Troja wieder in den heimatlichen Hafen einlief, war sein Tod und damit auch das Schicksal der gefangenen trojanischen Frauen beschlossen. Seine Frau Klytämnestra hatte sich in der Zwischenzeit mit Ägist zusammengetan, und da war für den fremdgewordenen Heimkehrer kein Platz mehr. Odysseus hatte mehr Glück. Die Treue seiner Gattin Penelope wird als vorbildlich gepriesen. Daß Odysseus aber nach seiner Rückkehr nicht nur alle Möchtegern-Freier, sondern auch alle Dienstmägde, die ihn während seiner Abwesenheit betrogen hatten, umbringen ließ, wissen die wenigsten.

Auch das Alte Testament wartet mit sonderbaren Liebesgeschichten auf. König David zum Beispiel hatte schon einige Frauen und Kinder am Hofe, als er eines Tages Bathseba, die Frau eines seiner Gefolgsleute, entdeckte und sich in sie verliebte. Um sie zu bekommen, mußte er allerdings erst ihren Mann umbringen lassen. Bis in die Neuzeit werden viele Geschichten über Zweit- und Nebenfrauen an den Königshöfen erzählt, man denke nur an die legendären Mätressen der absolutistischen Könige in Frankreich oder an die Schauspielerin Katharina Schratt, die Geliebte des letzten österreichischen Kaisers Franz Joseph.

Da über die wenigen wichtigen Menschen einer Gesellschaft immer weitaus mehr bekannt ist als über das Leben der ‚kleinen Leute‘, scheint es, als seien derlei außereheliche Beziehungen stets gang und gäbe gewesen. Längerwährende intime Freundschaften zwischen verheirateten Männern und alleinstehenden Frauen dürfte es indes bei der Mehrheit der Bevölkerung bis in die Neuzeit nur selten gegeben haben. Der ‚einfache Mann des Volkes‘ hatte wohl weder genug Kraft noch genügend Geld, um für mehr als eine Frau aufzukommen, denn zu Zeiten, da unverheiratete Frauen sich kaum selbst ernähren konnten, hätte der Mann sie ja aushalten müssen. Man darf auch nicht vergessen, daß die Ehe im Durchschnitt sehr viel kürzer als heute währte und viele Frauen im Kindbett starben. Darüberhinaus standen ehrbare Frauen unter der strengen Aufsicht ihrer männlichen Verwandten. Der eigenen Frau gegenüber galt der fremdgehende Ehemann zwar nicht als Ehebrecher. Doch drohten empfindliche Sanktionen, wenn er mit einer verheirateten Frau deren Ehe brach. Nicht weniger gefährlich war es, sich etwa mit der heiratsfähigen Tochter eines freien Mannes einzulassen. Eine voreheliche Beziehung minderte ihren Wert auf dem Heiratsmarkt – die Ehre der Familie stand auf dem Spiel. Die Sanktionen gegen ein ‚gefallenes Mädchen‘ und ihrer Liebhaber variierten; jede erdenkliche unmenschliche Bestrafung ist wohl irgendwann und irgendwo einmal angewandt worden. Für eine ehrbare Frau gab es keine sexuelle Selbstbestimmung. Selbst wenn die Begegnung mit dem Mann gegen ihren Willen stattgefunden hatte, mußte sie die Folgen tragen. Wegen der hohen Wertschätzung der Jungfräulichkeit konnte mitunter schon die einmalige Begegnung zu einem Verhängnis werden.

Eine entscheidende Rolle spielten auch stets der Stand des Mannes und die soziale Einbindung der Frau. Für die nicht ehrbare Frau stellte sich die Situation ganz anders dar. Sklavinnen und Dienstmägde gehörten in der Regel zu dem Haushalt, in dem sie arbeiteten. Aufgrund ihres rechtlichen Status oder ihrer Armut waren sie selten oder nur unter sehr erschwerten Bedingungen überhaupt ehefähig. Ihre Abhängigkeit vom Dienstherrn schloß auch ihre sexuelle Verfügbarkeit mit ein.

Im deutschen Sprachraum belegen die frühen Schwankballaden des Mittelalters die außerehelichen Beziehungen des Mannes. Sie berichten immer wieder von Verhältnissen mit Dienstmägden, wobei entweder besungen wird, welche Tricks der Mann anwendet, um die Magd zum Beischlaf zu überreden, oder welche Tricks die Ehefrau anwendet, um das Geschehen zu unterbinden. Ob heimlich vom Dienstherren erpreßt und vergewaltigt oder ob aus einer Liebesbeziehung schwanger und von der Ehefrau aus dem Haus gejagt – Leidtragende war immer die Magd. Frauen der untersten Sozialstufe standen nur extrem ungesicherte, unehrenvolle Möglichkeiten ihrer Existenzsicherung offen. Für manche konnte ein außer- oder uneheliches Verhältnis zu einer existenziellen Bedrohung werden, für andere waren Liebschaften die einzige Chance, zu überleben oder gar sozial aufzusteigen. Die im Mittelalter übliche Bezeichnung ,ehrbare Hure' für eine ledige Frau, die einen Liebhaber hatte, zeigt, daß ihr Ansehen ähnlich niedrig wie das einer Prostituierten war.

Im antiken Griechenland wurden die Hetären besungen, hochkultivierte Frauen, die künstlerische und erotische Betätigung zu ihrer Aufgabe gemacht hatten. Sie pflegten Kontakte zu den Philosophen und politischen Denkern, und es war ihnen gestattet, an Veranstaltungen teilzunehmen, für die andere Frauen nicht zugelassen waren. Die italienische Renaissance, die vieles aus der Antike wiederbelebte, brachte die Kurtisanen hervor. Meistens stammten diese unabhängigen, gebildeten Frauen nicht aus den besten Familien. Die Hinwendung aber zu weltlichem Lebensgenuß und die Lockerung der Sitten in Zeiten wirtschaftlichen Aufschwungs ließen Raum für die herausragende soziale und wirtschaftliche Stellung dieser Frauengruppe. Ende des 16. Jahrhunderts jedoch begann eine neue Epoche größerer Sittenstrenge in Italien, und Papst Pius V. setzte die gesellschaftliche Ächtung der Kurtisanen durch.

Unterschiedliche Faktoren haben in der Neuzeit die Strukturen außerehelicher Liebesbeziehungen entscheidend verändert. Im Hochmittelalter hatte sich die christliche Eheauffassung mit der Forderung nach Unauflöslichkeit und Treue *beider* Ehegatten allgemein durchgesetzt. Erst die revolutionären Entwicklungen der Neuzeit und insbesondere die seit dem 18. Jahrhundert machten eine Veränderung möglich. Medizinische Fortschritte erhöhten die Lebenserwartung; die Französische Revolution vergrößerte Macht und Einfluß des Bürgertums; die industrielle Revolution polarisierte weibliche Erwerbstätigkeit und führte zu einer Trennung von Wohnung und Arbeitsplatz; die Frauenbewegung kämpfte für eine rechtliche, wirtschaftliche und soziale Besserstellung der Frau. Außerdem setzte sich das Ideal der Liebesheirat seit dem 18. Jahrhundert mehr und mehr durch. Jahrhundertelang hatten Philosophen und Kirchenväter vor einer Erotisierung der Ehe gewarnt. Begriffe wie Pflicht, Treue und Keuschheit hatten Vorrang gehabt. Mit der Angleichung ehelicher und außerehelicher Liebe gerieten Dauer und Haltbarkeit der Institution in Gefahr. Vor allem die Romantiker propagierten das Recht auf Liebe – ob ehelich oder nicht. Und plötzlich erfuhr man mehr über Leben und Denken der ‚Anderen‘, hauptsächlich durch Briefe und das schriftstellerische Werk der Frauen und Freundinnen bekannter Dichter. Lou Andreas-Salomé, Fanny Lewald und Caroline von Günderode, um nur einige Namen zu nennen, führten ein selbständigeres Leben als viele Vorgängerinnen. Nicht nur durch ihre männlichen Zeitgenossen, sondern teilweise durch sie selbst erfährt man Genaueres über ihre Beziehungen zu verheirateten Männern. – ‚In secret we met – in silence I grieve‘ (Im Heimlichen trafen wir uns – im Stillen trauere ich), diese Gedichtzeilen des englischen Romantikers Lord Byron sprechen wohl heute noch manchem und mancher aus dem Herzen.“

Literaturempfehlungen

Ariès Philippe; Béjin Andrè; Foucault, Michel u.a.: Die Masken des Begehrens und die Metamorphosen der Sinnlichkeit. Zur Geschichte der Sexualität im Abendland, Frankfurt 1982
Baumgart, Hildegard: Eifersucht, Erfahrungen und Lösungsversuche im Beziehungsdreieck, Reinbek 1985
Die Braut. Geliebt, verkauft, getauscht, geraubt. Zur Rolle der Frau im Kulturvergleich. Zweibändige Materialsammlung zu einer Ausstellung des Rautenstrauch-Joest-Museums für Völkerkunde in der Josef-Haubrich-Kunsthalle Köln vom 26. Juli bis 13. Oktober 1985
Ennen, Edith: Frauen im Mittelalter, München 1984
Frauen in der Geschichte, Düsseldorf 1984 (vierbändig, wechselnde Herausgeber)
Masson, Georgina: Kurtisanen der Renaissance, Tübingen 1975

Métral, Marie-Odile: Die Ehe, Frankfurt 1981

Roth, Klaus: Ehebruchschwänke in Liedform. Eine Untersuchung zur deutsch- und englischsprachigen Schwankballade, München 1977

Shorter, Edward: Der weibliche Körper als Schicksal. Zur Sozialgeschichte der Frau, München 1984

Schuller, Wolfgang: Frauen in der griechischen Geschichte, Konstanz 1985

Shahar, Shulamith: Die Frau im Mittelalter, Königstein 1981

Taylor, Gordon Rattray: Kulturgeschichte der Sexualität, Frankfurt 1977

Jahrhundert, München 1983

Zinserling, Verena: Die Frau in Hellas und Rom, Stuttgart u.a. 1972

Anke Hüper, geb. 1959 in München, nach Ausbildung zur Gymnasiallehrerin und Referendarzeit ohne Anstellung und auf der Suche nach neuen Perspektiven, hat aufgrund persönlicher Erfahrungen das Thema „Beziehungsdreieck" zu ihrem wissenschaftlichen Untersuchungsgegenstand gemacht. Erste Veröffentlichung: „Die andere Frau", Psychologie heute 5/1986

Mehr als eine Randerscheinung

Es scheint, daß heute kein Problem mehr existiert, das sich nicht in Zahlen ausdrücken ließe. Statistische Erhebungen und repräsentative Querschnitte sind allerdings selten geeignet, den tatsächlichen Dimensionen eines Problems gerecht zu werden. Auch wenn Zahlen nur emotionsneutrale Informationen bedeuten, so läßt sich mit ihnen doch die Größenordnung eines Problems verdeutlichen. Mit Zahlen läßt sich aufzeigen, wie alltäglich die für alle Beteiligten oft schmerzhaften Dreier-Konstellationen sind. Wenn heute ein Mann, der eine ganz passable Ehe führt, seine Frau liebt und stolz auf seine Kinder ist, mehr oder minder regelmäßig aus dem Alltragstrott in die Traumwelt mit einer Anderen flüchtet, ist dies keinesfalls ein Einzelfall. Verhältnisse mit Tiefgang sind eine gut kaschierte, doch typische Zeiterscheinung. Es ist eine Form des Ausbrechens aus dem engen Korsett der Normalität.

Dabei spielt Sex unbestritten eine wesentliche, keineswegs aber die einzige Rolle. Nicht das Bibel-Gebot „Du sollst nicht ehebrechen" noch der Treueschwur in der Kirche können Seitensprünge verhindern. Für Fachleute wie Ernest Borneman* steht fest, „daß sexuelle Monogamie zumindest im statistischen Sinne anomal ist". Ein sexuelles Abenteuer, die genutzte Gelegenheit, mag die angetraute Partnerin vielleicht gerade noch verzeihen und verkraften. Ist die Andere aber eine „Geliebte" im ureigensten Sinn des Wortes, wird sie in der monogamen Gesellschaft zum unberechenbaren Restrisiko, zum gefürchteten Störfaktor.

„Die Liebe", schreibt Erich Fromm**, „ist nicht das Ergebnis einer adäquaten sexuellen Befriedigung, sondern das sexuelle Glück – ja sogar die Erlernung der sogenannten sexuellen Technik – ist das Resultat der Liebe."

So gesehen ist es nur verständlich, warum außereheliche Beziehungen trotz ihrer weiten Verbreitung ein derart heikles Thema auch für die aufgeklärten Menschen unserer Zeit darstellen, die sich ja erst seit kurzem von den strengen Sitten und Moralvorstellungen früherer Zeiten losgesagt haben. Der Bedrohung, die von der Geliebten ausgeht, begegnet unsere oft als freizügig und aufgeklärt bezeichnete Gesellschaft mit sehr bequemen psychologischen Mechanismen: Verdrängung, Verleugnung, unter den Teppich kehren. Man spricht nicht darüber – zumindest nicht öffentlich. Die verdrängte Realität, in Zahlen veranschaulicht: Vertraut man auch nur halbwegs auf Zahlenmaterial, das die Boulevardpresse aufgrund mehr oder weniger repräsentativer Untersuchungen anzubieten hat; nimmt man die empfehlenswerten Abstriche vor und kalkuliert den unfaßbaren Faktor Dunkelziffer ein, dann leben etwa eineinhalb Millionen Frauen als Geliebte verheirateter Männer. Man könnte auch sagen, anderthalb Millionen Männer sind chronische Fremdgänger, oder anderthalb Millionen Ehefrauen werden regelmäßig von ihren Männern hintergangen.

---

* Borneman, Ernest: Lexikon der Liebe - Materialien zur Sexualwissenschaft. Ullstein, Frankfurt, Berlin, Wien 1978 zitiert bei Anke Hüper in „Die andere Frau", Psychologie heute, Mai 1986
** Erich Fromm: Die Kunst des Liebens. Ullstein Materialien. Frankfurt, Berlin, Wien 1983, S. 101

Geliebte sind eben keine verschwindende Minderheit. Das Rechenexempel läßt sich noch weiterspinnen. Das „Problem Geliebte" betrifft in jedem einzelnen Fall mindestens drei Menschen, bezieht man Mitbetroffene wie Kinder nicht ein. Von dieser Problematik, die in die Grauzone des Tabus verdrängt wird, wären somit viereinhalb der rund 60 Millionen Bundesbürger tangiert. Freilich nur rein mathematisch, denn in aller Regel erfährt die Ehefrau als letzte von der Freundin ihres Mannes. Daß sie nichtsdestoweniger – berechtigte – Zweifel an der Treue ihres Gatten hegt und normalerweise ein sehr sensibles Gespür für die anonyme Bedrohung hat, steht auf einem anderen Blatt.

Im krassen Gegensatz zu so streng katholischen Ländern wie Irland mit einem verfassungsmäßigen Scheidungsverbot fällt die Bundesrepublik als Staat auf, bei dem die Trennung der auf Lebenszeit geschlossenen Ehegemeinschaft besonders häufig vorzeitig durch den Spruch des Scheidungsrichters vollzogen wird. 130.000 Ehescheidungen werden hierzulande alljährlich rechtskräftig. Interessanterweise treten Geliebte besonders häufig in Regionen mit relativ niedriger oder unterdurchschnittlicher Scheidungsrate in Erscheinung, und zwar in mittleren und kleinen Gemeinden (z.B. im niedersächsischen Flachland, im pietistischen Württemberg, in Rheinhessen und im Rhein/Main-Ballungsgebiet). – Rein rechnerisch wird alle vier Minuten eine Ehe geschieden. In sieben von zehn Fällen reicht die Frau die Scheidung ein. Ein Drittel aller Ehen zerbricht; gegenwärtig kommen auf drei Eheschließungen zwei Scheidungen.

Das erste Kriseln wird häufig schon im zweiten Ehejahr bemerkt. Die Hauptscheidungswelle erfolgt im dritten oder vierten Jahr. Das Aus kommt für etwa zwei Fünftel aller zerbrechenden Ehen noch vor dem „verflixten Siebten". Daß 25 Jahre nach dem Ja-Wort in der Statistik die Kurve der Ehescheidungsfälle nochmals in die Höhe schnellt, mag zum einen mit der bis dahin geübten Rücksicht auf die gemeinsamen Kinder zusammenhängen, zum anderen eine gewisse Torschlußpanik signalisieren. Eine genauere Analyse zeigt jedoch, daß die „Kittsubstanz Kind" nicht die Rolle spielt, die man vermutet. 1957 verloren Kinder „nur" bei 57 von hundert aufgelösten Ehen einen Elternteil, eineinhalb Jahrzehnte später bereits bei 63.

Aus all diesen Daten könnten sich leicht Rückschlüsse auf den Einfluß der Geliebten auf die bürgerliche Ehe ziehen lassen. Da die Schuldfrage jedoch keine Rolle mehr spielt und über die persönlichen Trennungsmotive nicht Buch geführt wird, kann hier nur spekuliert – oder besser: gehört werden, was „die Anderen" zu dieser Frage zu sagen haben.

Scheidung – ein heikles Thema?

Die Aussagen der heimlichen Geliebten über ihre Haltung zur Scheidung decken sich keinesfalls. Aber es kristallisiert sich bei der Suche nach Parallelen doch eher eine tolerant-kompensierende als fordernd-aktive Haltung der „gewissenlosen Verführerin" heraus.

Es scheint, als ob viele Geliebte sich klaglos ergeben und selbstverständlich in ein Schicksal fügen, das zwar einiges an Vorteilen und gefühlsmäßiger Bereicherung verspricht, daneben aber unübersehbar Züge einer unwürdigen (Selbst-)Diskriminierung trägt. Es wäre also vorschnell und zu simpel, die Geliebte zur generellen Scheidungsursache aufzubau(sch)en. Einen Trennungsgrund: „Liebschaft zur Seite" pauschal zu unterstellen, entspricht ebensowenig der Realität wie über den Ehemann als alleinigen Missetäter richten oder über die betrogene Ehefrau als biederes Hausmütterchen herziehen zu wollen. Die Geliebte weiß sehr wohl um den Bumerangeffekt, setzt sie ihrem Liebhaber das Messer ans Herz oder die Pistole auf die Brust. Herbeizwingen kann sie die (Ent-)Scheidung nicht, ganz abgesehen davon, daß sie es in einigen Fällen auch nicht will.

Scheidung ist ein äußerst kritisches, wenn nicht gar ein Tabuthema in der Zweitwelt des verheirateten Mannes und seiner alleinstehenden, oftmals extrem auf ihn fixierten Freundin. Auf die Frage „Spricht ihr Freund gelegentlich/öfters von Scheidung oder erwägt er sogar die Trennung von seiner Frau?" antworten die Schattenfrauen sehr unterschiedlich. Die Palette reicht vom empört-solidarischen „Nein, niemals!" bis zum leisen „Ja" mit dem Unterton von Hoffnung und unzerstörbarer Illusion.

Oft spiegelt die Aussage der Geliebten ebenso wie das Hintanstellen der eigenen Interessen die Reaktion auf äußere Umstände wider: Es ist eine Philosophie der Gefügigkeit – Aussitzen statt Handeln. Positiver ausgedrückt: Hinnehmen, was nicht zu ändern ist und im Restglück schwelgen.

Vor dem Hintergrund, daß die Geliebte in der überwiegenden Zahl der Fälle neben einer rechtmäßigen Frau auch noch Kinder hat, ist die altruistisch anmutende „Einsicht" von Carola M., 23 Jahre alt und Studentin, kein ungewöhnlicher Einzelfall. Sie, die nach eigenem Bekunden „hoffnungslos verliebt" in einen 13 Jahre älteren Germanistikdozenten ist, sagt nach den ersten beiden Jahren ihrer stürmischen Beziehung:

„Er hat von sich aus früher oft von Scheidung gesprochen, so lange, bis ich ihm klarmachte, daß er mich dadurch auch verlieren würde. Denn ich will nicht schuld sein, wenn die Kinder ihren Vater verlieren."

Kaum nachzuvollziehen, aber durchaus typisch ist auch, was beispielsweise die 30 Jahre alte Erzieherin Marlene F. nach 14monatiger Liaison mit einem 32jährigen Lehrer beteuert:

„Scheidung kommt für mich nicht in Frage. Schon allein wegen seines erst fünf Jahre alten Sohnes habe ich kein Recht, ihn zu bedrängen."

Rücksichtnahme, Verantwortungsbewußtsein und Einsicht sind Eigenschaften, die „seiner Freundin" von den Mitmenschen am wenigsten zugetraut werden. Erstaunlicherweise aber treten solche Züge als charakteristische Merkmale wieder und wieder in Erscheinung. Sie stellen eine der großen Gemeinsamkeiten moderner Geliebter dar und dies unabhängig von Alter, von Bildungsniveau und den spezifischen Lebensumständen. Ablesen läßt sich diese vom Klischee abweichende menschliche Qualität der Geliebten unter anderem an ihrem ehrlichen Bemühen, das Verhalten des geliebten Mannes objektiv, das heißt möglichst emotionslos und wertungsfrei, wiederzugeben. Es sind typische Sätze, die sich wie ein roter Faden durch Briefe und Gespräche ziehen, wobei nahezu wortgleiche Formulierungen und identische Inhalte auffallen.

Stellvertretend sei hier Gisela K. zitiert, 39 Jahre alt und von Beruf Logopädin. Sie umreißt distanziert ziemlich offenkundige Hinhaltemanöver im Verlauf einer knapp zwei Jahrzehnte währenden Beziehung zu dem vier Jahre älteren Grafiker Horst M.:

„Er hatte immer wieder die Scheidung in Aussicht gestellt, nur sollten die Kinder erst älter werden. Besonders, wenn ich ihn verlassen wollte, bemühte er sich ganz besonders um mich. Er versuchte mich mit Versprechungen, an die er sicher selbst glaubte, festzuhalten."

Es gibt extreme Fälle, die viele Fragen aufwerfen. Feministinnen werden ebenso wie nicht frauenbewegten Leserinnen bei den nachfolgenden Beispielen die Haare zu Berge stehen. Da ist zum einen der Fall der 24 Jahre alten EDV-Schnittechnikerin Ruth P. Sie liebt seit ihrem 20. Lebensjahr einen Sonderschullehrer. Der Familienvater und elf Jahre ältere Mann würde sich, daran besteht für Ruth kein Zweifel,

„ . . . sofort von seiner Frau trennen. Aber nicht wegen mir, sondern wegen einer dritten Frau. Für sie würde er sich von heute auf morgen scheiden lassen – wenn sie nicht ebenfalls verheiratet wäre!"

Ein Klischee und seine moderne Variante halten sich besonders hartnäckig in der öffentlichen Meinung über die Geliebte: Die „Büroliebe", also das Verhältnis einer Führungskraft mit der gefügigen Untergebenen (Chef und Sekretärin). Dagegen ist die Stilisierung der modernen Geliebten zur bindungsunwilligen Emanze und Karrierefrau, die rücksichtslos ihr Freizeitvergnügen im ungefährlichen „Objekt Ehemann" sucht, nicht ganz ohne realen Hintergrund. Ruth P. gehört zu den vielen Frauen, die sich nicht in das eine noch in das andere Klischee einfügen lassen. Scheidung ist für Ruth sehr wohl ein Thema, denn sie fühlt sich „theoretisch sehr bindungswillig". Lebte sie zu Beginn der Freundschaft noch von Illusionen, gesteht sie nach einiger Zeit ernüchtert ein:

„Daß er sich für mich nicht scheiden lassen würde, wußte ich von Anfang an. Hoffnungen machte ich mir trotzdem. Die Beziehung zu A. dauert nun schon so lange, aber erst sein Geständnis, sich in eine verheiratete Arbeitskollegin verliebt zu haben, hat mir die Hoffnung auf eine gemeinsame Zukunft genommen. Er wollte die Beziehung mit mir abbrechen, meinte, daß er mich zu lieb hätte, um so unfair zu sein. Wörtlich sagte er, daß seine Liebe zu dieser anderen Frau so hoffnungslos sei wie meine Liebe zu ihm. Dieses Wissen hat mich in ziemliche

Gewissenskonflikte gestürzt, da ich einerseits sehr verletzt war, andererseits meine Liebe zu ihm nicht einfach abstellen konnte. Aus diesem Grund habe ich ihm dann vorgeschlagen, unsere Beziehung einfach weiterlaufen zu lassen wie bisher – viel hat sich für mich nicht verändert. Ich versuche, unsere knapp bemessene Zeit, so gut es geht, zu genießen, was bleibt mir sonst?"

Ein anderer Fall: Akteure sind der 41jährige Geschäftsführer Hellmuth N. und seine 36 Jahre alte Freundin Janina S., die seit ihrer Scheidung vor 13 Jahren als Verkaufsleiterin tätig ist. Mit 33 Jahren lernte sie ihren Freund kennen, der sich tatsächlich von seiner Frau trennte. Janina ist dennoch depressiv und verbittert:

„Er ist seit einigen Wochen geschieden. Für mich bedeutet diese Scheidung allerdings nicht viel, weil ich davon überzeugt bin, daß es nicht seine Initiative war, sondern die seiner Frau. Ich fühle mich ausgenutzt. Es ist, als ob Männer/Menschen die Ehefrau automatisch höher werten und achten. Ich bin nur zweite Wahl, im Nachhinein ist diese ‚Achtung' nicht herstellbar. Das Tödliche an so einer Beziehung ist der eigene Wertverlust. Daß diese wunderschöne, für ihn angeblich lebenswichtige Beziehung zu mir, in der er wieder atmen, lieben, lachen, sich ausweinen und austoben konnte, letztendlich doch weit weniger wert war als die total zerrüttete Ehe, das war eine schmerzhafte Erfahrung, die mich depressiv machte und schließlich beim Psychiater landen ließ."

Anzumerken ist, daß Janina S. liebend gern Kinder mit ihrem „befreiten" Freund hätte, ihm zuliebe dennoch einen Schwangerschaftsabbruch vornehmen ließ. Sie hat sehr wohl verstanden, daß sie die Asche ist, aus der ein Phönix emporsteigt. Dieses Selbstbild ist sicher sehr überzeichnet. Aber es ist auch unerheblich, ob Selbstmitleid und Wirklichkeitsverlust hier mitschwingen. Das Wesentliche ist das neue Bewußtsein, das sich abzuzeichnen beginnt. Janina stellt sich nun immerhin „Warum-Fragen": Warum macht er das? Warum lasse ich das mit mir machen? Zwar konnte sie sich bei allen Zweifeln noch nicht dazu durchringen, einen endgültigen Schlußstrich zu ziehen. Aber ein Ansatz zur Ablösung ist spürbar.

Mal dauert es länger, mal kommt die Erkenntnis blitzartig: Das eigentliche Problem ist nicht die Frage der Scheidung. Es ist viel eher die Gefahr einer vollkommenen Verklärung des Verhältnisses. Die Folge dieses Realitätsverlustes kann die Zerstörung der Persönlichkeit sein. Aus einem Flirt wird die ,,große Liebe''; die anfänglich mehr oder minder selbstlos Liebende verstrickt sich mit der Zeit in eine vorrangig seelische Abhängigkeit, die das Ausmaß blinder Unterwürfigkeit erreichen kann. Psychische Abhängigkeit ist eine der großen Gemeinsamkeiten aller Geliebten. War die Abhängigkeit der Mätressen vergangener Jahrhunderte vorwiegend eine *materielle,* scheint die der modernen ,,Zweitfrau'' eine überwiegend *emotionale* zu sein. Diese Feststellung legt den Schluß nahe, daß es schon eine besondere Art von Mann sein muß, die so narkotisierend auf moderne, freiheitsliebende Frauen wirkt. Schon deshalb müssen wir den zeitgenössischen Liebhaber unter die Lupe nehmen, um die Andere besser verstehen zu lernen. Was sind das für Männer, die jahrelang ein heimliches Doppelleben führen? Schürzenjäger? Skrupellose Machos? Oder ganz ,,normale'' Typen wie der Biedermann von nebenan? Sie sind anders, ganz anders als die ,,gewöhnlichen'' Männer, finden zumindest ihre Freundinnen.

II
Die GeLIEBte: Männer und Liebe

Die Männer, denen das zweifelhafte Glück beschieden ist, eine treue Geliebte im Hintergrund zu wissen, sind alles, nur eines nicht: Jedermannstypen, austauschbar. Die Anderen „fliegen" nicht auf Geld und Status, wohl aber auf Männer, die ihnen – unbewußt – ein Leitbild sein könnten. Und da liegt auch eine der Wurzeln des Problems: die Anderen sind nicht nur, aber eben auch aufgrund ihrer hohen, vielleicht unrealistischen Ansprüche an einen Partner in den Nebenfrauen-Status geraten. Warum sonst manövriert sich ein intelligentes weibliches Wesen in die Position der „Zweitfrau"?

Hochgesteckt sind die Erwartungen der anderen Frau an den Geliebten. Manche geben auch unumwunden zu, daß sie nur um der trauten Zweisamkeit willen nicht bereit sind oder waren, ein gewisses intellektuelles, soziales und ästhetisches Niveau zu unterschreiten. Typisch für diese Ansprüche sind die vier folgenden Stimmen. Es sagt . . .

. . . eine 24jährige Programmiererin:

„Geistiges Niveau ist mir wichtig. Ein Arbeiter hätte keine Chancen bei mir."

. . . eine 44jährige Lehrerin:

„Einen ‚normalen' Mann nur dann, wenn er aus derselben sozialen Schicht kommt und dieselben geistigen Ansprüche hat."

. . . eine 36jährige Modefachfrau:

„Eine gewisse geistige Reife muß da sein; außerdem mag ich schöne Hände, folglich darf er kein Autoschlosser sein."

. . . eine 35jährige Korrespondentin:

„Schlank sollte er sein, künstlerisch und eigenwillig, ganz weit weg von der Norm."

Weil die Andere nicht Anschluß und Bindung um jeden Preis sucht, kann sie wählerisch sein. Im Regelfall geht sie einem Beruf nach, wodurch ihr soziale Sicherheit und materielle Unabhängigkeit gewährleistet sind. Somit fällt für sie das Versorgungsargument für eine (eheliche) Gemeinschaft unter den Tisch. Sie kann es sich im eigentlichen Sinn des Wortes leisten, kompromißlos zu sein. Das gibt ihr die Freiheit, den Männermarkt sehr genau zu sondieren und die in mehrerlei Hinsicht schwachen Vertreter des starken Geschlechts auszusieben. Fatal, daß dann ausgerechnet jene übrigbleiben, die ohnehin durch gesellschaftlichen und beruflichen Rang begünstigt sind. In der Bundesrepublik gibt es unter den 20- bis 45jährigen zwar eine Million mehr ledige Männer als Frauen, womit rein rechnerisch für die Mehrheit der Geliebten ein freier Mann zur Verfügung stünde. Nur: diese „Sitzengebliebenen"genügen den Ansprüchen der Anderen offenkundig nicht, zumal ein bindungswilliger Mann für eine Frau auf der Suche nach Selbstverwirklichung und Unabhängigkeit ein Greuel ist.

Kaum überraschen dürfte die Feststellung, daß vorzugsweise Männer in gehobenen, angesehenen Funktionen eine Geliebte haben. Das sollte jedoch niemanden zu dem Fehlschluß verleiten, daß die Liebhaber ihren Freundinnen im allgemeinen geistig und sozial überlegen sind. Die Anderen können auf ihre Weise diesen „Supermännern" durchaus das Wasser reichen. Eine stichprobenartige Befragung ergab folgendes Bild:

Die Hitliste der heimlichen Fremdgänger führen jene an, die im humanwissenschaftlichen oder sozialen Berufsfeld tätig sind; 33 Prozent der Ehemänner mit fester Freundin sind Ärzte, Psychologen, Lehrer, Sozialarbeiter. Das ist nicht verwunderlich, bedenkt man, daß diese Arbeitsfelder nicht nur glänzende Kontaktmöglichkeiten zu anderen Menschen bieten, sondern es auch erlauben, heimliche Freundschaften unerkannt aufrechtzuerhalten und zu pflegen.

Mit 26 Prozent folgen danach die Vertreter der Natur- und Geisteswissenschaften, Kopfarbeiter und/oder Kreative, etwa Physiker, Germanisten, Grafiker, Journalisten, Theologen.

24 Prozent kommen aus Wirtschaft und Industrie, sind Produktmanager, Wirtschafts- und Finanzierungsberater oder freie Unternehmer.

Gutdotierte Posten in Handel und Gastronomie bekleiden zwölf Prozent. Die restlichen vier Prozent stellen Angestellte, Techniker und Beschäftigte der Dienstleistungsbranche.

Männer, die beim Arbeiten eher Hände als Hirn einsetzen, die mehr praktischen als geistigen oder organisatorischen Aufgaben nachgehen, sind unterrepräsentiert. Diejenigen, die mit der attraktiven und intelligenten Frau aus dem Ehealltag ausbrechen, sind oft selbst gutaussehend und „echte Frauen-Typen" – behaupten zumindest ihre Geliebten.

Es gibt zwar nicht den Prototyp des Fremdgängers, aber immerhin eine Reihe übereinstimmender Charakteristika. Beispielsweise wirken die untreuen Ehemänner auf ihr Umfeld fast generell seriös, weltmännisch, gewandt, selbstsicher, intelligent, energisch, ehrgeizig, dynamisch und zielstrebig. Nur wenige werden als häuslich, gehemmt oder unbeweglich beschrieben. Anscheinend haben es diese Männer durchweg im Leben zu etwas gebracht. Drei von vier Geliebten beschreiben ihren Partner als „typischen Erfolgsmensch". Die meisten haben im Rahmen ihrer Möglichkeiten und in ihrem Metier eine gewisse Karriere gemacht, zumal dazu meist genügend Zeit war. Immerhin liegt das statistische Durchschnittsalter bei 37 Jahren. Im Beruf werden diese Männer ob ihrer Flexibilität, Spontaneität und Führungsqualität zugleich gefürchtet und geachtet, geschätzt und beneidet. Ihr Engagement im Beruf, ihr dichtgefüllter Terminkalender *verhindert* nicht, er *begünstigt* heimliche Verhältnisse. Der Einsatzplan ist für die Familie oftmals undurchsichtig; die Ehefrau ist Kummer gewohnt, hat sich abgewöhnt, mit dem Abendessen auf den Gemahl zu warten. Der Herr des Hauses weilt recht selten eben dort. Weitverbreitet ist beim untreuen Gatten wohl der Hang, sich auch sonst gern als „Hansdampf in allen Gassen" zu betätigen. Er ist meist ein gefragter Ansprechpartner, eine Respektsperson und kompetente Autorität in seinem Fach. Häufiger als der Typ „zerstreuter Professor" ist der „patente Kerl", vielseitig begabt und stets am Rotieren. Er funktioniert ...

Glaubt man den Geliebten, ist dieser Mensch, von ein paar

unbedeutenden, ja liebenswerten Schwächen abgesehen, der annähernd perfekte Mann: Fast sämtliche denkbaren guten Eigenschaften vereint er auf sich und entspricht bis fast auf's „i"-Tüpfelchen dem Ideal der Anderen. Er ist nicht nur erfolgreich und ein phantasievoller, zärtlicher Liebhaber; er ist „ganz Mann" und trotzdem einfühlsam. Eine begehrte Mischung! In einigen Ausnahmefällen wird der Freund als schutzbedürftiges Sensibelchen charakterisiert. Von „seiner" Sensibilität hingegen ist die Hälfte aller Geliebten felsenfest überzeugt. Was hervorsticht: Unabhängig vom spezifischen Beruf haben die treulosen Ehemänner meistens zwei Gesichter: ein professionelles und ein sehr privates, dessen Konturen in krassem Widerspruch zu denen des „hartgesottenen Kerls" zu stehen scheinen. So gradlinig sie im Berufsleben sind, so wenig entscheidungsfähig und risikofreudig erweisen sie sich nach Feierabend – zumindest was das Thema „Scheidung" angeht. Daß dahinter natürlich auch Bequemlichkeit, Sturheit und Egoismus stehen könnten, diesem Gedanken verschließt sich die Mehrzahl der Nebenfrauen. So mancher Liebhaber wirkt jedoch aus der Beobachterperspektive wie ein gedanken-, oft gar gewissenloser Schurke und Blender. Seltsam mutet die widersprüchliche Rollenempfindung in vielen der außerehelichen Beziehungen an. Neben den Rollen des Liebhabers, Vertrauten, Partners und Kumpels übernehmen fremdgehende Ehemänner immer wieder auch den Part des väterlichen Freundes. Nicht wenige fühlen eine Passion zum „Erziehungsberechtigten" für die Geliebte und leiten offenbar daraus das Recht ab, sie wie ein unmündiges Kind zu behandeln. Es gelingt ihnen, gleichzeitig den Beschützer- und Mutterinstinkt der Freundin anzusprechen und zu aktivieren, womit das latente Helfersyndrom der zu Unterordnung, Aufopferung, Anpassung erzogenen Frau zum Tragen kommen kann. Gern ist sie die Schulter, an der sich der unverstandene, ausgebeutete, durch sie in Gewissenskonflikte gestürzte Mann anlehnen und entspannen kann. Sein Urvertrauen beglückt sie. So fällt es ihm leicht, ein zärtlicher, verständnisvoller, väterlicher und doch gleichrangiger Partner zu sein. Was Wunder, machen doch die wenigsten Geliebten ihm Unannehmlichkeiten, Scherereien, Szenen. Zuhause oft ein Pascha, entspricht der Liebhaber bei der Freundin dem Prachtexemplar eines „neuen Mannes". Ob es an seinem schlechten Gewissen liegt? Er verwöhnt sie, geht behutsam auf sie ein und mit ihr um (solange sie keine Schwierigkeiten macht), öffnet sich ihr. So himmeln sich die meisten Liebhaber und Geliebten auf einer rosigen Wolke an.

Mögen es auch die Geliebten vehement bestreiten, für Außenstehende drängt sich der Verdacht auf, daß der heutige Liebhaber wie mancher seiner längst verblichenen Vorgänger ein Bonvivant und Luftikus ist, der um des lieben Ehefriedens willen ein naiv liebendes Geschöpf hinhält. Solcher Doppelbetrug löst erstaunlicherweise die herbste Kritik bei den eigenen – frauensensibilisierten – Geschlechtsgenossen aus. Ein 35jähriger Künstler, der in offener Ehe mit seiner gleichaltrigen Frau lebt, ist der Ansicht:

„Für diese Männer ist das ja in jeder Hinsicht bequem, denn mein Geschlecht ist wohl selten empfindlich genug, den Schmerz zu begreifen oder gar mitzuleiden, den es zufügt, obwohl die Liebe erst dort beginnt."

Eine gewisse Konfliktunfähigkeit und die Kunst, zu leben und leben zu lassen, scheint der Mehrzahl der untreuen Gatten gemeinsam zu sein. Wo Probleme auftauchen, werden sie umgangen statt gelöst, man(n) hat ja nur ein Leben und das sollte man(n) sich denn auch so angenehm wie möglich gestalten. Das Gros der Liebhaber stellt sich nach den Schilderungen der heimlichen Geliebten als lebenshungrige Genießer dar. Eines von vielen Indizien ist des Fremdgängers „Lust an der Lust". Da gibt es leidenschaftliche Köche und Gourmets, die selbstredend auch andere irdische Genüsse nicht verschmähen, seien es nun solche kulinarischer, kultureller oder körperliche Art. Vielleicht ist das ihr ganz persönlicher Lastenausgleich für Verantwortungsdruck und Krisenfrust. Wahrscheinlich sind es zwei Faktoren, die eine Rolle spielen, wenn Männer aus dem (Ehe-) Alltagstrott ausbrechen: Ehemüdigkeit (= Überdruß, Desinteresse, Langeweile, Unlustgefühle, Konfliktscheu) und ein gewisses Nachholbedürfnis an einem Wendepunkt oder Scheitelpunkt im Leben dieses Mannes.

Männer mit Vergangenheit

Außereheliche Verhältnisse kommen nicht nur in den besten Familien, sie kommen auch bei Männern jeden Alters vor, von Anfang Zwanzig bis weit über 50 Jahre. Macht man sich die Mühe, jene Männer, die eine lange, tiefgehende Beziehung zu einer anderen Frau haben/hatten, nach ihrem Alter zu Beginn dieser Freundschaft aufzulisten, kristallisieren sich Schwerpunkte in drei verschiedenen Altersgruppen heraus. Überdurchschnittlich häufig sind vertreten

- relativ junge Männer (ca. 20 bis etwa 26 Jahre)
- Mitt- und Enddreißiger
- Männer von Ende Vierzig bis weit über fünfzig Jahre.

Die größte ist die Gruppe der Männer um Mitte/Ende Dreißig bis Anfang 40 mit Altersschwerpunkt bei 36 und 37 Jahren. Interessant wird diese Beobachtung, wenn man die Zahlen mit der durchschnittlichen Ehedauer bis zum Anfang der außerehelichen Beziehung des Mannes vergleicht. Wiederum entdeckt man nämlich drei Krisenschwerpunkte. Die heimliche Freundschaft begann

- um das dritte Ehejahr herum
- nach etwa 5 bis 8 Jahren
  (am häufigsten im 6. Ehejahr)
- 12 bis 15 Jahre, nachdem die Ehe geschlossen wurde
  (vorrangig im 14. Ehejahr).

Vergleicht man nun diese Feststellungen mit den statistischen Daten über die Häufung von Ehescheidungen nach einer bestimmten Anzahl von Jahren, fällt auf, daß sich die Zahlen zum Teil decken oder zumindest sehr nahe beieinanderliegen. Die kritische Ehedauer, nach der die meisten Ehen geschieden werden, liegt bei drei bis fünf Jahren. Ein Fünftel aller Verhältnisse beginnt, wenn der Ehemann zwei bis fünf Jahre verheiratet war, davon die meisten im dritten Ehejahr. Rechnet man zurück, erhält man als ,,Missetäter'' exakt die Altersgruppe der relativ jungen Männer. 40 Prozent aller Ehen zerbrechen im ,,verflixten Siebten''. Die Hälfte aller

Verhältnisse nimmt ihren Anfang zwischen dem fünften und zehnten Ehejahr, davon ein Drittel um das sechste oder siebente Jahr. Für diese Krise ist die Gruppe der Männer um Mitte/Ende 30 verantwortlich. Schließlich geraten überdurchschnittlich viele Ehen, die nicht kinderlos geblieben sind, in eine tiefere Krise, wenn die Jungen flügge werden, also nach etwa 14 bis 18 Jahren. Die Männer sind zu diesem Zeitpunkt in etwa Ende Dreißig/Anfang Vierzig – auch das paßt. Ein knappes Drittel der Verhältnisse bahnt sich zwischen dem 12. und 15. Ehejahr an, die meisten davon etwa nach einer Ehedauer von 14 Jahren.

Und noch eine Übereinstimmung mit den Ehescheidungsstatistiken fällt auf. Bei den sogenannten ,,Altehen" schnellt die Scheidungskurve etwa im 25. Jahr noch einmal in die Höhe – eine Tendenz, die sich in den vergangenen zweieinhalb Jahrzehnten verstärkt hat. Parallel dazu berichtet eine kleine, doch nicht verschwindende Minderheit von Geliebten, daß ihr Freund schon 25 oder 30 Jahre verheiratet war, als ihre außereheliche Beziehung begann. Wenn es in den ,,Altehen" kriselt, dann sind die Männer um die 50 – das deckt sich wiederum mit der Gruppe der Liebhaber von Ende Vierzig bis über 50 Jahre.

Theoretisch ließe sich aus diesen Daten folgern, daß die Männer, die eine heimliche Liebe haben, im Krisenfall den leichtesten aller Wege gegangen sind. Während manche sich mit der Ehe-Partnerin wieder zusammenraufen, andere den endgültigen Schlußstrich ziehen, scheinen danach die modernen Liebhaber schlicht zu ergänzen, was in der Ehe fehlte. Dieses negativ anmutende Verhalten könnte allerdings auch positiv interpretiert werden. Wenn Ehemänner sich nicht Knall auf Fall von der Gattin trennen, dann muß das nicht generell von Konfliktscheu und Phlegma zeugen oder mit finanziellen und moralischen Verpflichtungen begründet sein. Das passive Verharren könnte auch ein gar nicht so bequemer Beweis für Verantwortungsbewußtsein sein.

Der Mann zwischen zwei Frauen hat sein unmoralisches Vergnügen *und* ein Heim. Er ist aber durch die Dreierkonstellation auch psychisch und physisch belastet. Was er in den seltensten Fällen hatte: eine unbeschwerte Sturm- und Drangzeit. Seine berufliche Stellung ist oft der Lohn harter Jahre. Geheiratet haben die heutigen Ehebrecher oft zu früh und nicht ganz freiwillig. Die

41

überwiegende Mehrzahl der Männer, die heute eine jüngere Geliebte haben, entstammt einer Männergeneration, in der das Zusammenleben ohne Trauschein noch als „wilde Ehe" galt und eine Frau fast als Hure angesehen wurde, wenn sie ledig schwanger wurde. Viele solcher Männer mußten angeblich oder wirklich ihre Frau heiraten, weil ein Malheur passiert – ein Kind unterwegs – war. Diese Ehemänner sind aber auch ehrlich genug einzugestehen, sie hätten ihre Frau wahrscheinlich selbst dann geheiratet, wenn sie nicht schwanger geworden wäre. Besonders die Männer der Altersgruppe von Mitte/Ende Dreißig waren also quasi unreif und voller Lebenshunger, als ihr jugendlicher Tatendrang jäh durch den „Bund fürs Leben" abgebremst wurde. Die Heirat war wie ein (anfangs oft gar nicht so reizarmes) Zwangskorsett, in das man(n) hineingepreßt wurde. Eben noch Junggesellen mußten sie sich von heute auf morgen auf die verantwortungsvolle Rolle des Ehemanns und Ernährers umstellen. Da hieß es, Abstriche zu machen – es wurden keine Nächte mehr „durchgemacht", die Wochenenden gehörten Familie, Schwiegereltern, Verwandten. Die Pflicht rief und Träume konnte man sich vorerst nicht mehr leisten. Gut nachvollziehbar ist, daß eine so drastische, frühe Festlegung bei manchem ein mittleres Trauma hinterließ: Wer sich in der Jugend- und Jungmännerzeit nicht richtig ausgelebt hat, riskiert erfahrungsgemäß spätestens in der *Midlife Crisis* den großen Ausbruch – meist jedoch schon eher, egal, ob Kinder vorhanden sind oder nicht.

Statistisch hat jeder dieser Männer 1,5 Kinder. Nur 18 Prozent haben keinen Anhang. 36 Prozent dagegen haben ein Kind, 24 Prozent zwei und 22 Prozent drei Kinder. Scheiden ließen sich die *Ehemänner* vielleicht schon, nicht aber die *Väter.* Denn der moderne „Ehebrecher" liebt seine Kinder über alles, zumindest betont er das im Regelfall seiner Freundin gegenüber. Klar, daß er auch seine Frau liebt, „. . . aber ganz anders als dich – sie ist die Mutter meiner Kinder". Zwiespältig mutet die betonte Solidarität des Vater ad 1) mit seinen Kindern, ad 2) mit der „Mutter seiner Kinder" manche heimliche Freundin an. Emotional steht sie hinter dem Mann mit so viel Gefühl und Verantwortung. Rational wehrt sie sich gegen den Verdacht, hier würden nur ganz vordergründig die Kinder als Ausrede und Argument gegen sie und die Ehescheidung ausgespielt.

In der Beziehung mit der Anderen kann ein Mann noch einmal und immer wieder träumen. Nicht allein, daß er dort Verständnis für alle seine Eheprobleme und beruflichen Sorgen findet. Die jüngere Geliebte fasziniert vielfach schon dadurch, daß für sie noch alles offen ist. Sie hat sich noch nicht die Chancen verbaut, oder sie hat ihre Ketten wieder gesprengt. Sie kann, wie er glaubt, so leben, wie er es sich immer gewünscht hätte. Frei, unbeschwert, ohne Rücksicht nehmen und familiäre Pflichten erfüllen zu müssen. Mit seiner Geliebten kann der Ehemann ein Stück Freiheit erleben und noch einmal wie ein Oberprimaner bis über beide Ohren verliebt sein.

Für sie ist er, dessen leuchtender Fassadenputz im Ehealltag längst abgebröckelt ist, der Größte. Er kann sie formen, sich als intellektueller Protegé, geistiger Mäzen, reifer Mentor fühlen. Je größer der Altersunterschied zwischen dem ungleichen Paar, desto eher wird er sie als seine große Entdeckung sehen und stolz auf sie, seine kluge Kleine, sein. Nicht eifersüchtig, wohl aber neidisch könnte er auf ihr autarkes, autonomes Leben werden. Ihre Selbständigkeit im Leben imponiert ihm (wer sollte sich denn um die Andere kümmern, wenn nicht sie selbst?). Kurz gesagt: Sie ist so ganz anders als die Frau, die er geheiratet hat. Aber ist das eigentlich ein Wunder? Wie soll sich eine Frau im gleichen Maße entfalten und bewähren können, die sich um Mann, Kind(er), und den Haushalt kümmern muß? Bis vor nicht allzu langer Zeit wurden Mädchen noch auf die Bedürfnisse des Mannes hin erzogen, zur unselbständigen, vom Mann abhängigen Frau, die auf ihn als starken Beschützer vertraut. Viele der betrogenen Ehefrauen haben dieses traditionelle Denkmuster als Mitgift in die Ehe mitgebracht und Entsprechendes vom Mann erwartet. Selbst wenn solche Frauen vor der Ehe auf eigenen Füßen gestanden haben sollten, laufen sie spätestens Gefahr abhängig zu werden, wenn sie sich in die vorgeschriebene Mutterrolle fügen. Viele junge Frauen sind mit den Jahren in der Ehe abgestumpft, waren geistig nicht gefordert und verengten ihren Horizont notgedrungen auf ,,weibliche" Bereiche: Kindererziehung, Küche, Hausarbeit, Stricken, Garten, Einkäufe. Daß sie ,,draußen", außerhalb jener vier Wände, in denen sie kompetente Hausherrin sind, eher abhängig und hilflos wirken, ist gewiß nicht verwunderlich. Nach Aussage der Geliebten ist die Mehrzahl der betrogenen Ehefrauen nicht erwerbstätig. Jene aber, die einen Beruf ausüben, sich also ihre Selbständigkeit bewahren oder (zurück)erobern konnten, haben üblicherweise auch einen persönlichen Reifeprozeß durchlaufen. Unter Umständen haben sich so Partner, die jung in die Ehe gegangen sind, auseinanderentwickelt. So oder so – die Geliebte ist etwas Neues, ein Erlebnis, und schillert um so mehr vor den Augen des „Alt-Ehemannes": sie ist jünger, erotischer, oft selbständiger, unkomplizierter, schwärmerisch. Und oft sehr naiv...

Strohhalm Hoffnung

Für eine Mehrheit der Geliebten bedeutet das Verhältnis zu einem verheirateten Mann eine „offene" Lebensphase, mag dies im ersten Moment auch ziemlich widersprüchlich klingen. „Offen" bezieht sich in diesem Zusammenhang nicht auf die Freundschaft als solche, sondern auf ihren Ausgang – auf die Zukunftsperspektiven des Verhältnisses. Ist diese außereheliche Beziehung nicht gerade ein nüchtern auskalkuliertes Abkommen zur gegenseitigen Befriedigung des Sexualtriebes, genußbetont und unverbindlich; ist die Verbindung weniger erotischer als emotionaler Natur, dann wird das verschwiegene Miteinander von der Anderen als unbefriedigend empfunden. Je ausgeprägter das individuelle Bedürfnis nach Klärung, Sicherheit und Zukunftsperspektiven ist, um so unerträglicher erscheint der chronische Schwebezustand – eine Ungewißheit, die physische und psychische Energien verzehrt. Selbst, wenn das Verhältnis zur Selbsttröstung und Gewissensberuhigung als „Übergangsstadium" definiert wird, hämmert im Kopf der Anderen die Frage, wie alles weitergehen soll.

Auch ohne Versprechungen, ja vielleicht gerade dann, wenn der „Blick nach vorn" tabu ist, keimen aus der Liebe der anderen Frau Hoffnungen. Hoffnungen, auf die sie kein Recht hat und Hoffnungen, die ihre Liebe zwangsläufig mit Leidensdruck belasten. Der fromme Wunsch, es möge sich von allein/mit der Zeit/durch günstige Einflüsse alles zum Besseren wenden oder doch zumindest eine einschneidende Änderung eintreten, zeugt von Blauäugigkeit und Naivität. Es gehört zu den schwersten Dingen im Leben,

Hoffnungen zu begraben. Selbst, wenn sich die Geliebte irgendwann auf der Schattenseite des Lebens findet, wenn sie nichts mehr wünscht, als endlich klare Verhältnisse zu schaffen, wagt sie es trotzdem über Jahre hinweg nicht, ihre Hoffnung aufzugeben und selbst etwas zu verändern. Sie gestaltet nicht die Konturen der eigenen Zukunft mit, sondern ergibt sich der passiven Erwartung. Ein russisches Sprichwort besagt, *Hoffnung ist ein Seil, auf dem viele Narren tanzen,* und von Goethe stammt der Satz *Hoffnung ist die zweite Seele der Unglücklichen.* Der amerikanische Kritiker Henry Louis Mencken (1880-1956) befand, *Hoffnung ist der krankhafte Glaube an den Eintritt des Unmöglichen.* Dagegen definierte der deutsche Philosoph Friedrich Wilhelm Nietzsche (1844-1900) die Hoffnung als *viel größere Stimulanz als irgendein Glück.*

Unwahrscheinlich ist, das sich das Verhältnis zwischen Ehemann und Geliebter irgendwann von allein im Sande verläuft. Läßt für ihn der anfängliche Reiz nach, bemüht sich die Geliebte dann umso stärker um ihn. Sie lebt ihren Traum weiter. Daß er ihr entgleitet, will sie nicht wahrhaben – es wäre das Ende der Hoffnung. Nicht selten kommt es irgendwann zum ,,großen Knall", in welcher Form auch immer, oder zur Stagnation, dem Erstarren der Übergangsphase zum Dauerzustand. Für die unermüdlich Hoffenden gehört es zu den dramatischsten Erfahrungen, wenn sie am Ende erkennen müssen, daß sie als Kitt für seine Ehe gewirkt haben. Der ertappte Ehemann war für einige Zeit dem Zauber einer frischen Liebe erlegen und mußte schließlich seiner Frau Rede und Antwort stehen – war gezwungen, wieder einmal mit ihr zu reden. Das Ende der Wortkargheit, der Druck von außen, das Abflachen des Liebeszaubers kann der Auftakt für einen Neubeginn in der alten ehelichen Gemeinschaft sein. Die schmutzige Wäsche ist gewaschen, der reumütige Heimkehrer muß sich verstärkt engagieren, um den alten Frieden wieder herzustellen. Der Fall ist nicht unbedingt typisch, aber es gibt ihn immer wieder.

Glücklich sind die Geliebten, die ihre Hoffnung nach Nietzsche als Stimulans empfinden können und denen es glückt, mit ihrem Gewissen Mitbetroffenen gegenüber ins Reine zu kommen. Diese Version, die eigenen Interessen zu vertreten und sich rigoros selbst zu behaupten, ist eine der untypischsten, wenn auch für die Anderen gesündesten Lebensphilosophien.

Eine weniger selbstbezogene Variante einer „unschädlichen" außerehelichen Liebesform, die geistig-seelisch-körperliche Teilnahme der anderen Frau an einer „offenen" Ehe, entspricht nur in Ausnahmefällen dem Naturell von Geliebten. „Ich habe leider einen verhängnisvollen Hang zur Monogamie" meint eine von ihnen selbstironisch und spricht damit den meisten ihrer „Leidensgefährtinnen" aus dem Herzen. Die „offene" Ehe verbietet der zweiten Frau jegliche Hoffnung, und für das Gros der Anderen ist ein In-den-Tag-Hineinl(i)eben undenkbar. Fast allen fehlt es an der Gelassenheit, sich in vager Hoffnung treiben zu lassen. Hoffnung schafft Leidensdruck, wenn aus ihr erst Illusionen sprießen, um die sich sinnlose Kämpfe für unerreichbare Ziele ranken.

In seltenen Fällen scheinen sich die Hoffnungen der Geliebten zu erfüllen, wenn Er eines phantastischen Tages mit dem Koffer vor ihrer Tür steht. Doch meist ist es ein Gastspiel von kurzer Dauer. Ohne die Ehefrau im Hintergrund wird die Geliebte zu einer Alltagsfrau, und seine Ehe holt den Liebhaber binnen weniger Wochen ein: Er verkraftet den Auszug, die Umstellung, die psychischen Konflikte nicht und flüchtet aus dem neuen Nest ins bewährte alte zurück, zumindest in den meisten Fällen. Manchmal jedoch erfüllen sich Hoffnungen und Träume werden wahr, Sternstunden des Glücks. Als Ausnahme von der Regel gibt es sie sogar in diesem Kapitel moderner Frauengeschichte. Ausnahmen bestätigen eben die Regel ...

Eine seltene Ausnahme

Wenn glückliche Ausnahmen auch noch so rar sind, es gibt sie. Darum sei hier eine erzählt. Viele Geliebte werden sich in einzelnen Textpassagen wiedererkennen. Denn die Geschichte gibt Gedanken, Stimmungen, Vorbehalte und Gewissenskonflikte der Erzählerin in weiten Teilen exemplarisch wieder. Dem unmoralischen Beginn folgt ein gutbürgerliches Happy End. Die unwahrscheinlichsten Geschichten schreibt das Leben selbst. Die Authentizität des Berichts läßt sich nicht überprüfen, da die Schreiberin es vorzog, anonym zu bleiben. Der Poststempel des Briefes verrät, daß sie aus einer schwäbischen Provinzstadt stammt. Die plastische

Schilderung des Erlebten legt den Schluß nahe, daß dies kein Phantasieprodukt ist, sondern eine wahrheitsgemäße Schilderung des Glücks einer Geliebten:

„Ich komme aus einer sehr konservativen Familie, ich bin selbst sehr konservativ. Ob er verheiratet sei, war das Erste, was ich wissen wollte. ‚Ja' war die Antwort. Dazu hat er auch noch einen Sohn. ‚Schade' habe ich bei mir gedacht.

Wir unterhielten uns über Verschiedenes. ‚Bei mir war es eine Muß-Heirat, das Kind war unterwegs', sagte er, ‚meine Ehe ist unglücklich'. ‚Aha', dachte ich, ‚die ewige Masche der Männer, wenn sie eine Frau ins Bett kriegen wollen!'

Ich bin für die Ehe, und wenn ein Kind da ist, muß man zuerst an das Kind denken. Und dann habe ich lange gesprochen, ich habe meine konservative Einstellung zu Ehe, Familie, Kindern, dargestellt. Er hörte mir aufmerksam zu. Wir verabschiedeten uns vor der Tür meiner Wohnung. Ob er mich anrufen dürfe? Das durfte er.

Er rief jeden Abend an. Mal kurz, nur um ‚Guten Abend' zu sagen, mal so lang, daß mir der Arm vom Hörerhalten lahm wurde. Ab und zu trafen wir uns in einem Lokal, tranken ein Bier zusammen und redeten und redeten. So ging es zwei Monate lang. Wir verstanden uns gut, fanden uns gegenseitig attraktiv, doch seine Ehe stand zwischen uns. Er kannte meine Einstellung und machte gar nicht erst Annäherungsversuche. Bis es einmal so weit war. Vor meiner Wohnungstür begannen wir uns zu küssen – ich nahm ihn mit hinein. Was folgte, war die schönste Nacht meines Lebens. Ich wurde die Geliebte eines verheirateten Mannes.

Und dann fingen meine Qualen an. Ihn aufzugeben war's zu spät.

So eine Situation aufrecht zu erhalten, war für mich undenkbar. Was tun? Je länger wir uns kannten, desto klarer wurde mir die Ausweglosigkeit. Wenn er bei mir war, war ich die glücklichste Frau der Welt. Wenn er fort war, überfielen mich Selbstmordgedanken. Ich ließ mir das nicht anmerken. Ich wollte ihn nicht zur Scheidung treiben – ich hatte schon genug gesündigt.

Jeden Abend bat ich Gott um Vergebung.

Unsere Liebe war so leidenschaftlich, daß ich Gott vergaß. Mein Geliebter wurde mein Gott. Und da beschloß ich, um ihn zu kämpfen. Ich wollte mit ihm leben, ihn für immer bei mir haben.

Trotzdem drängte ich nicht auf Scheidung, ich setzte ihm nie die Pistole auf die Brust. Meinen Kampf führte ich mit den ‚Waffen einer Frau'. Sechs Monate nach unserer ersten Liebesnacht teilte er mir mit, ‚ich habe die Scheidung eingereicht'. – Kein Kommentar meinerseits. Aber ich wurde meine Ängste nicht los. Und wenn sie sich doch versöhnen würden?

Nach weiteren sechs Monaten wurde die Scheidung ausgesprochen. Er nahm aus der ehelichen Wohnung nur seine Anzüge und Hemden mit, für sie zahlte er Unterhalt, bis sie eine Wohnung fand. Für den Sohn zahlt er heute noch.

Nach seiner Scheidung zogen wir sofort zusammen. Fünf Jahre später heirateten wir. Wir sind immer noch verheiratet, und zwar glücklich.

Ich weiß nicht, ob ich so etwas noch einmal nervlich durchstehen könnte; diese Zerrissenheit zwischen schlechtem Gewissen und der Angst, ihn zu verlieren. Die Eifersucht, wenn er bei seiner Familie war ... Ich sah nur noch Rivalen in seiner Frau und seinem Sohn und litt sehr darunter.

Ich drängte nie auf Scheidung. Später wurde mir klar, daß ich das tat, um nur ja mein Gewissen zu beruhigen. Sonst haben mein ganzes Verhalten, all meine Bemühungen um ihn dazu beigetragen, daß er sich zur Scheidung entschloß. Indirekt war ich der Scheidungsgrund. ‚Früher oder später wäre es auch ohne Dich zur Scheidung gekommen‘, behauptet er auch heute noch – nach fünf Jahren Zusammenleben und zehn Jahren Ehe.

Die Scheidung, und vor allem die Alimente, wurden zu einer hohen Belastung für unsere neu gegründete Familie; die Belastungen dauern teilweise noch an.

Ich bin glücklich und bereue nichts.

Jedoch würde ich jeder Frau von so einer Beziehung abraten, denn ein Happy End ist selten, und wenn es dazu käme ... ob es die ganze Sache wert wäre? Denn nicht jede Ehe ist glücklich – bei den Vorbelastungen ist die Chance dazu noch geringer.‘‘

Tatsächlich hat die Ex-Geliebte und glückliche Ehefrau mit dem, was sie schreibt, recht. Das Happy End für ein außereheliches Verhältnis ist ein seltener Ausnahmefall. In der Regel schleift sich die verbotene Liebe in mehreren Entwicklungsstadien und Phasen regelrecht ein und gefriert zum eisig-heißen Dauerzustand. Da die individuellen Ausgangspositionen bei Ehemann und Geliebter sehr unterschiedlich sind und auch der Verlauf einer heimlichen Liebe durch differierende äußere Faktoren beeinflußt wird, läßt sich kein allgemeingültiges Raster für die Entwicklung einer außerehelichen Beziehung entwerfen. In fast allen Verhältnissen mit emotionalem Tiefgang finden sich allerdings drei typische Phasen wieder. Dadurch kann ein Modell für die Entwicklung und den Verlauf einer heimlichen Liebe skizziert werden, das nicht unbedingt allgemeingültig ist, wohl aber dem sehr nahe kommt, was als „typisch‘‘ zu bezeichnen wäre.

Verliebtheit – Liebe – Abhängigkeit

Eine außereheliche Liebe beginnt nicht sensationeller und nicht gewöhnlicher als jede andere Liebesbeziehung auch. Die Gefühle sind die gleichen. Es gibt nur eine große Beeinträchtigung. Es ist nicht etwa der störende Ehering, den er am Finger trägt, sondern die Konsequenz, die daraus erwächst: das Glück ist von vornherein getrübt, die Betreffenden müssen sich gegen ihre Gefühle behaupten und können sie nicht spontan unbeschwert ausleben. Bei „normalen" Liebespaaren stehen gewöhnlich am Anfang Siebter Himmel und Euphorie, am Ende Alltag und Vernunft. Bei den illegalen Paaren beginnt die Liebe mit Euphorie und Vernunft und mündet in Illusion und Hoffnung. Zwischen- oder Endstation ist in beiden Fällen die Empfindung der Liebe. Es gibt keine zwei außerehelichen Beziehungen, die absolut deckungsgleich und synchron verlaufen. Sehr wohl jedoch sind frappante Ähnlichkeiten zu beobachten. So etwas wie eine Gesetzmäßigkeit, die eine grobe Charakterisierung oder Einordnung ermöglicht, existiert durchaus. Aus der Erlebensperspektive der Geliebten stellen sich drei spezifische Phasen oder Beziehungsepochen dar. Es sind die Entwicklungsstadien

- Verliebtheit = Euphorie
- Liebe = Illusion
- Abhängigkeit = Stagnation.

Nun ist es allerdings nicht so, daß jedes Verhältnis gradlinig durch die beschriebenen Phasen verläuft, sich dann vielleicht zum Guten wendet oder stagniert. Die einzelnen Phasen können fließend ineinander übergehen, sich überlappen und sich stets, wie in einem Teufelskreis, von neuem wiederholen. Konkret heißt dies: Hat sich eine Geliebte zum Beispiel einmal aus der Abhängigkeit vom Freund gelöst, kann durch eine winzige Geste oder den Schimmer einer Hoffnung erneut der Zustand der Verliebtheit und Euphorie heraufbeschworen werden. Das einzige, was die Geliebte in allen Phasen einer bestehenden Beziehung nie ganz verliert, ist die emotionale Abhängigkeit. Und selbst wenn eine außereheliche Beziehung nach Jahren zerbricht oder im Sande verläuft, haften der

Ex-Geliebten noch lange Zeit Spuren dieser unerfüllten Liebe an. Weil die Umstände, in denen eine außereheliche Liebe wächst, irreal sind, verliert eine derartige Beziehung nur selten ihre illusionistische Qualität. Traumata sind bei Geliebten vorprogrammiert, wenn sich ihre Hoffnungen nicht erfüllen. Denn es gibt kaum etwas, das den Menschen psychisch mehr beschäftigt als eine Entscheidung, die aus der Not geboren wurde und das Gefühl hinterläßt, es hätte sich doch vielleicht noch eine andere Lösung ergeben. Jeder Mensch gerät einmal in die mißliche Lage, sich für oder gegen etwas entscheiden zu müssen, um seine Weiterentwicklung nicht zu blockieren. Egal, ob dann die richtige oder eine Fehlentscheidung getroffen wird, steht am Ende Gewißheit. Und die eben erlebt eine Andere nicht, wenn sie aus der deprimierenden Phase der Abhängigkeit ausbricht und ihre Hoffnungen auf „ihn" endlich begräbt.

Die Tatsache, daß heimliche Freundschaften von der Wirklichkeit abgeschirmt sind, macht sie nahezu unerreichbar perfekt. Die Empfindungen der universalen Harmonie, des vollkommenen Gleichklangs und der gegenseitigen Bereicherung stellen alle bisherigen Partnerschaften in den Schatten. Folglich ist die Andere, allen zerstörerischen „Nebenwirkungen" der außerehelichen Liebe zum Trotz, in ihrer vernunfts- und gefühlsmäßigen Entscheidungsfreiheit blockiert. Solange noch ein Funken Hoffnung da ist, gibt sie eine solche Freundschaft nicht auf. Eine Vielzahl von Frauen, die einen verheirateten Mann lieb(t)en, antwortet auf die Frage „würden Sie mit Ihrer heutigen Erfahrung noch einmal so handeln/sich wieder mit Ihrem verheirateten Partner anfreunden?" sinngemäß wie die 36jährige Jasmin F.:

„Was ihn betrifft ja, dreimal ja! Aber noch einmal die Andere sein? Die Qualen noch einmal durchstehen? Nie wieder!"

Die meisten Frauen erfahren in ihrem Lebensabschnitt als „Andere" zwei divergierende Entwicklungen. Im Schatten ihres Freundes stagniert ihre persönliche Entwicklung, sie werden abhängig und ordnen sich unter. Genau gegensätzlich verläuft ihre Entwicklung auf der beruflich-offiziellen Ebene: Dort machen sie einen Reifeprozeß durch. Wo sie als Frau im öffentlichen Leben auftreten, werden sie als gereifte, selbstbewußte und erfolgreiche Persönlichkeit wahrgenommen. Sie leben in zwei Welten, und in jeder *spielen sie eine andere Rolle.* Zerrissenheit bestimmt das Leben. Wie alles beginnt und wie Verliebtheit über Liebe in Zerrissenheit und Abhängigkeit mündet, illustriert die folgende Kurzbeschreibung der Entwicklungsstadien:

1. Verliebtheit

Ein „gesunder" Zustand, da die positiven Gefühle überwiegen:

- intensives Glücksgefühl, innere Stärke, Kraft, Zuversicht
- positive Phantasien, wohliges Baden in Sehnsuchtsgefühlen
- Selbstsicherheit, unerschütterlicher Glaube an ihn, Autonomie und psychische Stabilität
- egoistische Tendenzen und unbewußte oder gezielte Ausrichtung auf den eigenen „Profit"

Die neue Freundin des verheirateten Mannes fühlt sich stark. Sie ist sehr verliebt, aber zermürbt sich nicht mit Gedanken über die Zukunft der neuen Beziehung. Entweder ist sie absolut sicher, ihn auf ihre Seite ziehen zu können, oder sie mißt der „Sache" nicht so viel Bedeutung bei und sieht alles nicht so eng. Kommen ungute Gefühle auf, werden diese erfolgreich verdrängt. Die Überlegung, jetzt noch mit halbwegs heiler Haut aus der „Sache" herauszukommen, führt nicht zur Konsequenz, die Beziehung aufzukündigen. Die Motive dafür können auch egoistischer Natur sein: Er ist ein guter Handwerker und könnte ihr beim Einrichten der Wohnung helfen; er erspart ihr die Fahrt zur Autowerkstatt, weil er sich unter der Motorhaube auskennt; er schiebt ihr ein paar Mark zu, wenn das BAFöG nicht reicht. Sie profitiert – ob in emotionaler, sexueller oder praktischer Hinsicht – von seiner Liebe, ohne ihm verpflichtet zu sein. Er will es ja nicht anders, warum sollte sie das (ihn) nicht ausnützen?

2. Liebe

Ein Stadium, das positiv beginnt und ins Negative führt:

- Faszination, Gefühlsintensität, Anbetung, Glaube an die „große Liebe"
- Orientierung am Partner, Werbung um ihn, Verklärung, Idealisierung des Partners
- Tendenzen zur Aufopferung/Aufgabe eigener Bedürfnisse zugunsten des Partners bzw. im Dienste der heimlichen Liebe, erste Zweifel an seiner Ernsthaftigkeit, aufkeimende Gefühle der Ungerechtigkeit, Leiden unter dem Ausgeschlossensein aus seiner Welt
- Gewissensbisse, Eifersucht, Unzufriedenheit, Spannung, Frustration, erschüttertes Vertrauen, Ansätze zur Kontrolle des Partners
- Angst vor dem „bösen Erwachen", Abwehr der Realität, Verinnerlichung der Hoffnung als Wahrheitsersatz

Wenn aus der Verliebtheit Liebe wird, verlieren sich allmählich gesunder Egoismus und Kritikfähigkeit bei der Geliebten. Sie wird blind für seine Fehler und taub für Worte, die ihre Illusionen zerstören könnten. Sie tut (sie täte) alles für ihn. Sie lernt, mit dem schlechten Gewissen seiner Frau gegenüber fertig zu werden, indem sie es verdrängt. Als Liebende vergißt sie dem Partner gegenüber allen Eigennutz, fühlt sich unendlich gestärkt und bereichert durch seine Gegenwart und seine Existenz. All ihre Gedanken kreisen um diesen Mann, und je länger dieser Zustand andauert, desto mehr schmerzt das Warten auf ihn. Sie beginnt darunter zu leiden, daß er noch eine andere Welt hat, die für sie tabu ist. Sie fängt an zu grübeln, wird unzufrieden und gewöhnt sich allmählich daran, ständig verfügbar zu sein. Sie isoliert sich, um abrufbereit zu sein und ihn so oft als möglich um sich zu haben. Daß er sie liebt und sich dennoch nicht von seiner Frau/Familie lossagt, macht sie zur Märtyrerin: sie solidarisiert sich mit ihm gegen den Rest der Welt, statt gegen ihn zu opponieren. Sie unterdrückt in seiner Gegenwart die immer stärker werdenden Gefühle von Eifersucht und Zweifel, unternimmt aber bisweilen Kontrollfahrten zu Orten, an denen sie ihn vermutet. Die Ungewißheit und die Warterei machen sie langsam aber sicher abhängig von ihm.

3. Abhängigkeit

Die Phase zwischen Euphorie und Depression, Liebe und Haß; die
negativen Gefühle überwiegen nun:

- Zerrissenheit zwischen Gefühl und Verstand; Depression, Aggression, Gefühle von Wut und Ohnmacht, Leidensdruck
- Rückfall in die alte Verliebtheit, Blendung, Klammern an den letzten Strohhalm der Hoffnung, Haß-Liebe
- anfangs halbherzige, später ernsthafte Abnabelungsbestrebungen und Trennungsversuche, zeitweilige gefühlsmäßige Distanzierung vom Freund und Entwicklung eines Eigenlebens wechseln mit totaler Selbstaufgabe und Fixation auf den Partner
- Ausübung psychischen Drucks oder offene Erpressungsversuche (,,ich unterrichte Deine Frau", ,,wenn sich in den nächsten drei Monaten nichts ändert, ist Schluß mit uns ..."), Bestechungsversuche (,,ich finanziere Deine Scheidung", ,,ich werde Deinen Kindern eine gute Mutter sein ..."), Versuche, ihn emotional (oder sexuell) von ihr abhängig zu machen, Ausbruchversuche und Provokationen (z.B. exzessive Flirts und Anbandeln mit anderen Männern, Kneipentouren, Besuch von Single-Treffen und Fortbildungsveranstaltungen)
- Flucht in Ersatzbefriedigung, Selbstmordgedanken, psychosomatische Krankheiten, emotionale Abhängigkeit

Fließend entwickelt sich aus der Liebe Abhängigkeit, so unverse-
hens, daß es der Anderen erst viel zu spät zu Bewußtsein kommt.
Durch die Fixation auf den Freund stagniert die Entwicklung des
außerehelichen Verhältnisses, es institutionalisiert sich. Je stärker
die Geliebte auf ihren Freund fixiert ist, je mehr sie sich um ihn
bemüht, desto weniger muß er an Zeit und Gefühlen investieren.
Daß sich aus der freiheitsliebenden, selbständigen Frau ein
abhängiges, gefügiges Wesen entwickelt, macht die Andere nicht
etwa interessanter für ihren Freund. Diese ungeahnte ,,Mutation"
stößt ihn eher ab. Sie beginnt ihn einzuengen, sie wird ihm zu
anstrengend – er tritt den Rückzug an, denn diese Art Frau hat er
ja schon zuhause. Durch ihre Abhängigkeit verliert die Geliebte in
aller Regel ihre Faszination für den Freund. Und genau das macht
sie im Zusammenwirken mit dem verletzten Stolz und dem Gefühl,
wieder einmal versagt zu haben, noch abhängiger. Durch die
äußeren Gegebenheiten (Zwang zur Heimlichkeit etc.) hat sie ihr

Leben auf ihn zentriert und alle Ausbruchsversuche sind von
vornherein zum Scheitern verurteilt. Wenn sie ihn aufgibt, was
bleibt ihr dann? Ihre Angst vor dem „danach" und der letzte Funken
Hoffnung schließen den Teufelskreis der Abhängigkeit. Wie
gelähmt verharrt sie oft Jahre im passiven Wartezustand und leidet
anklagend.

Der Vollständigkeit halber muß angemerkt werden, daß dies nur
der Versuch einer Charakterisierung der verschiedenen Entwicklungsstadien sein kann. Außereheliche Verhältnisse werden von
einer Vielzahl von Faktoren beeinflußt, so etwa von Umfeld,
persönlichen Lebensverhältnissen und Alter der Partner, von
Vorerfahrung, psychischer Disposition und Vorgaben des Alltagslebens. Insofern kann dieses Schema nur Möglichkeiten zur
Identifikation liefern, nicht aber Anspruch auf Allgemeingültigkeit
erheben. Eine Beobachtung ist zum Beispiel, daß sich meist
Elemente einer Phase auch in einem früheren oder späteren
Stadium wiederfinden. Manche Geliebte wird mit dem einen oder
anderen spezifischen Phasenmerkmal während ihrer illegalen
Beziehung nie konfrontiert, andere erkennen in der Beschreibung
exakt den Ablauf ihres Verhältnisses wieder. Nicht jede Beziehung
mündet in die Abhängigkeit. Die Wahrscheinlichkeit aber, daß
dieser Fall eintritt, ist groß. Wenn intelligente Frauen sich aus Liebe
in ein bizarres Leidensgeflecht verstricken, kann sich der Laie nur
noch verwundert fragen:

Wie kann frau nur?

   – bist du erst im mund der nachbarn
     wirst du mit gift und galle ausgespuckt –

   (Brigitte Bohnhorst)

Verständnis – das ist das seltenste, was sich die Andere erhoffen
kann, die 27jährige Krankenschwester Ruth N. klagt:

„Mein Vater nannte mich verrückt und glaubte, daß ich schon wieder
vernünftig werden würde. Eine meiner Schwestern belächelte mich und
glaubte nicht an die Ernsthaftigkeit dieser Beziehung. Meine andere

Schwester hat seitdem Angst um ihren Ehemann – sie glaubt wohl, ich sei eine ,notorische Verführerin'. Meine beste Freundin schaut mich nur mitleidig und etwas befremdet an. Sie vermeidet das ,Thema' möglichst. Die Mutter meines vorigen Freundes betitelte mich mit ,gemeines Drecksmensch' am Telefon. Sie glaubt, ich hätte ihrem Sohn Hörner aufgesetzt. Im allgemeinen kann ich zu den Reaktionen meiner Umwelt sagen, daß sie unsachlich und oft beleidigend vorgebracht wurden, falls das Thema überhaupt in meiner Gegenwart angeschnitten wurde. Meistens wurde die Problematik totgeschwiegen und als nicht existent, zumindest als vorübergehende Erscheinung aufgefaßt."

Sie steht mit ihren schlimmen Erfahrungen keineswegs allein auf weiter Flur, ganz im Gegenteil. Dieses Schicksal teilen die meisten Anderen, so auch die 34jährige Lehrerin Anneliese M., die fast Identisches über die Verständnislosigkeit ihrer Umwelt berichtet, wenn sie sagt:

„Mein größtes Problem ist jedoch, daß ich für meine Lage nirgends Verständnis finden kann. Ansatzweise Gespräche mit meiner Schwester oder mit Freundinnen endeten so: Das geht doch nicht, er muß sich entscheiden. Die Lage in der du bist, geschieht dir recht! – Eine betrogene Ehefrau dagegen bekommt Trost und Hilfe von allen Seiten."

Ein Mann zwischen zwei Frauen, ein klarer Fall: „Er betrügt seine Frau", heißt das im Klartext. Die Frage ist nur, welche. Gibt es nicht noch eine Betrogene? – Anneliese M. jedenfalls fühlt sich, wie so viele Andere, in der Freundschaft mit einem verheirateten gleichaltrigen Kollegen nicht ausgenutzt. Das gibt sie ausdrücklich zu verstehen. „Aber unter dem Status ,Andere' leide ich." Eifersüchtig auf die „Offizielle" sind weniger als 30 Prozent aller Anderen. Aber die Zeit, die jene rechtmäßige Frau mit „ihrem" Freund verbringt, neiden ihr alle Geliebten. Besonders erniedrigend muß die Situation – und zwar für Ehe- und Zweitfrau – sein, wenn beide voneinander wissen. Dies ist häufiger der Fall, als man meinen sollte. Etwa ein Viertel aller betrogenen Ehefrauen weiß oder fürchtet begründetermaßen, daß eine andere Frau existiert, allerdings in der Regel, ohne auch nur im mindesten über die Intensität der Beziehung unterrichtet zu sein. Auch Anneliese ist „nur" ein Verhältnis und gesteht, „ich fühle mich manchmal als Null".

Für Außenstehende, die ernsthaft versuchen, die Lebenssituation der Geliebten vorurteilsfrei und nüchtern zu analysieren, trägt das Verhalten/Verhältnis der Anderen schizophrene Züge. Kein Mensch zwingt eine moderne, zumal selbst-bewußt wirkende Frau, sich in eine solche Situation zu begeben. Sie tut es freiwillig, und sie erntet dafür Schimpf und Spott, muß Vorwürfe inkauf nehmen und wird – wo nicht gerade offen angefeindet – mit Nichtachtung gestraft. Ist sie erst erkannt, kann sie mit bösen Worten und vernichtenden Blicken rechnen, kommt es zur Konfrontation mit der Ehefrau, sind Handgreiflichkeiten keine Seltenheit.

Die Frage der Attraktivität spielt verständlicherweise in einem an äußeren Werten orientierten Umfeld eine enorme Rolle. Bei der Anderen werden schnell masochistische Tendenzen vermutet, wenn sie gut aussieht und intelligent ist, offenbar aber die ,,Freude am Leiden" einem geordneten Familienleben vorzieht. Ob aus Neid, Verunsicherung oder Unkenntnis, es werden außerdem Charakterschwäche, sexuelle Hörigkeit, Torschlußpanik und Gefühlsverirrung unterstellt. Am besten kommt noch das naive Dummchen in der öffentlichen Meinung weg. Klischees dieser Art kollidieren hart mit jenen, in denen die Andere eine inkonsequent Genußsüchtige ist. Die angenehmen Seiten des Lebens auskosten, aber keine Verantwortung tragen zu wollen – das muß dem braven Bürger sauer aufstoßen. Klar, die Ehefrau macht die Dreckarbeit und die Geliebte genießt ...

Gleich welche Position Nichtbetroffene einnehmen, es drängen sich zahlreiche ,,Verständnis"-Fragen auf: Wie kann man sich nur auf so etwas einlassen? Wie kann man es überhaupt so weit kommen lassen? Wie kann man damit leben? Was treibt eine Frau nur dazu? Was denkt sie sich eigentlich dabei? Fragen, die nicht nur Feministinnen erbosen, Psychologen und Seelsorger beschäftigen, Ehefrauen quälen, Moralaposteln allzu leicht über die Lippen gehen. Wie kann man nur ...

Nichtverstehen und Verurteilen sind oft eins. Gerade deshalb ist es zugleich bemerkenswert und überraschend, welchen liberalen Standpunkt jene in der Konfrontation mit der Geliebten-Problematik beziehen, denen die Öffentlichkeit am ehesten ein vernichtendes Urteil zutrauen würde. Manchen weltlichen Moralisten sollte das lebensnahe Menschen- und Problemverständnis von

Vertretern beider Kirchen zum Nachdenken veranlassen. Drei Stuttgarter Seelsorger haben die folgende ökumenische Stellungnahme gemeinsam ausgearbeitet: der evangelische Pfarrer Johannes Kuhn, der katholische Gemeindepfarrer Hermann Benz und der Sprecher der katholischen Seelsorgestellen in Deutschland, Pfarrer und Gesprächstherapeut Wolfgang Birk. Sie zeigen Verständnis für die Geliebte als Mensch und versuchen, als gläubige Christen Einsicht in die Konfliktsituation zu gewinnen und zu helfen:

„Zuerst: wir hüten uns davor, mit dem erhobenen Zeigefinger zu kommen. Wir sind alle Menschen, und keiner weiß, in welche Situation er selbst, ohne es zu wollen, geraten kann. Wir glauben auch nicht, durch nachdrücklichen Hinweis auf Gottes Gebote (und die Folgen ihrer Nichtbeachtung) das Problem lösen zu können. Vielmehr werden wir zuerst den Menschen, der in diese Situation geraten ist, sehen und versuchen, ihn zu verstehen. Jede menschliche Beziehung hat ja ihre eigene Geschichte und ihre besonderen Ursachen und Gründe – in diesem Fall vielleicht eine akute Ehekrise des Mannes oder eine große Einsamkeit der Frau. Verschieden ist auch, wie die eine oder andere eine solche Beziehung erlebt: beglückend oder belastend, gewillt, einen Ausweg zu finden, oder fest entschlossen, nicht auf diese Liebe zu verzichten.

Das ist das erste: wir werden den Betroffenen annehmen als Mitmenschen, den wir verstehen und dem wir – soweit wir können – helfen wollen. Helfen, aber wie?

Und das ist das zweite: wir wissen uns als gläubige Christen und ‚Diener des Wortes‘ gebunden an Gottes Gebot ‚Du sollst nicht ehebrechen‘. Wir wissen auch, daß dieses Gebot nicht dazu gegeben ist, um Menschen eine wahre Freude zu verbieten oder eine Erfüllung zu versagen. Im Gegenteil: alle Gottesgebote wollen nichts anderes, als die Freude und Erfüllung, den Frieden und das Glück des Menschen schützen. Nur ist es nicht damit getan, dieses Gebot groß und erdrückend dem vor Augen zu stellen, der mit ihm in Konflikt geraten ist. Es gilt vielmehr, den Sinn und das Ziel dieses Gebotes einsichtig zu machen, und das heißt vor allem auch, an die ‚Geschädigten‘, die Ehefrau und die Kinder des verheirateten

Mannes zu denken. Es ist leicht gesagt, ‚ihnen soll durch unsere Liebe nichts abgehen (vielleicht sogar im Gegenteil!)‘. Jedoch wissen wir aus unserer seelsorgerischen Erfahrung, daß in den meisten Fällen die Ehe des Mannes und damit auch dessen Familie fühlbar unter seinem außerehelichen Verhältnis leidet, selbst dann, wenn die Ehefrau davon nichts ‚weiß‘ und noch nichts ‚gemerkt‘ hat.

Schon allein die ständige Lüge, in der die beiden in ihrer ‚heimlichen Liebe‘ leben müssen, bleibt nicht ohne Auswirkungen auf ihre geistige, seelische und gefühlsmäßige Verfassung. Als Seelsorger sind wir vor allem Gesprächspartner, aber nicht unverbindlich, sondern engagiert für den Menschen. Als Gesprächspartner werden wir versuchen, dem Ratsuchenden zu helfen, die verschiedenen Aspekte seiner Situation möglichst klar zu erkennen und nichts zu verdrängen, um dann aus eigener Einsicht und eigenem Entschluß den Weg zu gehen, den sein Gewissen ihm weist und den er zu gehen vermag. In den meisten Fällen wird die Lösung des Verhältnisses ein schmerzlicher Prozeß sein, vor allem dann, wenn die Liebe zwischen den beiden nicht nur ein Feuerwerk, sondern stark und tief war. Sollte die Lösung nicht gelingen, dann werden wir als Seelsorger den Betreffenden weder verdammen noch fallen lassen. Nicht, weil wir meinten, er sei in jedem Fall ohne Schuld. Doch: ‚Wer von euch ohne Sünde ist, werfe den ersten Stein auf sie‘. Dieses Wort Jesu, das er denen sagte, die die Ehebrecherin steinigen wollten, gilt auch uns.

Andererseits aber ist der Mensch nicht nur Objekt eines übermächtigen Schicksals, sondern er ist auch verantwortlich für sein Handeln. Inwiefern persönliche Schuld mit einer außerehelichen Liebe Hand in Hand geht, das mögen die Betroffenen selbst beurteilen. Letztlich weiß es Gott. ‚Alles verstehen‘ heißt nicht unbedingt ‚alles entschuldigen‘. Verzeihen aber müssen wir alles um der Liebe Christi willen.“

Anders als in islamischen Ländern drohen in unserem Kulturkreis Frauen, die außerehelich lieben, weder Ächtung noch Steinigung oder offene Aggressionen. Die Restriktionen, mit denen die Andere normalerweise zu leben hat, sind zumeist subtiler, indirekter Natur. Sie resultieren aus dem Zwiespalt zwischen Gefühl und Verstand. Sie beruhen auch auf dem Umstand, ohne Regulativ von außen zu leben. Konflikte werden nicht aufgearbeitet, sondern verdrängt. Intrigen und offene Repressionen sind seltener, wiegen im jeweiligen Fall jedoch nicht minder schwer. Wie etwa bei der Logopädin Gisela K., der die Wohnung gekündigt wurde, „weil so was (ich) den Nachbarn nicht zuzumuten sei". Gisela nahm die Diskriminierung widerspruchslos hin. Angetan wurde ihr das letztlich wegen eines Mannes, von dem sie „nüchtern betrachtet nichts zu erwarten" hat. Die drastische Rache des „kleines Mannes", hier: des Wohnungseigentümers, an der Geliebten als einer unmoralischen Schlampe mag ein Einzelfall sein. Es sollte zu denken geben, daß diese Kündigung in einer deutschen Großstadt der achtziger Jahre ohne Entrüstung der Nachbarn – ja mit ihrer ausdrücklichen Billigung – geschehen konnte.

Offen ist noch immer die Frage nach den Motiven. Was hindert sie denn nun, Gisela und die zahlreichen anderen, mit ihrer Situation unzufriedenen Geliebten, daran, sich aus ihrem goldenen Käfig zu befreien? Zumal eine Andere ihr Tun, wie sie glaubt, nicht vor Gott und der Welt, ja nicht einmal vor sich selbst rechtfertigen kann. Die Geliebten bleiben eine rational-stichhaltige Erklärung schuldig. Denn logischerweise mündet die erfolglose Suche nach Antworten ungewollt und unversehens in die trostversprechende Flucht vor/aus der Realität. Einerseits wird nicht zu Bewältigendes früher oder später verdrängt. Andererseits wird meistens ein gewissenberuhigendes synthetisches Feindbild von seiner Ehefrau aufgebaut. Drei von vier Nebenfrauen wissen über die „Nummer Eins" fast nichts und füllen das Informationsdefizit mit Fantasie: seine Gattin ist sexuell unattraktiv, sie ist passiv, leidend, fad in der Erscheinung, kleinbürgerlich, hilflos, zwar ganz tüchtig und kinderlieb, aber keine ernstzunehmende Konkurrenz. Sogar wenn sie Lehrerin, Politikerin oder Chefärztin ist, bleibt sie für die Andere als (Ehe-)Frau eine graue Maus. Nur in seltenen Ausnahmen könnten sich die Zweitfrauen – unter Umständen – seine Frau als Freundin vorstellen.

Motiv: Liebe

Gleichheit auf dem Papier ist eine Sache; tatsächliche Gleichstellung eine ganz andere. Das patriarchalische Gedankengut spiegelt sich in „typisch männlichen" Denkmustern wider. Außereheliche Beziehungen sind, „unter Männern gesprochen", mal Kavaliersdelikt, mal Heldentat. Nur in extrem konservativen, kleinbürgerlichen Kreisen sind sie auch beim Mann ein Stein des Anstoßes. Für die Frau, die sich darauf einläßt, gibt es im System der staatlich verordneten Monogamie kaum eine Entschuldigung. Spontanes Bekennertum kann eine Andere öffentlich bis heute kaum riskieren. Ihr Hauptargument für das verbotene Verhalten – Liebe – zählt nicht. Beim simplen sexuellen Abenteuer ist man(n) liberaler. Den Satz haben sie alle drauf, die Faschingshelden und Westentaschencasanovas: Ein Ehering ist ein Argument, aber kein Hinderungsgrund. Klar, wir sind enthemmt, l(i)eben frei drauf los. Wer wird das schon so eng sehen; schließlich leben wir nicht mehr im Mittelalter.

Aber mit einer irrationalen Größe wie „Liebe" (nicht im Sinne von Sexualtrieb, sondern als ganzheitliche Empfindung verstanden) läßt sich rational nichts begründen. Das ging vielleicht in der heilen Welt der Courths-Maler. In der Ära der high-technisierten Kommunikation assoziiert das Wort „Liebe" für manchen Gefühlsduselei und eine Sentimentalität, die zwischen Computern und Elektronik fehl am Platze ist. Der Mensch hat gelernt, seine Sinne zu beherrschen (und wenn's mit Hilfe der pharmazeutischen Industrie ist). Er ist dabei, seine Sinnlichkeit einzubüßen. Viel, ja hauptsächlich wird *über* die Liebe gesprochen. Und Liebe wird *gemacht.* – Mit einem fatalen Perfektionsanspruch, der sich durch sämtliche Lebensbereiche zieht, dominiert Verstand über Gefühl. Liebe als Leistungssport, auf Video und Hochglanzpapier, Liebe auf Sexualpraktiken reduziert, von hinten und vorn, oben und unten, im Lift, in der Badewanne, unter Brücken. Wenn zwei sich einig sind, wozu mit Liebe prahlen? Nicht die Leistungen, die man in der Liebe, sondern die Opfer, die man ihretwillen bringt, sprechen die deutlichste Sprache.

Außereheliche Verhältnisse verlaufen so unterschiedlich, wie der Hintergrund, vor dem sie entstehen. In einigen Fällen spielt die psychische Liebe, also der Gleichklang der Seelen, eine nachgeordnete Rolle und die körperliche Komponente ist Selbstzweck des Verhältnisses. Es gilt, klar Abenteuer und Freundschaft zu unterscheiden. Wie sich eine Frau später in der Rolle der Neben- oder Zweitfrau einrichtet, beruht nicht zuletzt auf den Motiven und Umständen, die sie veranlaßten (taten sie es denn?), sich auf das Verhältnis mit einem Ehemann einzulassen.

Im Gegensatz zur Liebschaft, zum Techtelmechtel, also einer überwiegend sexuellen Beziehung, findet in jeder emotionsgeladenen intensiven Liebesbeziehung zwischen Ehemann und Freundin eine Entwicklung statt. Während solche „Reifung" unter günstigen Vorzeichen – wenn sich Singles ins Herz schließen – im Optimalfall ein Aufeinander-Zugehen ist, bedeutet sie für die Frau im Schatten in aller Regel Anpassung, Verzicht, Fügung. Die Andere tut fast nichts *mit* ihm, aber alles *für* ihn. Er gehört ihr nicht, aber sie ihm – mit Leib und Seele. Vielfach zeichnen sich die kurzen gemeinsamen Wegstrecken der heimlich Liebenden nicht durch faires Geben und Nehmen, sondern einseitiges Zurückstecken der stets abrufbereiten, ewig verständnisvollen Geliebten aus.

Wie und ob sich eine Andere in der Freundschaft entwickelt, ob sie früh-/rechtzeitig den Absprung schafft oder den Geliebten zum Mittelpunkt des Lebens und schließlich zum einzigen Lebensinhalt verklärt, hängt auch vom „Startkapital" der werdenden Nebenfrau ab. Darunter sind Fragen der persönlichen Biographie, der Lebensverhältnisse und Vorerfahrungen der Frau zu verstehen, die die Andere war, bevor sie zur Zweitfrau wurde. Auch der soziale und berufliche Hintergrund, die Erziehung und die psychische Disposition stellen Kriterien dar, die – bei Übereinstimmung – ähnliche „Charaktere" formen und zu regelrechten Schicksalsmustern führen. Eine geschiedene Frau beispielsweise, die sich bewußt einem gebundenen Mann „an den Hals wirft", lebt gefühlsmäßig weniger im Schatten als das junge Mädchen, dessen erste schwärmerische Liebe sich an der Gestalt eines verheirateten Mannes entfaltet. So herrscht beim Abenteuer in Fortsetzungen neben der Lust normalerweise eitel Harmonie und Sonnenschein vor. Die „Fronten" sind geklärt – zu Illusionen besteht kein Anlaß. Die Betthupferl wollen Spaß, also – körperliche – Gefühle unbeschwert, ungehemmt, un-bedacht ausleben. In dieser Form der außerehelichen Liebe sind die beiden Akteure gleichberechtigte (Geschlechts-) Partner. Manche Frau fühlt sich hierbei geradezu überlegen und dominiert über den „armen Irren mit dem Klotz des Eheweibs am Bein". Daß sich aus der freizügig-legeren Übereinkunft zur gegenseitigen Triebbefriedigung mehr entwickelt, daß man/frau sich in eine auf den ganzen Menschen ausgedehnte Zuneigung steigert, kommt vor – ist jedoch selten.

Anders gelagert ist der Fall bei außerehelichen Freundschaften, an deren Anfang „der Blitz einschlug" und die Betreffenden in seiner plötzlichen, ungeahnten Intensität blendete. Liebe auf den ersten Blick ist für solche Paare, ganz besonders aber für die Geliebte in spe, vieler Freuden, aber auch aller Leiden Anfang. Der deutsche Schriftsteller Emanuel Freiherr von und zu Bodman (1874-1946) schrieb: „Liebe ist die höchste Tapferkeit: sie ist zu jedem Opfer bereit." Auf Bindungen zwischen Ehemann und Zweitfrau bezogen, bewahrheitet sich diese Definition von Liebe fast immer, wenn auch meistens ungleichgewichtig.

Rational und realistisch beurteilt basiert das Gros der außerehelichen Liebesverhältnisse mit Tiefgang in erschreckender Weise auf der Opferbereitschaft der Frau. Mit der Bereitwilligkeit, sich einzuschränken und für den geknechteten Liebhaber aufzuopfern, steht und fällt das Verhältnis. In der ersten Euphorie ist die Andere unfähig, die ungerechte Lastenverteilung wahrzunehmen. Wird aus Verliebtheit Liebe, so kämpft die Andere erst recht nicht um ein ausgewogenes Verhältnis der Belastungen. Liebe stellt keine Fragen, sagt man. Für die Andere trifft das je nach Temperament, Sensibilität und Mentalität unterschiedlich, meist Jahre lang, zu.

Unter der Oberfläche des Bewußtseins gärende Gefühle von Zweifel und Befürchtungen werden so lange verdrängt oder ignoriert, bis die Geliebte von der Realität eingeholt wird. Für alle, die sich auch seelisch engagieren, kann am Ende – und schon lange vorher – die schmerzliche Erfahrung stehen, daß das Unterbewußtsein seine Rechnung präsentiert und Gefühle der Ungerechtigkeit und Verbitterung heraufbeschwört. Sobald nämlich die Euphorie der ersten Verliebtheit schwindet, ziehen düstere Gewitterwolken am Himmel der heimlich Liebenden auf. Für die Andere ist der Preis des „Stundenglücks" seelische Zerrissenheit. Selten ist es die Zeit, die für die Andere arbeitet. Ein andauerndes Schattendasein nötigt die unglücklich Verliebte früher oder später, sich den Tatsachen zu stellen: Ihre Liebe ist ein Gefühl, kein Anrechtsschein auf einen verheirateten Mann und sein Leben.

Längst nicht jede Andere möchte allerdings unbedingt „Karriere" als seine Ehefrau machen. Viele können sich noch nicht einmal ein Zusammenleben ohne Trauschein vorstellen. Sie lieben vielleicht, wollen sich aber nicht festlegen (lassen). Ganz realistisch muß auch gesehen werden, daß beim Kampf der Anderen um den Ehemann hier und da Momente wie Ehrgeiz, Eroberungsgelüste, Machterprobung mitschwingen. Nicht selten spielt die Faszination des Unerreichbaren unterschwellig eine Rolle. Darüberhinaus entspricht der „Mann in Fesseln" in geradezu idealer Weise den Bedürfnissen von Frauen, die angeben (vorgeben?), Freiheit und Unabhängigkeit in Beruf und Privatleben höher als eine eigene Familie zu schätzen. Daß bereits Gebundene kaum gefährlich werden können – es droht scheinbar nicht Einengung noch Freiheitsverlust – wäre eine mögliche Erklärung für die offenbar magische Anziehungskraft verheirateter Männer auf immer mehr „Frauen von heute".

Allen emanzipatorischen Bestrebungen und den Grundideen eines neuen Frauenselbstverständnisses zuwiderlaufend ist es wohl doch erst einem Teil der Frauen gelungen, sich gefühlsmäßig von der traditionellen Frauenrolle zu distanzieren. Fast alle Geliebten entschuldigen ihre oft entwürdigende Rolle als Schattenfrau mit dem altmodischen Argument „Liebe". Häufig deuten die betreffenden Frauen an, sich gegen diese tiefe Empfindung machtlos zu fühlen. Das alles überstrahlende Gefühl der Liebe läßt sich, wie sie sagen, nicht so einfach durch rationale Erwägungen und aus Gründen der Vernunft ausschalten.

Manche Andere ahnt zugleich, daß sie zuweilen das Wort „Liebe" als Pseudonym verwendet, etwa für Verlustangst, Handlungsunfähigkeit, Illusion und Inkonsequenz. Wenige wollen das wahrhaben, und dafür gibt es gute Gründe. Verbotene Liebe gedeiht unter künstlichen Bedingungen wie in einem Treibhausklima – isoliert von außen, unter dem Druck von Heimlichkeit und knapp bemessener Zeit. Da außereheliche Liebe gewöhnlich über lange Zeiten hinweg auf Sparflamme kochen muß, lodert dieses Feuer mit jedem Treffen von neuem hell, ja lichterloh auf.

Die rosarote Brille

Menschen, die „bis über beide Ohren" verliebt sind, tun sich schwer damit, objektiv oder, neudeutsch ausgedrückt, „cool" zu bleiben. Zu den typisch menschlichen Eigenarten gehört der Hang zur Idealisierung. Das Phänomen der rosaroten Brille umriß George Bernard Shaw (1856-1950) einmal sehr treffend und ironisch. Er definierte: „Die Liebe beruht auf einer starken Übertreibung des Unterschiedes zwischen einer und allen anderen Personen." Dabei zeigt die Erfahrung, daß es längst nicht immer Gegensätze sein müssen, die sich anziehen. Aus Beobachtungen und Fallstudien leiten Psychologen konträre Schlußfolgerungen ab. Sie fanden heraus: Den beiden Partnern eines Paares bescheinigen Mitmenschen, die sie als Einzelpersonen unabhängig voneinander beurteilen, durchweg die gleiche Attraktivität. Daraus kann abgeleitet werden, daß der Mensch bei seiner Partnersuche offenbar unbewußt seinen Blick auf den ihm – aus der Sicht Dritter – entsprechenden Personenkreis zentriert.

Ernsthafte Verbindungen werden demnach im Allgemeinen mit adäquaten Personen angestrebt, seien sie nun ebenso gutaussehend und modern oder langweilig, fad und bieder wie man/frau selbst. Diese Theorie legt nahe, daß Menschen, die stabile Bande knüpfen wollen, weniger nach Höherem als nach Gleichwertigem streben. Der römische Redner Cicero (106-43 v. Chr.) formulierte diese These allgemeinverständlich: „Gleich und gleich gesellt sich gern." Unbeabsichtigt, versteht sich. Denn der Hang zum Idealisieren hat hier Funktion. Rein theoretisch findet jede(r) sein Pendant – die Schöpfung bleibt im Gleichgewicht. Der Mensch, den man liebt, erscheint durch die rosarote Brille der Verliebtheit als Schönste(r), Beste(r), Größte(r).

Sich aber ein Bild vom Partner zu basteln, zumal eines, das den eigenen Idealvorstellungen nahekommt, wenn nicht gar mit ihnen identisch ist, birgt Risiken in sich. Schon bei ganz normalen, also „gesellschaftsfähigen" Zweierbeziehungen kann es den Nährboden für spätere Krisen und Konflikte schaffen. Welch böses Erwachen, wenn man den „7. Himmel" verläßt und feststellen muß, daß der Partner so vollkommen gar nicht ist! Wenn sich milde belächelte Spleens und liebenswerte Schwächen zu lästigen, ja fast unerträglichen Gewohnheiten auswachsen, die das tägliche Miteinander empfindlich stören ...

So weit jedoch kommt es eben vorzugsweise bei jenen, die Tisch und Bett, Alltag und Pflichten teilen dürfen/müssen/soll(t)en. Da außereheliche Verbindungen einen Teil ihres Reizes aus der ewig frischen Verliebtheit beziehen, bleiben die Partner füreinander „ideal". Es mangelt an Zeit, Lust, Gelegenheit, das *wahre Ich* des Anderen zu ergründen. Gerade in außerehelichen Freundschaften drohen durch die Idealisierung besondere Gefahren. Abgesehen von den Folgen, die ein Handeln im Zustand der Verklärung für den Ehemann und seine Familie nach sich ziehen kann, bewegt sich auch „seine" Freundin auf schwankendem Grund. Sie, die Andere, sieht den Freund durch eine rosa Brille. Er, zuhause treusorgender bis pflichtbewußter Gatte, zeigt sich freilich nur von der Schokoladenseite.

Anders als in öffentlich tolerierten und geförderten Beziehungen hat die blinde Verliebtheit zwischen Ehemann und Freundin eine breitere emotionale Basis und dadurch meist über Jahre hinweg in ihrer Intensität Bestand. Liebe ohne Sicherheiten kennt keine Gewöhnung. Der Zauber der Verliebtheit kann länger andauern und mündet mitunter in den (Dauer-) Zustand der Verblendung. Negatives wird allzu leicht ausgesiebt; unbequeme Informationen werden ignoriert und was nicht ins Weltbild paßt, verdrängt man aus dem Bewußtsein. Zwei, die so lieben, spinnen sich in einen schützenden Kokon ein. Im Extremfall dringt so weder etwas nach außen, noch kann etwas eindringen, das die Harmonie beeinträchtigen würde. Derartige Freundschaften haben nichts Alltägliches mehr an sich.

So liebt die Andere einen Mann mit Sonntagsgesicht. Ihr Freund hat ein Profil, das der Frau, die seinen Ring trägt, meist gänzlich unbekannt oder nicht mehr in Erinnerung ist. Sollte der Anderen das vermeintliche Glück beschieden sein, ihn tatsächlich auf ihre Seite zu ziehen, kann vieles anders als erhofft verlaufen. Denn der Mann, der seine Ehefrau verläßt, bringt nicht nur Zahnbürste, Koffer und einen Sack Probleme mit, sondern auch sein Alltagsgesicht. Zu befürchten steht (was übrigens auch im umgekehrten Fall zutrifft), daß es in der Realität des Alltags den Mann, den die Andere liebt, gar nicht gibt. Abgehetzt, gefrustet, verstimmt, genervt, paschahaft, mürrisch und schlecht gelaunt hat ihn die Freundin wahrscheinlich noch nie erlebt. Sie war ja immer *die Andere*. Wenn aus dem Dreiecksverhältnis eine Zweierbeziehung wird, fehlt eine „Ecke" (die möglicherweise ein Blitzableiter war). Die Stabilität außerehelicher Beziehungen beruht von der Warte des Mannes aus oft genug auf dem Umstand des Kontrastes: gäbe es die eine Welt nicht (Ehefrau, Familie), würde die andere Welt (Freundin) nicht vorhanden/nötig/reizvoll sein. Wird nun aber aus der *Anderen* die *Eine,* fehlt ein Eckpfeiler und der Mann findet sich unter Umständen in einer seiner aufgegebenen Ehe analogen Beziehung wieder. Zwei Reaktionen sind häufig:

1. der „Nestflüchter" flüchtet ins alte Nest zurück, weil er monogame Enge und Einbindung dort zu einfacheren Bedingungen haben kann: ohne moralische und materielle Nöte
2. aus der *Anderen* wird offiziell die *Eine* und er erliegt erneut nach einiger Zeit dem Charme einer anderen *Anderen*.

Oft war die Andere nur in ein Phantombild verliebt, ihr Bild vom Mann war ein Konglomerat aus Fantasie und Wunschdenken; sie hat in den Partner nur die ihr genehmen Eigenschaften hineininterpretiert und auf ihn projiziert, was ihren Vorstellungen und Neigungen entsprach.

In den wenigen sachlichen Gesprächen zwischen betrogenen Ehefrauen und Geliebten klingt aber auch immer wieder das Thema von einem „Mann mit den zwei Gesichtern" an. Manche Geliebte erinnert sich: Hatte er nicht von Zeit zu Zeit gesagt: „Mit dir ist alles ganz anders – bei dir kann ich ganz anders sein?" Eigentlich ist das kein Wunder bei einer Beziehung mit Schön-Wetter-Charakter. Dennoch – wenn die Doppelgesichtigkeit des Mannes im Gespräch von Frau zu Frau offenkundig wird, kennt das Erstaunen keine Grenzen. „Der Mann, den du liebst, kann nicht meiner sein", wundert sich die *Eine.* „So kenne ich ihn gar nicht", erwidert die *Andere.*

III
Die BeLIEBte: Die Andere in der Gesellschaft

– zwischen zwei grenzen
die kleine freiheit säen
als unser paradies ernten –

(Brigitte Bohnhorst)

– deine entscheidung
in moralischer verpflichtung zu verharren
vertreibt mich
aus dem paradies
für stunden geliehene
verborgenheit rings um dich und mich

mir bleibt die realität
in der ich nun träume
von einem neuen paradies
in dem mehr menschen
als du und ich
platz haben

(Michaela van de Schans)

– wessen welt?
seine welt ist eine andere welt
überstunden im büro
das neu gebaute haus
die lebensversicherung
die windpocken der kinder
der bruder in hamburg

meine welt ist eine andere welt
die universität
der praktikumsplatz
die bundesbahn
die magersüchtige freundin

wann ist seine welt meine welt?
nur ein kleiner teil ist unsere welt.

winzig
einmalig
überraschend
ohne anspruch
immer wieder neu
und schön.

(Christel Becker-Kolle)

Leben in zwei Welten

Im Verborgenen können Wunschvorstellungen, Illusionen und Phantasien wuchern wie Unkraut. Besteht in der illegalen Liaison die Pflicht zur Verschwiegenheit – was in einer Vielzahl der Romanzen unerläßlich scheint – wird mit der Geheimniskrämerei auch ein Großteil der rauhen Wirklichkeit ausgesperrt. Oder, anders ausgedrückt, eine zweite Wirklichkeit geschaffen. Es ist eine Traumwelt, die nur den beiden gehört, die sich lieben.

Beide, Ehemann und heimliche Freundin, leben nach außen hin weiter wie gehabt. Jeder hat seine Welt und damit ein Alibi. Wo sich aber die beiden Welten überschneiden, entsteht eine verträumte Insel der Glückseligkeit. Die Andere und ihr Freund leben genau genommen als zwei Menschen in drei Welten; da ist

- ihre offizielle Welt
- seine offizielle Welt und
- das geteilte Paradies der gestohlenen Stunden.

Die kleine Oase hat ihren Preis. Beide Partner, also nicht der fremdgehende Ehemann allein, sondern auch seine heimliche Geliebte, sind für gewöhnlich gezwungen, ein Doppelleben zu führen. Die beiden sehr verschieden gearteten Lebensformen fließen einerseits ineinander über, andererseits sind sie in strikter, schmerzlicher Weise gegeneinander abgegrenzt.

Je mehr sich eine Andere auf ein Leben mit ihm versteift, desto dramatischere Folgen sind zu befürchten, erfüllen sich am Ende die insgeheim gehegten Hoffnungen und Wunschträume nicht. Läßt sich eine Frau auf ein Doppelleben ein, geht dies nicht ohne eine drastische Änderung ihrer Lebensgewohnheiten und ihres bisherigen Alltagslebens vonstatten. Für den fremdgehenden Ehemann hingegen ist das Erschleichen eines Zweitlebens vergleichsweise unkompliziert. Er muß zwar alle Register der Trickkunst ziehen und sich mit Ausreden und Notlügen (Überstunden, Dienstreise, Konferenzen) die Stunden für die intime Zweisamkeit mühsam erkaufen. Er bemüht sich jedoch in der Gewißheit, eine Art Erfolgsgarantie zu haben: Er schnippt mit dem Finger und sie spurt!

Seine Freundin hingegen wird im eigenen Interesse bestrebt sein, sich ein paar Zeitreserven zuzulegen – frau weiß ja nie und hofft doch immer, daß er Zeit hat ... Die „ersparten" Stunden kann die Andere freilich nicht aus dem Ärmel schütteln; nur wenn sie sich aus anderen Lebensbereichen zurückzieht, kann sie für ihn „verfügbar" werden. Rückzug allerdings bedeutet immer auch Isolation. Wenn „seine" Freundin gewillt ist, sich auf ein Doppelleben einzulassen, führt dies vielfach dazu, daß sie ihre Zeit in beiden Welten überwiegend allein verbringt. Der Ausstieg aus der Normalität kann sich an der Anderen auf verhängnisvolle Art rächen, wenn die Beziehung zu ihrem verheirateten Freund zerbricht. Ihre Ausgangsposition ist, was die psychischen Folgen angeht, miserabel. Ein Ehemann, dem die Freundin den Laufpaß gibt, kann normalerweise immer noch versuchen, ins bürgerlich-familiäre Milieu zurückzukehren, so er sich aus diesem überhaupt jemals partiell gelöst haben sollte. Solch „reumütiger" Rückzug in den Schoß der Familie ist der Anderen verwehrt, insbesondere dann, wenn Trostspender wie Mutter, Schwester, Freundin fehlen. In dieser Situation droht sie alleingelassen ins bodenlose Nichts zu stürzen.

Tatsache ist, daß die Freundschaft mit einem Ehemann für die Andere ein gerüttelt Maß an Frust, Leid, Ärgernissen, Angst-, Haß- und Ohnmachtsgefühlen mit sich bringen kann. Aber – Frauenbewegung hin, Emanzipation her – die Andere verliert mit dem Geliebten gar nicht so selten auch die bessere Hälfte ihres Lebens. Ihr kommt ein kleines, dicht an der Hölle gebautes Stückchen Paradies auf Erden abhanden: ein Raum zum Lieben, Träumen und Geborgensein. Je trister und unbefriedigender das Leben ohne

„ihn" empfunden wird, desto eher kann es natürlich passieren, daß die heimliche Freundin sich in eine heile Welt der Fantasie flüchtet. Dort kann sie ungehindert ihren Wunschträumen nachhängen. Schlägt der Geliebten aber dann doch irgendwann die Stunde der Wahrheit, so stürzt für sie nicht *die,* sondern *die sinnerfüllte* Welt ein. Was zunächst bleibt ist Depression, Leere, Verzweiflung. Nur ganz tief innen spürt sie auch eine gewisse Erleichterung, daß zumindest klare Verhältnisse wiederhergestellt und die Zeiten des Wartens vorüber sind. Anfangs, und sehr viel später noch einmal, überwiegen Trauer – und verletzter Stolz.

Oft genug dauert es lange – allzu lange – ehe die Betroffenen selbst bemerken, in welche Situation sie hineingeschlittert sind. Schneller, als sie es selbst für möglich halten, rutschen sie in die Rolle der Abruf-Frau hinein. Über kurz oder lang werden nicht Wenige dem Mann mit der begrenzten Zeit zuliebe Gewohnheitspendlerinnen zwischen imaginärer und realer Welt.

Jahrhundertelang wurden Frauen zur Anpassung erzogen. Die geschlechtsspezifische Erziehung, die den Frauen zuteil wurde, die heute 30 Jahre und älter sind, basierte noch weniger auf dem Hinlenken zum selbständigen Denken oder zur zielstrebigen Verfolgung eigener Interessen. Während sich ihre Brüder rauften, spazierten viele der heutigen Schattenfrauen adrett gekleidet, mit Schleifchen im Haar, an Muttis Hand durch den Park. Das schwache Weib lebt in der modernen Frau fort: Frauen sind es, die sich sozial engagieren für noch Schwächere. Frauen fühlen sich dem Ehrenamt verpflichtet, Männer werden gutdotierte Funktionäre. Für Frauen in der Arbeitswelt gelten die gleichen Tarife – nur, um in die entsprechende Tarifgruppe zu kommen, muß frau halt ein gutes Stück besser sein. Frauen „sehen" das leider allzuoft „ein". Sarkastisch mutet jedoch an, wenn (männliche!) Psychologen dann beim Verhalten der Anderen auch noch vom „weiblichen Masochismus", also von der Lust der Frau am Leiden sprechen. Selbst wenn derartige Tendenzen vorzuliegen scheinen – die Frau im Schatten *muß* sich im Regelfall unterordnen. Sonst läuft nichts. Schließlich hat Er ja seine Pflichten. Auch wenn die Andere für ihn das Leben zwischen Schein und Sein akzeptiert, stößt es ihr doch mitunter recht sauer auf. Wenn die Geliebte mit Abstand über ihre geteilte Welt sinniert, wenn Er nicht bei ihr ist und bei ihr zur

Abwechslung wieder einmal Verstand über Gefühl dominiert, fühlt sie sich ungerecht behandelt.

Wie die meisten Frauen in dieser Situation war auch die 23jährige Carola M. eigentlich überzeugt, alles fest im Griff zu haben. Es war ihr wohl etwas schwer gefallen, sich in den Schatten „ihres" Dozenten zu stellen. Aber eine Zukunft als Andere hatte sie ohnedies nicht im Sinn. Wie sie das frustrierende Doppelleben als Zweitfrau erlebte und wie sie hineintrieb, schildert Carola rückblickend so:

„Alles war so verwirrend, weil ich mich, trotz der Warnungen meiner Großmutter und meines Vaters, nie über den Status einer ‚Nebenfrau‘ hinauskommen zu können, erst einmal daran gewöhnen mußte, einen Mann, in den ich verliebt war, nur zu bestimmten Zeiten anrufen zu können, immer nur befristete Zeit mit ihm verbringen zu können und häufig Absagen zu erhalten.

Als er im Sommer für sechs Wochen in Urlaub fuhr, nahm ich mir vor, mich innerlich von ihm zu entfernen, um dann womöglich den Absprung zu schaffen. Ich dachte, das würde klappen. Ich glaubte, so könnte sich unsere Beziehung von selbst auflösen. Bis er zurückkam! Plötzlich war alles wieder beim Alten. Als hätten keine sechs Wochen dazwischen gelegen.

Alles lief weiter; wir trafen uns zweimal in der Woche, telefonierten ab und zu. Im Laufe der Zeit wurde mir aber immer klarer, wie wenig ich eigentlich in sein Leben gehörte. Ein paar Stunden lang betraten wir eine Scheinwelt, in der wir so taten, als gehörten wir wirklich zusammen, aber im selben Moment, in dem er meine Wohnung verließ, verließ er auch diese Welt und betrat seine. Und in seiner Welt – mit Frau, Kindern, Beruf, Freunden – war nicht ein winziges Plätzchen für mich. Auch in Gedanken nahm er mich nicht mit in diese Welt. Er vermißte mich gar nicht, weil er so viel anderes hatte, auch zum Lieben: seine Kinder. Ich allerdings hatte meine ganzen Gefühle und Gedanken frei für ihn und empfand es als sehr schmerzlich, ihn nur zu festgelegten ‚Besuchszeiten‘, und nicht, wenn mir danach war, sehen oder wenigstens sprechen zu können."

Dieses Ausgeklammertsein aus der Welt des geliebten Mannes müssen die meisten Schattenfrauen notgedrungen hinnehmen. Sie selbst verstehen am allerwenigsten, wie sie alles so brav hinnehmen können. Ähnlich wie Carola M. ergeht es der 30jährigen Erzieherin Marlene F. mit ihrem Freund, dem vielbeschäftigten Pädagogen. Sie beklagt sich:

„Ich habe keinerlei Möglichkeiten, aktiv zu werden. Anrufen kann ich ihn nicht, schreiben darf ich nicht. Ich kann also nur warten, bis er sich meldet. Er tuts auch – oft. Aber ich kann halt nicht einfach anrufen und sagen, ich will jetzt gern das oder das mit dir machen. Oder einfach nur anrufen und erzählen. Das ist schlimm. Ich muß mir alles erträumen. Träumen gehört einfach dazu. Sich irgendwelche Sachen ausmalen, gemeinsame Zukunft, Leben. Und das ist so frustrierend. Ich weiß, wir haben keine gemeinsame Zukunft. Keine Perspektive. Und dann mag ich nicht mehr träumen.

Um das auszuhalten, schalte ich oft den Kopf aus. Und ich weiß genau, das geht nicht sehr lang. Aber im Augenblick halt ich's ganz gut – und will es einfach nur genießen. Solange ich's kann, unter diesen für mich sehr beengenden Bedingungen. Unsere Welt, das ist: leben und lieben ohne Ansprüche, ohne konkrete Ziele. Das geht wohl nur kurz. Aber ich versuch' es, denn ich bin noch sehr verliebt und kann die negativen Aspekte dadurch verkraften.

Eine Beziehung ohne Ansprüche – zwei selbständige freie Menschen treffen sich und gehen ein Stück zusammen. Wie lange? Ich wage keine Zeitprognose. Verdränge und lebe nach dem Bauch . . .“

Darauf läuft es denn auch bei den meisten Anderen früher oder später hinaus: Sie leben in der einen Welt nach dem Kopf, handeln also logisch, durchdacht und mit Verstand. In der anderen Welt dominiert der „Bauch“, das Gefühl. Die Kopf-Welt ist zugleich die offizielle Welt der Geliebten. In dieser lebt sie ohne ihren Freund. Wenn die Türe hinter ihm ins Schloß fällt, holt diese Welt sie so schlagartig ein, daß sie mitunter schlichtweg überrumpelt ist. Die Kopf-Welt ist auch die Welt, aus der sich die Andere zugunsten der Bauch-Welt, also der Welt des schönen Scheins an seiner Seite, mehr und mehr zurückzieht. Nur ihre intimsten Vertrauten, oft nicht einmal die eigene Mutter oder die beste Freundin, wissen von der Existenz dieser Welt, in der als Mittelpunkt die Tabu-Person Ehemann steht. Die Bauch-Welt ist die Welt, aus der die Andere die Kraft fürs Doppelleben schöpft. Die zentrale Figur ihres Freundes beherrscht diese Welt nicht nur in personifizierter Form. Es ist eine Phantasiewelt, die konkrete Gestalt annimmt, wenn der Partner eintritt, die aber – anders als die Kopf-Welt – auch für die Geliebte existiert, wenn ihr Freund körperlich weit entfernt ist. In ihren Gedanken begleitet er sie auf Schritt und Tritt. Synonyma für die beiden Welten wären auch die Begriffe von „Eigensinn“ und

„Aufopferung" in jenem Sinn, wie sie der deutsche Dichter Johann Paul Friedrich Richter, alias Jean Paul (1763-1825) recht frauenverächtlich gebraucht hat. Er definierte: „Eine Frau ist der widersinnigste Guß aus Eigensinn und Aufopferung. Sie läßt sich für ihren Mann wohl den Kopf abschneiden, nicht aber die Haare." Eigen-Sinn, man könnte auch Selbstbewußtsein dazu sagen, beweist die Andere in der realen Kopf-Welt. Ihre Bauch-Welt ist die der Aufopferung. Freilich gibt es auch Ausnahmen, wie am Beispiel der bisher wenig in Erscheinung getretenen Geliebten über 40 deutlich wird. Für die Andere aus der Single-Szene ist es jedoch typisch, sich für ihre große Liebe aufzuopfern. Den „Kopf" (= die Freiheit) läßt sich die Andere mit Freuden abschneiden, solange man(n) ihr nur die „Haare" (= ihn und ihre Illusionen) läßt. Offiziell bleibt sie ja ohnedies frei.

Träume von Freiheit und Abenteuer

„Ganz Frau und trotzdem frei zu sein" – das ist es im Grunde, was jede Andere anstrebt. Denn die andere Frau führt nicht nur in ihrem Alltag ein Doppelleben. Sie lebt nicht nur durch die räumliche und zeitliche Trennung von ihrem Freund in zwei Welten. Durch ihr ganzes Leben zieht sich ein seelischer Zwiespalt. Es ist ein permanentes Pendeln zwischen dem, was ihr das Gefühl sagt und jenem, das ihr Frauenselbstverständnis fordert. So sehr sich auch die Einzelschicksale voneinander unterscheiden, kristallisieren sich doch prinzipiell nur zwei verschiedene Typen der „modernen Geliebten" heraus: Zum einen gibt es die „typischen Singles", alleinstehende, recht junge berufstätige Frauen ohne Kinder. Zum anderen ist da die große Gruppe der Frauen über 40 mit einschlägigen Vorerfahrungen in Bezug auf Ehe und Familie. Natürlich findet man auch die vielzitierten „vernachlässigten Ehefrauen", ein paar sexhungrige „Betthäschen" und Frauen unter den Anderen, deren ehrgeizige Berufspläne erst einmal durchs Bett des Chefs führen. Solche Frauen sollen hier nur am Rande erwähnt werden. Diese Anderen stellen weder ein sehr neues Phänomen dar, noch verkörpern sie den Typ der „modernen Geliebten".

Anders verhält es sich bei den sogenannten „Spätemanzipierten", die eine nicht repräsentative, aber doch große Gruppe der neuen anderen Frau bilden. Sie wollen nach Jahren der Unterordnung, des Funktionierens und der Einengung aus dem Ehe- oder Partnerschaftsgefängnis ausbrechen. Die entscheidende Wende in ihrem Leben findet meist dann statt, wenn die Kinder erwachsen sind oder beginnen, flügge zu werden. Die Ex-Gattinnen und Mütter lernen ihre Freiheit zu schätzen und wollen diese um keinen Preis der Welt wieder verlieren. Eine neue Ehe kommt für sie nicht mehr infrage, eine Bindung „an der langen Leine" jedoch lehnen sie nicht ab.

Ein verheirateter Mann ist für die gebrannten Kinder *die* Ideallösung. Hier ist eine gesunde Mischung aus Distanz und Nähe gewährleistet. Ohne die mühsam erworbene Autonomie zu gefährden, ist es möglich, Frau zu bleiben. Gerade dieser Aspekt ist beim Typ dieser Geliebten von großer Bedeutung. An der Schwelle zu den Wechseljahren, im Bewußtsein, auch vom Alter her nicht mehr in jeglicher Hinsicht konkurrenzfähig zu sein, hat die „reife" Geliebte gelernt, ihre Ansprüche zu reduzieren. Sie hat nicht mehr so viel Leben vor sich, daß sie es sich leisten kann, die Gegenwart zu verträumen. Sie steckt mitten drin im Leben. Studiert sie die eigene Biographie, entdeckt sie Versäumnisse und Defizite, die es auszugleichen gilt. Individueller Freiraum zählt für die Freigeschwommenen höher als heimelige Nestwärme. Sie wollen nach einem halben Leben in Fesseln alles auf-, nachholen und genießen, was bisher zu kurz kam.

Eine latente Angst, mit dem Älterwerden die Attraktivität einzubüßen, treibt die neuen Selbstbewußten jedoch keineswegs in die Arme einsamer Witwer. Für das bißchen Sex, für ein paar Streicheleinheiten und etwas Selbstbestätigung setzen sie die neue Freiheit nicht aufs Spiel. Zur Anderen werden sie ganz bewußt. Sicherlich, es kränkt sie manchmal, nur die Nr. 2 zu sein. Doch diesen Wermutstropfen akzeptieren die Freiheitsliebenden. Mit der Verselbständigung haben sie ihre eigene Lebensphilosophie entwickelt. Charakteristisch für diese Frauen ist ein ganz gesunder Egoismus und eine Abgeklärtheit, die vor bitteren Enttäuschungen schützt. Sie leiden als Geliebte kaum unter dem Status der „Anderen", sondern stehen meist mit beiden Beinen fest auf dem

Boden der Tatsachen, wie beispielsweise Anita E., 43 Jahre alt. Nach über zwanzig Ehejahren hat sie sich von ihrem Mann getrennt, eine Boutique aufgemacht und mit einem verheirateten, zwei Jahre jüngeren Mann ein Verhältnis begonnen. Sie sagt:

„Ich nehme an, daß wir über 40jährigen altersbedingt eine gewisse Einsicht haben, nicht mehr zuviel verlangen zu können. Das Motiv für eine Ehe – Kinder oder finanzielle Versorgung – fällt für uns flach, man kann genießen ohne Verpflichtung. Bei uns spielt auch die Sexualität eine große Rolle – vielleicht Torschlußpanik oder Präklimakterium? Ich z.B. bin mit meinem Freund sexuell in einer so starken Harmonie, wie ich (und er) es nie kannte. Wir haben ein zärtliches bis ekstatisches Sexleben. Vielleicht wird da ausgelebt, daß man im Letzten doch nicht füreinander da ist. Ich leide auch schon mal darunter, da ich ja nie allein gelebt habe: vom Elternhaus in die Ehe, von der Ehe ins Verhältnis. Meine Schwester dagegen hatte vor, zwischen und nach ihren beiden Ehen immer Single-Phasen. Sie lebt ‚a la carte‘, wie sie es nennt; es passieren schon mal Verhältnisse von längerer Dauer, aber sie läßt sich nicht mehr festlegen und steht dazu, sich den Mann auszusuchen, der sie erregt."

Die Andere über 40

Wenn ehe- und lebenserfahrene Frauen zur Geliebten werden, steht dahinter zumeist ein Wahlschicksal. Es ist nicht unbedingt so, daß sie sich bedenkenlos den verheirateten Mann „an Land ziehen". Diese Frauen fühlen sich – wie sie zu verstehen geben – mehr instinktiv als bewußt „zu ungefährlichen Objekten hingezogen". Die Anderen über 40 sind als Erscheinungsform der modernen Geliebten ein Kapitel für sich. Wie viel genußvoller, lebenswerter und gesünder erscheint ihr Leben als „Andere" im Vergleich zum Schicksal jener Frauen, die sich als „halbherzige Singles" in ein Verhältnis verstrickt haben. Bei den Geliebten der reiferen Jahrgänge fallen in der Biographie zahlreiche Parallelen auf.

Meist stammen diese „Zweitfrauen" aus bürgerlich-konservativem Elternhaus, haben eine entsprechende Erziehung – auf den Mann hin orientiert – erfahren. In Harmonie mit dem konventionellen Rollenverständnis, das für „sie" die Rolle der Ehefrau und Mutter, für „ihn" die Position des Familienvaters und Ernährers vorsah, haben sie häufig recht früh geheiratet und Kinder bekommen. Einzelne Frauen hielten trotz häuslicher und familiärer Verpflichtungen an der Ausübung ihres erlernten Berufes fest, andere – und sie stellen die Mehrheit – schlüpften jedoch in die Rolle der „Nur-Hausfrau". Der große Einschnitt im Leben dieser Frauen bahnte sich mit dem Erwachsenwerden des Kindes/der Kinder an. Vor dem Hintergrund des nahenden Klimakteriums, einer gewissen Ehemüdigkeit und aus dem Gefühl heraus, „das kann doch nicht alles gewesen sein", haben viele von ihnen die Ketten der Ehe gesprengt und sich verselbständigt, um nun endlich einmal an sich denken und ihr eigenes Leben genießen zu können. Daß diese Frauen aus dem Empfinden, ihre Energien jahrelang in den Dienst der Familie gestellt und die psychische wie auch physische Kraft in Erziehung, Haushalt und Versorgungsleistungen investiert zu haben, einen Nachholbedarf verspüren, ist leicht nachzuvollziehen.

Viele Bedürfnisse, Wünsche und Ansprüche waren während der Ehe- und Erziehungsjahre in den Hintergrund gedrängt worden, es mangelte an Muße, Zeit und/oder Geld. Meist sind diese Frauen Ende Dreißig/Anfang Vierzig gewesen, als der Nachwuchs begann, aus dem heimischen Nest zu flüchten.

Wenn das stärkste Band zwischen den Eheleuten die gemeinsamen Kinder waren, dann bricht, wie die Erfahrung zeigt, an diesem Punkt auf Betreiben der nicht mehr jungen, aber noch längst nicht alten Frau die Ehe endgültig auseinander. Eine Gesellschaft, die jugendliche Frische und makellose Schönheit höher schätzt als innere Reife, stürzt besonders Frauen in der Lebensmitte in oft unbewußte, innere Konflikte: ihr Körper, der Hormonhaushalt, stellt sich allmählich um, bisherige Aufgaben und wesentliche Lebensinhalte entfallen, neue Perspektiven tun sich nicht auf, Angst vor dem Altern ist keine abstrakte Größe mehr.

Trennen sich Frauen in dieser Midlife Crisis vom Ehepartner, reagieren sie häufig allergisch auf Beziehungsformen, die eine neuerliche Einengung und Interessenreduzierung bedeuten könnten. Empfänglich sind sie jedoch für solche Männer, die ihnen die zurückeroberte Freiheit lassen, ihnen gleichzeitig aber Aufmerksamkeit, Liebe und Ansprache schenken. Naturgemäß können die Frauen über 40 den Idealpartner im passenden Alter kaum finden.

Reifere Jahrgänge ohne Trauring am Finger sind rar, außerdem denken die infrage kommenden Männer oft noch sehr konventionell und sind zu unselbständig, als daß sie der reiferen Frau genügend Freiraum zur eigenen Entfaltung lassen könnten. Möchten die Frauen über 40 also nicht vom Regen in die Traufe geraten, bietet sich der gebundene Mann als idealer Partner geradezu an.

Nach einer gescheiterten Ehe kann sich die Frau, die sich nicht mehr gebraucht, oftmals ausgenützt fühlte, noch einmal verlieben, erhält Bestätigung und Zuwendung, ohne Gegenleistungen erbringen zu müssen. Die Spätemanzipierten sind Frauen, die anders als die jüngeren Geliebten, sehr darauf bedacht sind, in ihren Ansprüchen und Rechten nicht zurückgesetzt zu werden. Ihr Verhältnis zum etablierten Mann ist meist ein offenes Geheimnis, nicht selten wird es im Bekannten- und Freundeskreis toleriert. Kaum eine der reiferen Geliebten fühlt sich durch den Status einer Zweitfrau im Eigenleben und im Alltag beeinträchtigt, im Gegenteil. Offenbar imponieren selbst moralischen Zeitgenossen Selbstverständnis und -bewußtsein der gereiften Frau zu stark, als daß die unkonventionelle Lebensform pauschal abgeurteilt würde. Hier spielen möglicherweise Faktoren wie versteckte Bewunderung und heimlicher Neid eine Rolle.

Weil die Frauen über 40 ihre Beziehung zum gebundenen Mann abgeklärter und nüchterner sehen, sich nicht verstecken lassen und das Beisammensein als beglückend und befriedigend erleben, kennen sie nur selten die innere Qual der jungen Geliebten, bei denen im Lauf der Zeit Leidensdruck und Konflikte den Genuß überlagern. Verwöhnen und Verwöhntwerden entsprechen sich meistens in den Beziehungen zwischen den gereiften Frauen und ihren oft geringfügig jüngeren Freunden. Ein Schwerpunkt dieser außerehelichen Verbindungen liegt deutlich im sexuellen Bereich, aber auch gemeinsame Unternehmungen und Gespräche bringen Farbtupfer und neue Perspektiven in das Leben der ,,Frauen in den besten Jahren".

Im Gegensatz zu den jungen Anderen zentrieren die älteren Geliebten ihr Leben nicht auf den verheirateten Mann, sondern reichern es sozusagen mit ihm an. Manche wären sogar bereit, sich an diesen Mann irgendwann zu binden, würde er sich von der Ehefrau trennen, andere – vorwiegend die Berufstätigen – lehnen dies kategorisch ab. Hoffnungen und schwärmerische Sehnsüchte entsprechen nicht dem Naturell der lebenshungrigen Frauen. Sie leben im Hier und Jetzt; pflegen sich äußerlich und innerlich. Vom Typ her gehören sie zu den eher umtriebigen Menschen, ziehen Geselligkeit und anregende Unterhaltungen dem anspruchsvollen Buch oder besinnlichen Stunden im stillen Kämmerlein vor. Das gesteigerte Nachholbedürfnis und das neuentdeckte Lebensgefühl gehen Hand in Hand mit einer gewissen, schützenden Oberflächlichkeit. Die Interessen der über 40jährigen sind eher breitgestreut als tiefgründig. Bisweilen drängt sich der Verdacht auf, die Angst vor erneuter Einschränkung und Einengung wird (über-)kompensiert durch Hyperaktivität und stark ausgeprägte Lebenslust. Die Anderen über 40 sind fast immer Frauen, die nicht mehr bereit sind, auf Eigenleben, Selbstverwirklichung und Genuß zu verzichten, einseitig zurückzustecken und sich verletzen zu lassen. Sie haben einen gesunden Egoismus entwickelt, der sie als Geliebte genießen, nicht leiden läßt.

Die typische Andere

Vom Selbstverständnis der „Geliebten aus Überzeugung" können die typischen Anderen nur träumen. Sie haben sich mit dem Status der Zweitfrau mehr schlecht als recht abgefunden. Nur ausnahmsweise wähnen sie sich ähnlich den 40er-Frauen auf der Sonnenseite des Lebens. Die typische Andere der achtziger Jahre ist eine Frau im Schatten, wider Willen und doch selbstverschuldet. Denn der moderne Ehebrecher legt gleich zu Beginn der „Affäre" die Karten offen auf den Tisch. Vorbei scheinen die Zeiten, da man(n) den Ehering klammheimlich in der Hosentasche verschwinden ließ. 90 Prozent aller Anderen waren von Anfang an über den Familienstand des neuen Freundes unterrichtet.

Ehrlichkeit, so zeigt sich also, schützt vor Illusionen nicht. Ganz im Gegenteil: Sie wird von der Freundin als Pluspunkt für den Ehebrecher vermerkt. – Die „neue" Andere fällt in der Gesellschaft nicht weiter auf, es sei denn durch Intellekt, Verantwortungsbewußtsein und Selbständigkeit in offenbar allen Lebensbereichen. Bezeichnend ist, wie wenige Frauen aus den sogenannten „sozial schwächeren Kreisen" zur Anderen werden. Vermutlich ist hierfür die Erziehung verantwortlich, die Frauen der „Unterschicht" automatisch und sehr früh in die traditionelle Frauenrolle – Hausfrau und Mutter – treibt: ihnen fehlt wohl schlicht die „Gelegenheit", Andere zu werden, heiraten sie doch oft recht früh. Sicherlich gibt es „Verhältnisse" auch in dieser Gesellschaftsschicht. Die These, daß sie sich aber kaum auf intellektuell/geistiger, sondern hauptsächlich auf körperlicher Ebene abspielen, liefert eine Erklärung für die Beobachtung, daß diese Frauen nicht als Problemgruppe in Erscheinung treten. Hingegen scheinen Frauen mit höherem Bildungsniveau besonders für ein Leben als Zweitfrau disponiert zu sein. Es drängt sich der Verdacht auf, Andere zu werden oder zu sein, sei ein spezifisches Mittel- und Oberschichtsproblem. Betroffen davon sind insbesondere Frauen zwischen 23 und 38 Jahren, selten auch Frauen, die etwas älter oder sehr viel jünger sind. Das Durchschnittsalter der Anderen von heute liegt bei Anfang 30. Allein leben sie alle, wobei das Verhältnis zwischen den ewig Ledigen und den jung Geschiedenen bei etwa 5:1 liegt. Materielle Nöte kennen die wenigsten, denn die neue Andere ist ein Mensch, dem der Beruf sehr viel bedeutet. Das zahlt sich, wortwörtlich, aus.

Die Andere und ihr Beruf

Die zeitgenössische Geliebte ist also, im Gegensatz zu unzähligen ihrer mehr oder minder legendären Vorgängerinnen, in aller Regel keine ausgehaltene Frau. Sie verdient sich ihre Brötchen selbst. Wie sie es tut und welche Rolle der Beruf in ihrem Leben spielt, ist recht aufschlußreich. Wohl nicht rein zufällig nimmt der Beruf im Leben der neuen Anderen einen immensen Stellenwert ein, wie die Betreffenden selbst zugestehen. Frappierend ist, wie ähnlich die Antworten auf Fragen wie „Was bedeutet ihnen ihr Beruf?" ausfallen. Der Tenor ist überwiegend positiv bis euphorisch. Es sind fast nur die Frauen in technischen oder kaufmännischen Berufen, die sich gelangweilt fühlen und ihre Arbeit als „notwendiges Übel", als Versorgungsgrundlage oder Ablenkungsmanöver vom unbefriedigenden Privatleben beschreiben. Das Gros der Anderen mißt dem

Berufsleben eine besondere Bedeutung bei. So geben viele moderne Geliebte an, ihre Berufstätigkeit stelle für sie nicht etwa eine Ersatzbefriedigung, sondern vielmehr eine Bereicherung im Hinblick auf Lebensqualität dar.

Die Anderen fallen im Beruf häufig als zuverlässige, engagierte, ehrgeizige Frauen mit offenkundig ausgeprägtem Selbstbewußtsein auf. Das ist nicht verwunderlich, sehen sie doch in der Beschäftigung neben der „interessanten Möglichkeit, mir meine finanzielle Unabhängigkeit zu sichern" auch „eine reizvolle und abwechslungsreiche Aufgabe". Den meisten erscheint die Arbeit als ein „Feld, auf dem ich Anerkennung und Selbstbestätigung ernten kann". Natürlich begreifen zahlreiche moderne Geliebte, wie ihre Geschlechtsgenossinnen in geregelteren Lebensverhältnissen, die berufliche Tätigkeit als *die* Chance zur Selbstverwirklichung", ja hier und da wird sogar vom „Lebensinhalt, den ich um keinen Preis der Welt wieder aufgeben möchte" gesprochen. Mit dem Job, so sagen sie selbst, erarbeiten sich die Anderen ein großes Stück Unabhängigkeit, erfahren dabei eine Wertsteigerung der eigenen Person und haben Erfolgserlebnisse, die über vieles hinweghelfen. So steht der Berufsalltag im harten Kontrast zu dem unausgefüllten Dasein einer Nebenfrau. Im Beruf ist die Geliebte eine vollwertige Persönlichkeit. Sie kann sich profilieren, sie ist wer. Im Großen und Ganzen fühlt sie sich weniger über- als gefordert, ist ausgeglichen, zufrieden, glücklich – mit einem prägnanten Wort: ausgefüllt. Nur phasenweise und vereinzelt wird der große Frust beklagt.

Ins Auge sticht die Tatsache, daß sich ein Großteil der Frauen ohne höhere Schulbildung über den zweiten Bildungsweg bis zu einer verantwortungsvollen Position hochgearbeitet hat. Andere, so scheint es, sind Frauen mit einer gehörigen Portion Ehrgeiz, aber ohne die Ellenbogen der radikalen Emanzen. Typische Berufsfelder, in denen gehäuft Schattenfrauen anzutreffen sind, liegen im sozialen und künsterlischen, humanitären und pädagogischen Bereich. In den seltensten Fällen kollidieren die Karrierepläne der Anderen mit den Interessen ihrer männlichen Kollegen.

Was auffällt: Die meisten Tätigkeiten, die Andere ausüben, gehören zu den typich weiblichen Betätigungsfeldern. Charakteristisch ist außerdem, daß die Arbeit der modernen Geliebten stets mit überdurchschnittlich vielen, teilweise intensiven Kontakten zu anderen Menschen verbunden ist. Meist haben die Anderen Mittelpunktsfunktionen inne. Besonders viele Lehrerinnen, Krankenschwestern, Erzieherinnen, Heil-, Tanz- und Bewegungspädagoginnen trifft man unter ihnen an. Die Jüngeren studieren – meist Sprachen, Germanistik oder Pädagogik. Die Mutigsten machen sich selbständig als freie Schriftstellerinnen oder Journalistinnen, Psychotherapeutinnen oder Diplom-Psychologinnen mit eigener Praxis. Viele arbeiten auch als Redakteurinnen oder Fotografinnen verantwortlich neben Männern. Sehr selten setzt sich die Andere in einem eher sachlichen oder gar reinem Männerberuf durch. Es gibt zwar einige führende Verwaltungsangestellte, Verkaufs- und Abteilungsleiterinnen, aber sie bilden eine Minderheit.

Andere sind im Berufsleben Frauen, die in gewisser Weise exponiert sein wollen, ohne jedoch dabei den Männern auf den Schlips zu treten. Sie suchen Freiheit in einem traditionell abgesteckten Rahmen. Die Andere unserer Zeit ist eine ,,Halb-Emanzipierte" – das beweisen ihr beruflicher Werdegang und ihre Position im Arbeitsleben in aller Deutlichkeit.

Das Märchen von der Bettkarriere

Die auffälligen Übereinstimmungen auf der beruflichen Ebene verleiten zu Rückschlüssen. Zwei widersprüchliche Thesen zur Deutung der vielen Parallelen bieten sich an: eine analytische und eine verhaltenstheoretische. Die erste These entspringt feministischem Gedankengut und zieht tiefenpsychologische Aspekte zur Deutung heran. Die andere These erklärt die Gemeinsamkeiten oberflächlicher und vordergründiger, sie untersucht leicht erkennbare Verhaltensmuster nach bewährter Huhn-Ei-Methode. Hier lautet die alles entscheidende Frage etwa: Was war zuerst da, ,,Huhn" (= der Geliebtenstatus) oder ,,Ei" (= Beruf)? Der Interpretationsansatz läuft auf die Antwort ,,Ei" (= Beruf) hinaus. Damit lautet das Fazit ungefähr folgendermaßen: In bestimmten, kontaktreichen Berufen ergeben sich eben leichter Gelegenheiten, ein außereheliches Liebesverhältnis zu beginnen. Wenn eine Frau sich aus dem Verhältnis mit ihrem Vorgesetzten positive Effekte für ihre Karriere und das berufliche Fortkommen verspricht, wird sie sich nicht lang zieren.

Diese These stützt männlich-überhebliche und unhaltbare Vorurteile. So hartnäckig sich in kitschigen Arztromanen, seichten Spielfilmen und billigen Witzen das stereotype Klischee von „Romanzen" zwischen Stationsschwester und Oberarzt, Kindermädchen und vermögendem Hausherrn, kleiner Tippse und Konzernmanager auch hält – der Wirklichkeit vermag es nur in Ausnahmefällen gerecht zu werden.

Tatsache ist: Frauen sind nach wie vor auf dem Arbeitsmarkt und im Erwerbsleben benachteiligt. Im Beschäftigungssystem sind sie noch immer vielfachen Diskriminierungen ausgesetzt. Dies beginnt schon beim Versuch, ins Berufsleben einzusteigen. Zwei von drei lernwilligen Mädchen tauchen hierzulande in der Arbeitslosenstatistik nie auf, weil sie entmutigt von der Ausbildungsplatzsuche ablassen. Haben sie dennoch einen der heißbegehrten Ausbildungsplätze ergattern können, hapert's erneut bei der Chancengleichheit. In der Bundesrepublik wurde unter den 1977 bis 1983 ausgebildeten Männern eine Arbeitslosenquote von 4 Prozent ermittelt. Bei den weiblichen Kollegen war sie im gleichen Zeitraum mit 16 Prozent viermal so hoch. Arbeitsmarktforscher stellten fest: Je länger die hohe Arbeitslosigkeit andauert, desto größer wird die Konkurrenz zwischen Männern und Frauen*. Im Klartext heißt die Konsequenz, daß Frauen besser – höher qualifiziert und engagierter – sein müssen, um sich auf dem männerfreundlichen Arbeitsmarkt zu behaupten. Was zählt, ist nicht *Liebreiz,* sondern *Leistung.*

Tatsache ist außerdem, daß auch heute noch mehr Männer als Frauen in leitenden Funktionen arbeiten. Von 52.000 Führungskräften in der Bundesrepublik sind ganze zweitausend weiblich. Flotte Sprüche können nicht darüber hinwegtäuschen, wie es tatsächlich um die Chancengleichheit bestellt ist. Jawohl, *die Frauen von heute machen lieber Karriere als Betten***. Aber der Weg zur Selbständigkeit oder zum Führungsposten ist für die Frau ein Hürdenlauf. Das Bett des Chefs kann auf dem hart umkämpften Arbeitsmarkt eher zum Stolperstein als zur ersten Sprosse auf der Karriereleiter werden.

---

* Vgl. „druck und papier", Heft 16/86, Jahrgang 124
** Slogan einer Werbekampagne der Frauenzeitschrift FREUNDIN

Zwar steigt laut Arbeitslosenstatistik die Chance der Frauen auf eine Beschäftigung. Weil jedoch gleichzeitig die Arbeitslosenquote bei Frauen höher ist und langsamer zurückzugehen scheint (Männer 8,8% – Frauen 10,3% im 1. Halbjahr '86), wird sich wohl kurzfristig auch nichts an der Tatsache ändern, daß sich Frauen weiterhin mit niedrigeren beruflichen Positionen bescheiden müssen. Nach dem Gesetz der Wahrscheinlichkeit kann es damit logischerweise häufiger zu Verhältnissen zwischen Vorgesetztem und Untergebener kommen, als daß der umgekehrte Fall eintritt*.

Frauendiskriminierendes Verhalten am Arbeitsplatz, vom väterlichen Tätscheln des Popos bis zur hand-greiflichen sexuellen Belästigung, sind auch in der Ära der Frauenemanzipation gang und gäbe. Dort, wo Abhängigkeiten bestehen, gibt es auch immer Menschen, die sie auszunutzen versuchen. Hier und da mögen Frauen für Annäherungsversuche des Vorgesetzten – weniger aus Liebe denn aus egoistischen Motiven – sogar empfänglich sein. Doch fast jede Frau, die schon unter männlichen Vorgesetzten gearbeitet hat, kann sich lebhaft die Risiken einer „Liebe im Betrieb" ausmalen. Nicht umsonst empfehlen sich Männer von Welt gegenseitig, „Fang nie was bei der Arbeit/im Büro an!" Wände haben Ohren, alte Jungfern liegen auf der Lauer, getuschelt wird überall. Fliegt die Affäre auf, darf „seine Auserwählte" nur selten auf Bewunderung hoffen. Viel eher bläst ihr kühler Wind aus Vorzimmern und Chefetagen entgegen. Sie, die Andere, kann sich des Neids und der Anfeindungen von abgeblitzten Kolleginnen, Moralist(inn)en und Vorgesetzten sicher sein.

Noch schlimmer als subtile Intrigenspiele von Arbeitskollegen können die Konsequenzen für die Mitarbeiterin mit Geliebtenstatus sein, endet die Beziehung im Unfrieden. Versetzungen, Restriktionen und Schwierigkeiten am Arbeitsplatz sind wahrscheinlich. Rein theoretisch besteht freilich immer die Möglichkeit, daß Frauen aus der Rolle der Chef-Mätresse beruflichen Profit schöpfen können. Emanzipierte und kluge Frauen mit ehrgeizigen Plänen wägen vermutlich sehr genau ab, ob sie sich auf eine solche Gratwanderung einlassen.

---

* Anke Hüper in „Die andere Frau", Psychologie heute, Mai 1986

Profitorientierte Abhängigkeitsverhältnisse haben bei den „modernen" Geliebten offenkundig Seltenheitswert. Interessant ist in diesem Zusammenhang, was die amerikanische Soziologin Edna Salamon ermittelte*. Sie wies nach, daß es die Andere als „Ausgehaltene" auch in der Gegenwart gibt, Feminismus und neuem Frauenbewußtsein zum Trotz. Diese Geliebten vom alten Schlag lassen sich vom Mann einer anderen unterstützen – und sie schämen sich nicht dafür. Meistens nimmt eine solche Affäre im Büro ihren Anfang. Die konservativen Anderen entsprechen nicht dem Typ der modernen, selbstverantwortlich lebenden Geliebten, sondern dem Klischee aus der Mottenkiste. Sie sind Bettgefährtinnen und Schmuckstücke von Managern, Politikern und betuchten Persönlichkeiten. Mit der typischen Anderen haben sie oft nicht mehr gemein, als daß sie im Verborgenen blühen.

Wenn sich diese Schattenfrauen, meist Jahre jünger als ihre Kavaliere, auch nicht als spätbürgerliche Kopien einer Lola Montez oder Madame Dubarry verstehen, so profitieren sie doch erheblich vom Wohlstand und Rang ihres Freundes, Förderers, Vorgesetzten. Sie legen Wert auf Äußerlichkeiten und Luxus, lassen sich sexuell und finanziell verwöhnen. Einmal etabliert, tummeln sie sich, so man der Autorin glaubt, in Gstaad, St. Moritz, Cannes und Las Vegas. Demnach sind sie weniger Nachtschattengewächse als Tagpfauenaugen.

Wenn überhaupt, erlebt die „neue" Andere Liebe im Büro unter sehr viel profaneren Vorzeichen. Kommt es zu einer außerehelichen Beziehung mit verheirateten Arbeitskollegen, dann sind die Partner fast generell beruflich gleichgestellt. Nicht, weil „Gelegenheit Liebe macht", sondern weil die Arbeitsgebiete und Interessenlagen harmonieren und sich so automatisch auch private Anknüpfungspunkte ergeben, kann es hin und wieder zu Verhältnissen zwischen verheirateten Mitarbeitern und ledigen Kolleginnen kommen. Zu außerehelichen Beziehungen von Kollegen mit gleichrangiger beruflicher Position kommt es am ehesten bei Lehrern und solchen Menschen, die im sozialen Bereich oder

---

* Edna Salamon: The Kept Women – Mistresses in the '80s. Orbis-Verlag London. Vgl. Der Spiegel, Nr. 34/84 „Im Verborgenen"

Gesundheitswesen beschäftigt sind (Sozialpädagogen, Pflegepersonal etc.).

Dies könnte darauf hindeuten, daß manchmal – nicht immer – die Betreffenden eher zueinanderfinden, wenn eine gewisse Distanz gewahrt bleibt. Das aber ist nicht in der engen Atmosphäre eines Büros oder Kleinbetriebs der Fall. Hier ist die räumliche Nähe groß. Überspitzt ausgedrückt tritt man sich fast auf die Füße. Es fehlt an der notwendigen Anonymität. Unabhängig davon, ob die Anwesenden am Verhältnis ihrer Kollegen interessiert sind oder nicht, fungieren sie in einem – zu – intimen Berufsumfeld bisweilen als hinderliches Kontrollmoment. Pädagogen und Angestellte in Kliniken dagegen arbeiten als gleichwertige Mitarbeiter mit einem gewissen Abstand und doch eng zusammen. Das Verhältnis zwischen Berührungspunkten und Freiraum ist ausgewogen. Das könnte erklären, warum gerade in diesen Berufsfeldern gelegentlich Verbindungen entstehen, die über das rein Kollegiale weit hinausgehen. In diesem Personenkreis gilt übrigens als ein Haupt,,motiv" der illegalen Beziehung die ,,zwischenmenschliche Verbundenheit". Wegbereiter ist demnach, wohlgemerkt, nicht das Gewinnstreben, sondern ein Gefühl, das auch, aber nicht ausschließlich aus der fruchtbaren Zusammenarbeit resultiert.

Mehr Aufschluß über die Ursachen der so prägnanten Gemeinsamkeiten moderner Geliebter in der Berufsorientierung und -ausübung liefert die feministische These. Durch sie wird weniger das gegenwärtige Verhalten gedeutet als nach den Wurzeln allen ,,Übels" geforscht. Daß die moderne Geliebte durchgehend, nicht nur als heimliche Freundin, in einer zweigeteilten Welt lebt, wird bei genauerem Betrachten an ihrem ganzen Leben und Wirken, besonders aber in Bezug auf ihren Beruf, deutlich.

Die Halb-Emanzipierte

Auf zwei wesentlichen Beobachtungen läßt sich eine Theorie aufbauen, die etwas mehr Transparenz in die widersprüchlich wirkenden Verhaltensmuster der heimlichen Geliebten bringt:

– die moderne Geliebte ist von Geburt, Bildungsniveau und sozialem Status her eine Frau der Oberschicht oder der oberen Mittelschicht.

– Sie hat sich ihren Beruf bewußt nach Neigungen und Interessen ausgesucht. Sie wurde in aller Regel nicht durch äußeren oder materiellen Druck in einen ungeliebten Beruf hineingezwängt oder hat, wenn dies der Fall war, über Umwege (z.B. Fachhochschule, 2. Bildungsweg) ihre beruflichen Vorstellungen verwirklicht.

In über achtzig Prozent aller Fälle haben die modernen Geliebten also ein Betätigungsfeld gewählt, das ganz spezifische Fähigkeiten und Eigenschaften voraussetzt. Gefordert ist all das, was aus traditionell-konservativer Sicht der Natur der Frau besonders entspricht: sie heilt, hilft, lehrt, gibt.

Die zeitgenössischen Geliebten waren 1986 zwischen etwa 23 und 38 Jahre alt. Das heißt, sie wurden zwischen 1948 und 1963 geboren. Ihre Mütter sind noch traditionell erzogen worden, doch das Umfeld war zum Zeitpunkt ihrer Geburt bereits im Umbruch begriffen. Frauen eroberten sich ihre Reviere, befreiten sich – wieder – aus der klassischen und der Frauenrolle nach Hitler'schem Ideal. Die heutigen Anderen wuchsen in einer frauenbewußteren Umwelt auf, genossen aber größtenteils noch eine Erziehung, die sich am hergebrachten Vorbild orientierte. Besonders Frauen der Wirtschaftswunderjahrgänge, geboren etwa zwischen 1952 und 1958, trugen adrette Kleidchen, häkelten hübsche Deckchen in der Schule und erlebten ihre Eltern als geschlechtsneutrale Wesen. Parallel dazu wurden Frauen immer vollwertigere Mitglieder der Gesellschaft – zunächst auf dem Papier, später in der Praxis, wenn auch diese Entwicklung lange noch nicht abgeschlossen ist und sein darf. Worauf diese Betrachtungen schließen lassen: Die typischen Anderen sind der Spiegel ihrer Zeit. Sie sind Halb-Emanzipierte, sozusagen Frauen zwischen Fessel und Befreiung. Die Frauen der emanzipatorischen Übergangsphase ähneln Zwitterwesen. Einerseits lebt das schwache Weib in ihnen fort, weil durch die konventionelle Erziehung tradierte Bedürfnisse in ihnen geweckt und Abhängigkeiten vorprogrammiert wurden. Andererseits rebelliert die emanzipierte Frau in ihnen und klagt ihr Recht auf

Freiheit, Gleichheit, Ebenbürtigkeit ein. Die Halb-Emanzipierte lebt im permanenten Konflikt zwischen Unter- und Selbstbewußtsein, freilich in den meisten Fällen, ohne dies wahrzunehmen. Mit dem Verstand versucht sie, den eingeimpften weiblichen „Instinkt" (Unterordnung, Angepaßtheit, männerfreundliches Verhalten) zu verdrängen. Gefühlsmäßig gehört sie der Generation an, deren Frauenselbstverständnis oftmals noch nicht fest verinnerlicht, sondern rational und „aufgesetzt" ist.

Als Frauen leben die modernen Geliebten mit der Inkonsequenz von Grenzgängerinnen, sitzen praktisch überall zwischen den Stühlen. Natürlich ergreifen sie einen Beruf – aber fast immer wählen sie einen typischen Frauenberuf. Selbstverständlich streben sie den Aufstieg und eine gute Position an – aber ohne Ellbogen und auf die sanfte Tour. Ob mangelndes Selbstvertrauen oder anerzogene Hilflosigkeit: Viele der modernen Geliebten legen sich Selbstbeschränkungen auf und erlauben sich die Selbstentfaltung – unbewußt – nur in einem fest umrissenen Feld.

Das gab's schon einmal

Mit einem kleinen Abstecher in die jüngste Geschichte läßt sich die Theorie der Halbemanzipation untermauern. Parallelen zum Typus der zeitgenössischen Anderen zeigen nämlich bemerkenswerterweise auch Schicksale von Frauen auf, die heute im Rentenalter sind. Ihre Zerrissenheit zwischen Gefühl und Verstand, Weibchen und Emanze steht der von „modernen" Geliebten in keiner Weise nach. Für dieses Phänomen gibt es aus feministisch-anthropologischer Sicht ganz plausible, logische Gründe.

Schon vor Generationen haben Frauen den Aufstand geprobt und – sehr erfolgreich – versucht, das tradierte Rollenbild zu sprengen. Warum sollten nicht auch seinerzeit manche Frauen in ähnliche Gefühls- und Bewußtseinskonflikte geraten sein wie Jahre später. Eine Reihe von Gemeinsamkeiten in der Biographie der damaligen und heutigen Anderen zeigen wahllos herausgegriffene Fallbeispiele auf. Analog zu den zeitgenössischen, modernen Geliebten wurden die Geliebten der heutigen Großmüttergeneration als Frauen der Jahrgänge 1900 bis etwa 1925 ebenfalls mitten in eine Umbruchphase hineingeboren. Dazu stichwortartig ein paar wichtige Daten:

1900 Das Bürgerliche Gesetzbuch (BGB) tritt inkraft. Es hebt die rechtliche Benachteiligung der Frauen (eheliche Gütergesetzgebung, Stellung unehelicher Kinder, Scheidungsrecht) nicht auf. Die Frauen reagieren: vielerorts werden Rechtsschutzstellen für verheiratete Frauen eingerichtet.

1902 Der „Allgemeine Verein für das Frauenstimmrecht" wird gegründet.

1918 Frauen erhalten das aktive und passive Wahlrecht.

1925 Frauen schneiden sich die Zöpfe ab: die Bubikopf-Ära. Frau stellen jetzt 36 Prozent der erwerbstätigen Bevölkerung*.

Cäcilie W. ist eine der Halb-Emanzipierten, Jahrgang 1908, wie die französische Schriftstellerin und Frauenrechtlerin Simone de Beauvoir. Cäcilie, inzwischen bald 80 Jahre alt, war nach außen hin eine recht emanzipierte Frau. Hinter der Fassade der selbstbewußten, engagierten Journalistin verbarg sich jedoch eine typische „Frau im Schatten". 25jährig befreundete sie sich mit einem verheirateten, 15 Jahre älteren Kollegen. Eine heimliche Liebe im Dritten Reich ist zwar, was die äußeren Umstände betrifft, kaum mit modernen Verhältnissen zu vergleichen. Was allerdings die emotionalen Aspekte dieser unerlaubten Freundschaft anbelangt – da werden sich wohl so manche der „modernen" Schattenfrauen in dem wiederfinden, was Cäcilia W. aus der Erinnerung notiert hat:

„Mein Freund war Redakteur. Wir lebten erst 20 Jahre in derselben Großstadt, danach 15 Jahre in einer mittleren Kurstadt. Im Alltag waren wir nie zusammen. Es gab für mich natürlich dunkle Stunden – aber ‚Frau im Schatten' war ich eigentlich nur bedingt: die gemeinsamen Abende, die Zusammenkünfte ... Diese Liebe hat mein ganzes Leben gelohnt! Sein Argument, das gegebene Eheversprechen nicht brechen zu können, blieb immer unumstritten. Ich akzeptierte es. Was mich sehr belastete, war die Tatsache, daß die Freundin, die er vor mir hatte, Jüdin gewesen war und durch eine Ehe mit ihm vielleicht hätte gerettet werden können. Ich war 1942 im Nebenzimmer, als sie von der Gestapo abgeholt wurde.

---

* Vgl. Chronik der Deutschen. Chronik Verlag. Dortmund 1983, S. 691, 839

Aus den letzten 15 Jahren, bis 1970 (sein Todesjahr) habe ich viele Briefe von ihm, aus denen ich mir heute oft noch Kraft hole. Und es ist immer wie ein Wunder, daß dieser Mann mir in den letzten Monaten seines Lebens sagte: ‚Mit dir, das habe ich falsch gemacht'. Aber ich glaube nicht, daß ein Zusammenleben diese Leuchtkraft behalten hätte, die jetzt noch alles überstrahlt. Eine Ehe wäre sehr schwierig gewesen."

Cäcilie W. führte über 35 Jahre ein Doppelleben: hier die moderne Frau, die sich als Journalistin dem Thema „Mode" (!) verschrieben hatte – da die romantische Geliebte, die bescheiden genug ist, von dem wenigen, was ihr in aller Heimlichkeit an Zuwendung vergönnt war, bis ins hohe Alter zu zehren. Emotional hat sich Cäcilie W. nie aus dieser Haltung befreit. Damit blieb natürlich auch, wie ihr offenkundig selbst dämmert, die Illusion der großen Liebe erhalten.

Auch die Lebensgeschichte der Heilpädagogin Marlene B. zeugt von den Schwierigkeiten, die schon Frauen der ersten Emanzipationswelle mit dem innerlichen Widerstreit von Gefühl und feministischem Selbstverständnis hatten. Marlene B. ist inzwischen Anfang Siebzig. Bis heute spricht sie oft von einem „unstillbaren Verlangen, mich aus der Enge und Einseitigkeit zu befreien". Verständlich, daß sie der verhaßten Hausarbeit einen Beruf vorzog. Psychologisch aufschlußreich ist, daß sie sich für eine erzieherische Tätigkeit entschied. Die Arbeit mit Kindern öffnete der „Emanze" in Marlene ein Hintertürchen zur schwachen Frau in ihr. Damit konnte sie sich selbstverwirklichen, Selbstbestätigung finden und gleichzeitig mit Kindern umgehen, ohne Mutter (und Ehefrau) geworden zu sein.

Marlene B. war bereits Ende Dreißig, als ihre Beziehung zu einem jüngeren, verheirateten Wissenschaftler begann. Zumindest in den ersten Jahren schien sich ihr heimliches Verhältnis nahtlos ins halbemanzipatorische Selbstkonzept zu fügen. Bis es im „verflixten Siebten" urplötzlich zu kriseln begann. Was eigentlich recht selten vorkommt, geschah. Undramatisch und ohne klärende Aussprachen verlief sich die Beziehung in den folgenden drei Jahren im Sande. Rückblickend konstatiert sie: „Eigentlich war es für mich eine Befreiung." Ohne Verbitterung, viel eher abgeklärt, erinnert sich Marlene B. heute an ihre Zeit als Zweitfrau und kann der Epoche mehr positive Aspekte abgewinnen als den einen, geliebt zu haben. Sie spricht vom „Reifeprozeß", den sie durchgemacht habe und von der „harten, aber wirksamen Lebensschule". Fast ein Leben ist bei Marlene B. über dem Bemühen verstrichen, sich vom anerzogenen weiblichen „Instinkt" zu befreien. Was sie zwanzig Jahre nach dem Ende ihres Nebenfrauendaseins sagt, klingt nach echter Emanzipation:

„Ich habe gelernt – und lerne weiterhin – persönliche Freiheit, Selbstverantwortung und Entscheidungen für mich zu begreifen und dementsprechend eigenverantwortlich zu handeln. Wenn doch noch mal ein anderer Mann auftauchen sollte – ich weiß nicht, was ich tun würde. Nur eines weiß ich. Ich tue nichts mehr, was mich meine Freiheit kostet. Es müßte eine völlig andere Basis da sein. Da aber viele unserer Männer, vor allem die Älteren, dem ganzen Gerede zum Trotz ‚Chauvis' sind, ist es für uns Frauen nach wie vor schwer, den ‚Richtigen' zu finden. So wird es wohl auch noch eine ganze Weile bleiben."

Von der Macht des Schicksals

Zurück zu der typischen Geliebten unserer Tage, zu jener janusköpfigen Frau zwischen Verstand und Gefühl. Sie hat sich, wie sie betont, nicht absichtlich in die Situation der Nebenfrau hineinbegeben. Charakteristisch ist ihre Neigung, sich bewußt oder unbewußt, mehr oder weniger als Opfer zu betrachten. Aus ihrer subjektiven Perspektive und vor dem Hintergrund des Erklärungsansatzes „Halb-Emanzipation" hat sie damit gar nicht so unrecht. So aktiv und zielstrebig diese moderne Frau im Berufsleben sein mag, so passiv erscheint sie in der Rolle der Zweitfrau. Stellvertretend für die Haltung der „leidenden" Geliebten sei hier eine kurze, aufschlußreiche Passage aus dem Brief einer typischen Halb-Emanzipierten zitiert:

„Ich bin eine der Frauen, die einen verheirateten Mann lieben; auch zwei meiner Freundinnen sind in dieser Situation. Wir sind alle drei weder Mauerblümchen noch skrupellose Geliebte, sondern viel eher Frauen, die durch Erlebtes und/oder unsere Ansprüche in diese Lage gekommen sind."

Es lohnt sich, den letzten Satz zweimal zu lesen: Sie sind *in diese*
Lage gekommen – das ist intransitiv formuliert und passiv.
Ansprüche hingegen signalisieren Aktivität. Irgendwo dazwischen
ist der Begriff *Erlebtes* angesiedelt, sinngemäß offenbar dichter am
,,Erlittenen" (negativ, passiv) denn am ,,Erlebnis" (positiv, aktiv).
Die Wortwahl spiegelt das kämpferische und das duldsame
Element in der Person der freiwillig-unfreiwilligen Geliebten wider.
Diese rätselhafte Schicksalsergebenheit selbstbewußter Frauen
kann freilich noch nicht einmal von vielen ihrer Mitschwestern
nachvollzogen werden.

So empören sich gleichermaßen betrogene Ehefrauen wie emanzipierte Singles über die seltsame Inkonsequenz und Doppelbödig-
keit der ,,Frau im Schatten". Ein Beispiel dafür ist das Echo, das
die ,,Andere Frau" als Titelthema einer psychologischen Zeit-
schrift* bei ihren Geschlechtsgenossinnen auslöste. Aus jeder Zeile
eines Leserbriefes, den eine ,,normale" Frau auf diesen Artikel hin
verfaßt hat, spricht Entrüstung und Unverständnis:

,,Frauen scheinen doch wirklich die ärmsten Geschöpfe dieser Welt zu
sein. Opfer, nichts als Opfer. Frauen sind immer ... betroffene Frauen ...,
historisch gesehen, gesellschaftlich, literarisch, ja sogar statistisch. Ich bin
die Geliebte eines verheirateten Mannes. Wie wär's denn mal mit der
Umkehrung: Mein Geliebter ist verheiratet. ... Frauen sitzen immer im
Wartesaal, sind Abhängige, stehen unter Leidensdruck; und der böse, böse
Mann darf trotzdem seinen Spaß haben. Was wollt Ihr eigentlich,
Geschlechtsgenossinnen von der Kategorie der ewig Jammernden? Wißt
Ihr überhaupt, was Ihr wollt? Wenn nicht, dann hört auf, irgendwelche
Männer für jede Träne verantwortlich zu machen. Wenn ja, wo liegt dann
das Problem?"

Diese Fragen sind leichter gestellt als zu beantworten. Die Andere
weiß natürlich im Grunde genommen sehr genau, was sie will. Das
allein nützt ihr allerdings wenig. In ihrer speziellen Lebenslage ist
es mit Wissen und Wollen nicht getan. Gefühle, Selbstunsicherheit
und harte Fakten bilden für die Mehrzahl der Geliebten eine
unüberbrückbare Kluft zwischen Wunsch und Wirklichkeit.

---

* Psychologie heute, 7/86, S. 6; Psychologie heute, 5/86 Anke Hüper: Die andere
Frau

Die Andere und ihre Kindheit

Wächst ein Kind in einem spannungsgeladenen Umfeld oder einem ungesunden Familienklima auf, kann das katastrophale Folgen haben, zu Beziehungsunfähigkeit, Abhängigkeiten, Verhaltensstörungen, Neurosen und Psychosen führen. Frühe Erfahrungen von Konflikten, ein Zuviel oder Zuwenig an Fürsorge, erzieherische Einflüsse und elterliches Rollenverhalten gehen am Kind nie spurlos vorbei. Da also nicht allein die Erbanlagen über das „Schicksal" eines Menschen entscheiden, lohnt es sich, auch einen Blick auf die Kindheitserfahrungen der heutigen Anderen zu werfen.

Gibt es bei den Schattenfrauen so etwas wie ein „typisches Elternhaus"? Wurde es den heutigen Geliebten gar schon an der Wiege gesungen, daß sie einmal den Status einer Zweitfrau einnehmen würden? Welche Rolle spielt die frühkindliche Erfahrung?

Betrachtet man die Elternhäuser jener Frauen, die heute als Andere leben, stellt man schnell fest, daß die modernen Geliebten keineswegs aus zerrütteten Familien stammen, die Familienverhältnisse jedoch nicht selten problematisch waren. Theoretisch wären also Nachwirkungen im Erwachsenenalter, etwa Verhaltensauffälligkeiten, Rollenkonflikte oder Beziehungsprobleme durchaus denkbar. Was letzteres betrifft: Ihren eigenen Angaben zufolge leiden die Anderen nur selten unter Kontaktarmut oder, im speziellen, unter einem gestörten Verhältnis zu Männern. Ihre zwischenmenschlichen Beziehungen wirken auf Außenstehende dennoch nicht „völlig normal". Doch die „Schwierigkeiten" liegen wohl eher im Bereich der (hohen) Ansprüche, die sie stellen. Die „Eigenheit", sich nicht auf den Erstbesten einzulassen, wählerisch zu sein, wird gern als „Störung" interpretiert – die Anderen selbst wehren sich gegen diese Auslegung.

An der Tatsache allerdings, daß der verheiratete Freund meist deutlich älter als seine Geliebte ist, läßt sich nicht rütteln. Nach der Statistik sind die Anderen zum Zeitpunkt ihrer ersten Begegnung mit dem späteren Liebhaber durchschnittlich 27 Jahre alt, die Ehemänner hingegen schon Ende 30. Altersunterschiede von 15 und 20 Jahren sind keine Seltenheit, jedoch ist der Freund im

Durchschnitt „nur" zwölf Jahre älter als seine Geliebte. Befragt man die Zweitfrauen vor diesem Hintergrund, ob sie glaubten, einen Vaterkomplex zu haben, bejaht dies nur eine Minderheit: Neun von zehn Frauen sagen spontan „nein". Die Mehrheit der Anderen sucht im Partner nicht oder zumindest nicht bewußt einen väterlichen Freund oder Vaterersatz, sondern einen in jeder Hinsicht reifen Mann.

Bei näherer Betrachtung der Familienverhältnisse in der Kindheit zeigt sich denn auch: Ein Vater war in achtzig Prozent der Fälle „vorhanden". Nur jede fünfte Geliebte war eine sogenannte Scheidungswaise oder wuchs aus anderen Gründen vaterlos auf. Daß die Anderen meistens aus äußerlich intakt erscheinenden Familien kommen, besagt aber noch nichts über die innere Struktur und das Beziehungsklima im Elternhaus. Und genau an diesem Punkt beginnen sich bedeutsame Gemeinsamkeiten abzuzeichnen. Sehr häufig verbargen sich hinter der schönen Fassade konfliktgeladene und marode Zweckgemeinschaften. Fast immer gab es offen ausgetragene oder latente Spannungen zwischen den Eltern. Wenn Andere aus ihrer Kindheit und Jugendzeit berichten, erscheinen ihre Eltern nur selten als Menschen, die harmonisch und friedlich zusammenlebten. Viel häufiger lebten Mutter und Vater offenbar nebeneinander her und jeder füllte seine festumrissene Rolle aus. Nur in wenigen Fällen meinen sich die heutigen Geliebten daran zu erinnern, daß sich die Eltern wie gleichberechtigte Partner behandelten, daß sie zärtlich oder liebevoll miteinander umgegangen wären. Häufiger erlebten sie bei ihnen gegenseitig abgrenzendes Verhalten, Verteidigungshaltungen, unterschwellige oder offen ausgetragene Konflikte.

Große Übereinstimmung herrscht in dem, was Geliebte über die häusliche Rollenverteilung, zu Wesensmerkmalen und Persönlichkeitsprofilen der Eltern aussagen. Mindestens ein Elternteil wirkt aufgrund der Beschreibung leicht bis ausgeprägt neurotisch. Ins Auge springen zwei typische Konstellationsmuster in der Ehe, denen gemein ist, daß ein Elternteil die absolute Autorität innehatte. Die Mehrzahl der Geliebten, die mit zwei Elternteilen aufgewachsen sind, stammen aus Verbindungen vom Typ „schwaches Weibchen/starker Mann" oder „dominante Frau/sanfter Mann". Entweder waren die Väter reserviert, streng, unnahbar und die Mütter aufopfernd. Oder, seltener, waren die Mütter herrisch, dominant, kühl und der Vater eher sanftmütig, kameradschaftlich, liebevoll. Daß die Andere zu mindestens einem Elternteil ein eher distanziertes, gespanntes Verhältnis hatte, ist eine der bemerkenswerten Parallelen, die sich ausmachen lassen. Nur allzu oft wünschten sich die Mädchen mehr Nähe und Kontakt zum Vater. Das steht wohl im Zusammenhang damit, daß die Konstellation „schwaches Weib/starker Mann" die vorherrschende Beziehungsform war. Wenn die damaligen Kinder auch scheinbar wohlbehütet aufgewachsen sind, so haben sie emotional doch fast immer Defizite erlebt und die Nähe eines Elternteils vermißt.

Nicht selten erinnern sich die Anderen an ihren Vater als eine angsteinflößende Autoritätsperson. Es entwickelte sich meist zu dem Elternteil, das mehr Wärme und Liebe ausstrahlte, eine sehr innige Beziehung, wobei manche Kinder auf die emotional verfügbare elterliche Bezugsperson ungewöhnlich stark fixiert waren.

Jede dritte Geliebte wuchs als Einzelkind auf, die anderen hatten meist ein, zwei, mitunter auch drei Geschwister. Vereinzelt entstammen die Geliebten sogar kinderreichen Familien. Frappierend ist die Beobachtung, daß zwar nur etwa 30 Prozent der heutigen Geliebten wirkliche Einzelkinder waren, sich aber doppelt so viele in ihrer Kindheit als solche empfanden. Der Grund: der Altersunterschied zwischen den einzelnen Kindern der jeweiligen Familie war zu groß. Entweder war die Andere ein „Nesthäkchen", das verhätschelt wurde. Oder ein „altes Kind", das sich für die wesentlich jüngeren Geschwister verantwortlich fühlte und eine Art Zweitmutter spielen mußte.

Das Gros der Anderen gibt an, *eigentlich* eine glückliche Kindheit gehabt zu haben. Dem widerspricht, daß die Anderen ihr Elternhaus im Rückblick generell als eng, bürgerlich-konservativ und streng in Erinnerung haben. Vernunft wurde meist groß, Gefühle zwischen den Ehepartnern klein geschrieben. Zwei Drittel geben an, Sex sei das große Tabu in der Familie und ein verklemmter Umgang mit der Geschlechtlichkeit die Regel gewesen. Wenn sich auch aus all diesen verschiedenen, teilweise widersprüchlichen Einzelinformationen kein typisches Kindheitsbild der Geliebten zeichnen läßt, wird doch eines recht deutlich:

Was gleichberechtigte Partnerschaft oder ein intaktes, entspanntes Familienleben ist, haben die wenigsten Geliebten miterlebt. Die Eltern haben ihnen in dieser Hinsicht kaum ein Vorbild oder eine Orientierungshilfe mitgegeben. Ganz im Gegenteil. Der Geliebtenstatus als solcher ist gewiß nicht die Mitgift eines nicht unproblematischen Elternhauses. Wohl haben aber die familiäre Atmosphäre und der soziologische Hintergrund in der Mehrzahl der Fälle dabei mitgewirkt, daß aus den Mädchen angepaßte Frauen mit Rollenkonflikten und schwach ausgeprägtem Selbstwertgefühl wurden. Insofern sind Kindheit und Familie zumindest indirekt mitverantwortlich, wenn sich die Frauen in der Wahl ihres Partners „vergriffen" haben. Als heimliche Freundinnen mögen sie sich über Konventionen, Moral und elterliche Erwartungen hinweggesetzt haben – als echte Opposition kann dies jedoch nicht angesehen werden.

Die schützende Fassade

Das Bild von der „gestandenen Frau", das Andere ihrer Umwelt vorgaukeln, ist die schützende Fassade der im Grunde verunsicherten Frau. Die Schattenfrauen leben also nicht nur durch ihre unerlaubte Liebe in einer zweigeteilten Welt, sie haben darüberhinaus in ihrer offiziellen Welt im allgemeinen zwei Gesichter. Die große Mehrheit der heimlichen Geliebten gibt spontan zu, Züge an ihrem Wesen, die sie als schwach, fraulich und unemanzipiert empfindet, zu kaschieren oder zu kompensieren; und zwar durch ein gespieltes Selbstbewußtsein, das gelegentlich bis zur Arroganz überzogen ist.

Jede Gesellschaft hat ihre Ideale und Werte. Es gehört ein ausgeprägtes Selbstbewußtsein und viel Charakterstärke dazu, sich den jeweils gültigen Spielregeln zu widersetzen und statt dessen als „Sonderling" sein Heil zu suchen. Wir leben in einer von Konsum und Leistungsansprüchen geprägten Zeit. Aber aus der Konsum-, Leistungs- und Wegwerfgesellschaft klinken sich allmählich mehr und mehr Menschen aus, nicht nur Alternative und Traumtänzer. Zu leben erscheint ihnen wichtiger als das Glück aus zweiter Hand. Ihr Selbstverständnis und ihr Selbst-Bewußtsein helfen ihnen, sich über aufoktroyierte Maßstäbe hinwegzusetzen. Aus Überzeugung verweigern sie die Teilnahme am Wettrennen um Profit und Profilierung – sie passen sich nicht an. Was andere über sie denken, kümmert stabile, selbstbewußte Persönlichkeiten wenig. Nun setzt sich auch die Andere in ihrem Liebesleben über gesellschaftliche Normen hinweg, jedoch vorwiegend heimlich. Zwar sind die Zeiten vorbei, in denen eine Frau erst durch ihren Mann zum kompletten Mensch und damit ein vollwertiges Mitglied der Gesellschaft wurde. Alleinstehende Frauen werden längst nicht mehr herablassend als ,,Sitzengebliebene'' oder ,,alte Jungfern'' apostrophiert. Aber: In der Leistungsgesellschaft gilt für die modernen Einzelgängerinnen das ungeschriebene Gesetz, sich wenigstens im Beruf bewähren zu müssen, wenn sie denn schon so selbständig sein möchten. In über der Hälfte aller Fälle erscheint die Andere ihrem engeren Umfeld als ,,Frau ohne Mann'' – aus gutem Grund. Kein Wunder, daß sie denn auch so gut im Beruf funktioniert. Der Beruf erfüllt für die moderne Geliebte nicht nur Alibifunktionen. Er stärkt ihr Selbstbewußtsein, macht sie materiell unabhängig, steigert ihr Ansehen und gibt ihr Befriedigung auf dem Feld, das sie verstandesmäßig bevorzugt. Wenn ihr auch manchmal Zweifel kommen, ob sie denn tatsächlich einen solchen Horror vor der Enge eines bürgerlichen Lebens zwischen Kochtopf und Waschmaschine, Windelhöschen und Cashmerepullis hat, fordert doch die emanzipierte Frau in ihr die Selbstverwirklichung durch den Beruf. Das Selbstwertgefühl scheint in dem Maße zu steigen (oder zu fallen), in dem der Anderen Zustimmung und Anerkennung (oder Kritik und Ablehnung) zuteil werden.

Die typischen Anderen sind sehr gefühlsbetonte Frauen. Das macht sie verletzlich. Nur wenige geben an, ganz ohne eine Fassade auszukommen. Während sie sich viel zu häufig anpassen, sich kompromißbereit zeigen, immer charmant, höflich, freundlich sind, bäumt sich in ihrem Inneren die Emanzipierte auf. So ärgert sich eine 30jährige Lehrerin täglich von neuem über ihre gespielte Toleranz und Rücksichtnahme, ,,für die ich mich verfluchen könnte''.

Aber nicht jede Geliebte spielt in ihrem Betätigungsfeld die Rolle der personifizierten Einsicht. Recht viele bauen ihre Fassade genau aus den Bausteinchen auf, die ihnen in Wirklichkeit fehlen: Aus

96

vorgetäuschter Selbstsicherheit und Selbstbewußtsein. Das künstliche Ich bietet Schutz und Sicherheit. Nur wenigen Vertrauten wird das wahre Ich offenbart. Daß ihr Spiel nicht durchschaut wird, sind sich die meisten Frauen sicher. So auch Gisela K., die 39 Jahre alte Logopädin. Sie sagt:

,,Auf Menschen, die mich kaum kennen, wirke ich bestimmt arrogant, selbstsicher, kühl, ehrgeizig. Auf Freunde wohl eher unentschlossen und ängstlich. Fremde erleben vorwiegend die Fassade von Distanziertheit, weil ich Abgrenzung zum Selbstschutz brauche. Allerdings glaube ich kaum, wirklich arrogant zu sein.''

Ein weiteres Beispiel für das Versteckspiel mit Fassade liefert die 36jährige Verkaufsleiterin Janina S., die glaubt:

,,Man hält mich wohl gemeinhin für eine Frau, die alles kann und der alles gelingt. Was (fast) niemand weiß und wohl keiner glaubt ist, daß meine Selbstsicherheit Fassade ist. Ich werde von Selbstzweifeln gequält und bin sehr hilfebedürftig.''

Daß die Andere eine Persönlichkeit voller Widersprüche ist, zeigt sich drastisch an dem Selbstbild, das sie von sich zeichnet. Fügt man alle Attribute, mit denen die Anderen ihre vermeintliche Wirkung auf ihr soziales und berufliches Umfeld charakterisieren, zusammen, so ist die Durchschnittsgeliebte ein ausgeglichener, positiver Mensch mit einigen geringfügigen Untiefen. Vier Fünftel geben an, eine positive Grundeinstellung zu haben. Kaum eine der Frauen glaubt, schüchtern zu wirken. Die große Mehrheit stuft sich als ,,sehr kontaktfreudig'' und humorvoll ein, gleichwohl fügt jede Zweite vorsichtshalber hinzu, natürlich, zurückhaltend, einfühlsam, sensibel zu sein. Ehrgeiz ist fast allen Anderen gemein. Sie nehmen von sich an, Zielstrebigkeit, Korrektheit, Tüchtigkeit und Kompetenz auszustrahlen. Insbesondere die jüngeren Geliebten haben anscheinend die Neigung, sich eine Fassade aufzubauen und diese dann zu einem verzerrten Selbstbild zu verinnerlichen. In sehr seltenen Fällen sind die stark emotionalen Anderen dazu fähig, Sein und Schein so distanziert zu analysieren wie die 34jährige Studienrätin Gislinde S. Ihr Selbstporträt mutet etwas sarkastisch an:

„Meine Bekannten sind meist Kollegen; es sind Häuslebauer, Vegetarier, Alternative, Stinknormale, Christliche. Die Beziehungen zu ihnen sind freundlich, aber doch oberflächlich. Ich wirke sicher auf jeden anders – ehrgeizig, überaktiv, interessant, auch schon mal verloren, überarbeitet, immer gut gelaunt, freundlich, emotional, sicher. Obwohl ich hin und wieder mal durchblicken lasse, daß ich weiß, was Depressionen sind, geht niemand darauf ein. Hilflosigkeit, Ungläubigkeit, Schadenfreude der anderen? Ich bin allein, will es sein, weil ich mir von niemandem, der mich täglich umgibt, Hilfe und Verständnis verspreche. Ich habe höllische Angst vor ungewollter Nähe, vor Pseudotrost etc., praktiziere lieber small-talk und portioniere meine ganz privaten inneren Horrorgeschichten, um sie dann leicht verdaulich, hübsch garniert meinen Mitmenschen anzubieten. Mitteilen – völlig öffnen – kann ich mich nur Menschen, bei denen klar ist, sie können mich nicht vereinnahmen. So beherrsche ich die Regeln eines beherzten, kontaktfreudigen Umgangs, der mir allerdings Tarnung ist für meine innere Zerrissenheit und die Angst vor den anderen.“

Zuletzt sei noch eine 28 Jahre alte Tanzpädagogin zitiert, die ihr Doppelleben mit Fassade metaphorisch darstellt. „Der Beruf“, sagt sie, „ist meine Lebensbühne. Da bin ich charmant, positiv, engagiert, aktiv.“ Ihr Privatleben findet hingegen, wie bei so vielen Geliebten „im stillen Kämmerlein statt, und da habe ich manchmal erschreckend traurige Stimmungen“. Angst, der Kritik ihrer Freunde, Kollegen, Nachbarn, Verwandten ausgeliefert zu sein, Angst auch, damit die ihnen für das gestörte Selbstwertgefühl so wichtige Resonanz zu verlieren, treibt unzählige Geliebte zum Leben mit der Fassade. Sie setzen sich selbst – aus Unzulänglichkeitsgefühlen – unter Druck und leben eher gegen die eigenen Bedürfnisse, als daß sie, sei es im Beruf oder ihrem verheirateten Freund gegenüber, eine Spur zu viel riskieren. Es scheint, als kämpften in der typischen Geliebten zwei Frauen – und keine hat eine Chance zu siegen.

IV
Die VerLIEBte: Die Andere
im Abseits

... verzweifelt suchte ich
ein rezept
dich süchtig zu machen
nach mir
aber hinter deinen gewachsenen ansprüchen
gingen meine nuancen verloren
ich resignierte
vor deiner unentschlossenheit

mir verging die lust
für dich zu kochen
in meinen ungesättigten gefühlen
lokalverbot!
seit kurzem
ist dein platz in meinem herzen
reserviert
für mich und meine ansprüche
jetzt gönne ich
mir den genuß

warum wir trotzdem wieder harmonieren?
du weißt doch ...

genießer
verwöhnt man gern!

(Michela van de Schans)

Ganz Frau – für gewisse Stunden

Die Situation, in der die Andere lebt, weist in mancherlei Hinsicht
schizoide Züge auf. Wo sich die Frau ungewollt und unbemerkt in
eine intensive Beziehung mit einem verheirateten Mann verliert,
gerät sie in Gefahr, nur noch in Extremen zu leben. Besonders
deutlich wird dies im Kontrast zwischen Kopf- und Bauchwelt. Die

99

Kopfwelt – Arbeit, Fassadendasein, Lebenslüge, Wartezustand, Rollenkonflikt – kostet Kraft. Ihren größten Kraftspender findet sie paradoxerweise in genau jener Person, die direkt und indirekt ihr größter Energieräuber ist: im verheirateten Partner. Mit ihm kann, bei ihm muß sie sich erholen, die Kopfwelt abschalten, so gut es geht, genießen, nicht grübeln, die Zukunft verdrängen. Die Welt ist eine Energiequelle für das Leben zwischen den Treffen. Lisi B., 43 Jahre alt und Besitzerin eines Kosmetiksalons ist sieben Jahre mit einem bedeutend älteren Firmenchef befreundet, als sie sagt:

,,Meine Selbständigkeit zwingt mich zu viel Engagement, wobei mir die Arbeit im allgemeinen viel Vergnügen bereitet. Freunde und Kollegen wissen um meine Belastung, fragen sich, wie ich das alles meistere, würden mir aber nie einen verheirateten Freund zutrauen. Er ist meine Kraftquelle und mein Leben.''

Die wenigen Stunden, in denen die Geliebte von ihrem Freund nicht nur träumt, in denen sie ihn nicht nur herbeisehnt, sondern tatsächlich in den Armen halten kann, sind teuer erkauft und entsprechend kostbar. Ist Er bei ihr, heißt das für die Schattenfrau: Gefühle auftanken, Energie sammeln, Seelenbatterie neu aufladen. Der Ehemann einer anderen Frau wird damit für die Andere im Grunde genommen zu einer Art Objekt. Denn die unerlaubte Liebesbeziehung zwischen dem verheirateten Mann und seiner Freundin läßt sich aus moralischer Sicht nicht an konventionellen Maßstäben messen.

Der Ehemann hat einer anderen, eben seiner rechtmäßigen Frau, die Treue geschworen. Damit hat seine heimliche Freundin ethisch kein Anrecht auf seine Liebe. Werden Gefühle, wie sie Ehemann und Freundin füreinander hegen, vor moralisch einwandfreier Kulisse ausgelebt, spricht man vom Geben und Nehmen. Ein Moralismus, der die Wirklichkeit in eine sittlich irreale Zwangs-jacke pressen will, zwingt zu einer Täter-Opfer-Perspektive: Opfer ist die Ehefrau. Sie wird vom Mann betrogen. Täter, zugleich aber auch Opfer und ,,Objekt'' ist der fremdgehende Gatte. Die Andere, selbstredend Opfer und Objekt, wird auch zur Täterin: Sie benutzt das ,,Objekt Mann'' als ,,Psycho-Akku'' und Lustspender. Abgese-hen davon, daß sie dazu nach dem Gesetz nicht berechtigt ist, tut die Geliebte gut daran, Kraft aus seiner Anwesenheit zu schöpfen. Denn die Zeit der Gemeinsamkeit ist begrenzt. Oft reicht es gerade für Szenen zwischen Tisch und Bett, also Mahlzeit mit ,,Nachtisch". Die Welt, die der Anderen alles bedeutet, macht nur einen verschwindenden Teil der Wirklichkeit aus. Kann ihr Liebhaber etwa sieben Stunden in der Woche ,,stehlen" – wovon viele allenfalls träumen – summiert sich das im Jahr auf lächerliche 15 Tage. Die rechnerisch verbleibenden 350 Tage zehrt die Andere wohl oder übel vom Erlebten, Erdachten, Erwünschten; verflucht, verwünscht diese Liebe und kann sich doch nicht lösen. Die so raren ,,Termine" mit ihm sind Höhepunkte, die Licht voraus und Schatten hinterher werfen. Die gestohlene Zeit muß zelebriert werden.

Weil die Liebe zwischen Ehemann und Freundin keinem natürlichen Alterungsprozeß ausgesetzt ist, flacht der Grad der Verliebtheit nur sanft ab. Sein Anruf, sein Klingeln an ihrer Haustür – das sind wahre Weckamine für die Andere. Nicht immer sehnt die Andere ihn herbei. Aber mögen in ihr auch nach dem ,,letzten Mal" Zweifel, Wut, Gefühle von Haß, Depression und Frust aufgestiegen sein; wollte sie sich endgültig von ihm abnabeln – kaum nähert er sich ihr, schmilzt sie wieder dahin. Von dem Moment an, wo er sein Kommen ankündigt, steigt ihr Stimmungsbarometer. Der Puls rast, das Herz klopft, der Blutdruck steigt. Es ist besagter Zustand, den auch jede(r) x-beliebige Verliebte kennt und schätzt: die freudige Erregung. Wenn die Andere weiß, er kommt, schlüpft sie in ihre Traumwelt.

Heidi T., 35 Jahre alt, gehört auch zum Club der diebischen Singles. Man(n) würde ihr das kaum zutrauen. Sie arbeitet als Diplom-Verwaltungswirtin, gilt als resolut, forsch und hochqualifiziert, ist eben eine, die sich durchsetzen kann und genau weiß, was sie will. Wenn Heidi in den Augen der Kollegen etwas fehlt, dann das feminine, frauliche Element. So weit ihr offizielles Bild. Hinter der Fassade kommt eine andere Heidi zum Vorschein. ,,Bei Georg werd' ich so richtig zum Weibchen", wundert sich Heidi selbst am meisten. Georg, ihr derzeitiger Freund, ist verheiratet. Seine beiden Vorgänger bei Heidi waren es ebenfalls. Erstaunlich viele Frauen lernen sich, wie Heidi, an der Seite des verheirateten Mannes aus einer ganz neuen, ihnen befremdlichen Perspektive kennen: für ihn sind sie Weibchen. Vergessen sind alle Grundsätze, guten Vorsätze, Emanzipationsbestrebungen. So auch bei Siglinde H., einer erfolgsgewohnten Filmemacherin von Mitte 30. Sie beschwert sich über den Einfluß ihres Freundes auf ihr Selbstverständnis:

„Er lähmt mich in meinem eigentlichen täglichen Leben. Wenn ich grad so voll drin bin im Umsetzen meiner neuesten, tollsten Ideen, kann ich davon ausgehen, das Telefon klingelt, er ist dran, will eigentlich gar nichts, nur mal so . . . und seine Stimme funkt SOS, ist kurz vor dem Umkippen – da frage ich nicht viel, stelle mich auf ihn ein, nehme ihn symbolisch in die Arme, kümmere mich um sein Vorankommen. Meine Pläne stehen wieder einmal zurück."

Es geht noch weiblicher, wie typische Verhaltensmuster von Anderen beweisen. Wenn er kommt, steigen sie unter die Dusche, Waschen sich die Haare, legen Make-up auf, lackieren sich die Nägel, probieren den halben Kleiderschrank durch, bis sie sich schön und sexy finden. Sie binden die Küchenschürze um, kochen sein Lieblingsgericht, zünden Kerzen auf dem festlich gedeckten Tisch an, legen eine Platte mit herrlichen Schnulzen auf. Natürlich sind sie viel zu früh mit allem fertig und legen sich dann eine Beschäftigung zurecht, mit der sie bei ihm Aufmerksamkeit erregen oder Lob ernten können. Je nach Geschmack des Mannes schlüpfen sie in die Rolle der anrüchigen Femme fatale oder der braven Liebesdienerin. Sie beten ihn an oder beeindrucken durch Intellekt. Es macht ihnen ungeheuren Spaß, zu werben, ihm zu gefallen, seine Wünsche, Bedürfnisse, Begierden zu erahnen und zu erfüllen. Sie sind sein Kummerkasten und seine Rückenlehne. Siglinde beispielsweise fühlt sich in der nervenaufreibenden Liaison mit „ihrem" 15 Jahre älteren Regisseur als

„ . . . seelischer Ascheimer, Quelle seiner Inspiration, schwesterliches Schlachtschiff. Ich bin, denk' mal einer an, für ihn eine bewundernswerte Frau. Etwas Nie-Dagewesenes. Immer wieder und immer noch faszinierende Geliebte."

Welche Frau würde sich in dieser Rolle nicht auch heimlich geschmeichelt fühlen?

Schutzschild Heimlichkeit

Teuer kommt die Geliebte der Kraftquell Ehemann zu stehen. Eines der krankmachenden Elemente außerehelicher Beziehungen ist der Zwang zur Geheimhaltung. Heimlichkeit bedeutet jedoch nur in extremen Ausnahmen, daß der Liebhaber verstohlen über die Hintertür ins Haus seiner Freundin gelangt und sich zu einem kuscheligen Liebesnest hochschleicht. Verheimlicht wird das Verhältnis, nicht der Mensch. Die meisten betrogenen Ehefrauen *ahnen* zwar instinktiv, daß da eine Freundin ist – die allerwenigsten *wissen* es jedoch definitiv. Auch sonst sehr einfühlsame Partner lehnen das klärende Gespräch mit der Ehefrau entschieden ab, und mag die Geliebte noch so darauf dringen. Ein ,,Verhältnis'' zu haben, zumal eines mit seelischem Tiefgang, beinhaltet für den Ehemann ohnehin genügend zeitlichen und nervlichen Streß. Offenbart er sich, gezwungenermaßen oder in einem schwachen Moment, seiner Gattin, kann er in der Regel nicht auf Verständnis hoffen. Wenn auch Frauen als masochistisch veranlagte, aufopferungsbereite Wesen eingestuft werden, in diesem Punkt ,,geht ihnen der Gaul durch'', wie eine Geliebte salopp formuliert. Es wäre ja wohl doch etwas zu viel verlangt, würden sie als Betrogene auch noch Einsehen bekunden.

Naiv der Mann, der gar auf Nachsicht und Trost hofft. Eher tritt das Gegenteil ein. Berechtigte Empörung und Wut gipfeln in der kompromißlosen Forderung ,,sie oder ich!'' Häufig berichten Geliebte von der ,,hysterischen'' Reaktion der Ehefrauen, wobei fairerweise gefragt werden sollte, ob hier nicht eher eine ,,panische'' Reaktion auf begründete Ängste vorliegt: Schließlich stellt die Andere aus der Perspektive der Ehefrau eine Bedrohung für Existenz und Familie dar. Die ,,Hysterie'' ist wohl eine Frage des Standpunkts. Ob Mittel zum Zweck (Erpressung), ob Ausdruck der Angst (Panik) – gefürchtet ist sie in jedem Fall, vom Ehemann und von seiner Geliebten. Verständlicherweise, wie zwei krasse Beispiele zeigen. So fand die Ehefrau des 48jährigen Buchhändlers Josef W. heraus, daß er ein Verhältnis mit Marie B., einer 37 Jahre alten Lehrerin hat. Marie B. erlebt die betrogene Ehefrau aus ihrer subjektiven Sicht als Andere so:

103

„Sie ist ungeheuer hysterisch und leidet unter starken Angstneurosen. Wir waren gezwungen, uns heimlich zu sehen. Denn jedesmal, wenn seine Frau argwöhnte, daß wir uns getroffen hatten, gab es tagelang hysterische Schreikrämpfe. Sie kontrollierte ihn, rief sporadisch bei mir an – ich hatte in dieser Zeit viele ‚anonyme' Anrufe. Jedes Treffen mit mir hat sie ‚bestraft'. Am Ende hatte sie mit ihrer Hysterie wirklich Erfolg. Er machte einige Ansätze, die Beziehung zu mir abzubrechen, weil er nicht wollte, daß sie durch die Aktionen seiner Frau kaputtgemacht werden würde – mit gegenseitigem Mißtrauen und Verletzungen fing es bei uns dann durchaus an zu kriseln."

Besonders erschreckend wirkt, was die Filmemacherin Siglinde H. über die heftige Reaktion der Ehefrau ihres Freundes berichtet. Als er seiner Frau von ihrer Existenz erzählte und das Wort „Scheidung" fiel, warf sie ihn aus der gemeinsamen Wohnung und „inszenierte ein regelrechtes Familiendrama". Das unterstellt zumindest Siglinde, wenn sie die Ereignisse aus der Perspektive der Geliebten Revue passieren läßt:

„Tja, da stand ich nun mit einem Mann, der sich in die Ecke gedrängt fühlte, mich nicht lassen wollte, auf der anderen Seite seine Kinder nicht verlieren wollte. Seine Ehefrau nun eine ‚Feindin', die alle Trümpfe in der Hand hielt, die sich nicht scheute, ihre Kinder wie beim Roulettspiel einzusetzen. Und da stand ich mit der Mutter von ihm, die sich nicht entblödete, sich die Adern aufzuschneiden, um sich im Krankenhaus (gefunden wurde sie von ihrer Schwiegertochter(!), gerade noch rechtzeitig) dann schwören zu lassen, daß er der Familie die Schande einer Scheidung nicht antun würde ... Er drehte durch, total, war nicht mehr ansprechbar."

Es wäre sehr leichtfertig, Ehefrauen als hysterische Furien zu kategorisieren. Objektiv betrachtet ist ihr Reagieren nachvollziehbar, sogar, wenn sie Hysterie als Waffe gegen den fremdgehenden Mann einsetzen. Weil nun der Mensch zumeist in Frieden leben will, tut der Durchschnittsliebhaber „einen Teufel", seine Ehefrau einzuweihen. Je ausgeprägter seine Sensibilität ist, desto feinfühliger wird er bei der Verheimlichung seines Verhältnisses vorgehen. Offenbar handelt es sich bei der Mehrzahl der Männer, die ihre Frauen betrügen, nicht um verantwortungslose Rohlinge, sondern um „Männer mit Herz". Sie sind bemüht, bei aller Heimlichkeit, ihrer Freundin nicht das Gefühl eines Mauerblümchens und Nachtschattengewächses zu geben. Sie gehen mit ihr ins Kino, ins Restaurant, zum Schwimmen, nehmen sie sogar mal auf eine kurze (Dienst-)Reise mit. Dennoch, einen Großteil der gemeinsamen Zeit verbringen sie in der Wohnung ihrer Freundin. Wenn beide ins Licht der Öffentlichkeit treten, dann nur dort, wo sie sicher sein können, nicht erkannt zu werden. Das aber ist kein „öffentliches Auftreten", sondern lediglich die Verlagerung des goldenen Käfigs in einen anderen Schutzraum. Es kann der Geliebten nicht das Gefühl nehmen, die Heimliche, Zweite, Andere, die im Schatten, zu sein und zu bleiben.

Dagegen läßt sich einwenden, Heimlichkeit habe durchaus auch Qualitäten. Wer weiß nicht um den Reiz eines „süßen kleinen Geheimnisses"? Es ist schon ein verlockendes Gefühl, seine lieben Mitmenschen ein wenig an der Nase herumzuführen. Zum Beispiel, indem Sachbearbeiterin und Abteilungsleiter zwar unsterblich ineinander verliebt sind, ihren Schwebezustand aber den neugierigen Kollegen „vorenthalten". Prickelnd und spannungsgeladen die Augenblicke, wenn er das Büro betritt und die am Nachbarschreibtisch ahnt nichts . . .

Reizvoll ist diese Heimlichkeit allerdings nur, wenn sie auf einen Überraschungseffekt abzielt. Wenn die Möglichkeit besteht, eines früheren oder späteren Tages „die Bombe platzen zu lassen" und alle zu verblüffen. Heimlichkeit jedoch, die zur Pflichtübung gehört, entbehrt sehr bald derartiger Reize. Sie wird schmerzlich und diskriminierend empfunden. Notlügen und Heimlichtuerei als Grundlage einer außerehelichen Beziehung lähmt die Geliebte im täglichen Leben. Sie, als der freie Mensch, muß sich als unsichtbares Puzzleteilchen in das Leben des Mannes fügen – verfügbar werden. Die Konsequenz lautet: warten, warten, warten . . .

– du
du bist
du bist gekommen
du bist gekommen
weil du zeit hast
für mich

105

ich
ich warte
ich warte auf dich
ich warte auf dich
    bis zu zeit hast
        für mich

doch kommst du
wenn ich zeit habe
        für dich? –

(Brigitte Bohnhorst)

Die ewige Warterei

Die Anonymität der Großstädte macht's möglich: Die verbotene Liebe stößt räumlich nur noch bedingt auf ihre Grenzen. Wo Menschen nebeneinander herleben, läßt sich das Inkognito leicht wahren. Der Begriff der Heimlichkeit erstreckt sich heute auf den Zustand der Illegalität, meint das geistig-seelische, nicht das körperliche Versteckspiel. Trotzdem, sich mit einer Freundin in der Öffentlichkeit zeigen, ist ziemlich riskant. Die Andere wird es zu schätzen wissen. Tief im Innern spürt sie die Lächerlichkeit dieses Auftritts – heimlich bleibt heimlich, da hilft auch keine Kosmetik. Sie ist die Inoffizielle. Auch wenn die Treffen nicht in düsteren Kaschemmen oder intimen Logen stattfinden, die Illegalität fordert unerbittlich ihren Tribut. Der Geliebten droht die soziale Isolation. Schuld daran ist die ewige Warterei.

Jede Geliebte kann ein Lied davon singen, wie viele Zeit sie in „Hab-Acht-Stellung" verbringt. Die Studentin Gerda M. beispielsweise vergleicht sich mit dem „Häschen in der Grube", das zum „hypnotisierten Karnickel" wird, sobald der Liebhaber auftaucht. Und Bettina F., eine 22 Jahre alte Volontärin, notiert im ersten Jahr ihrer Freundschaft mit einem knapp doppelt so alten, verheirateten Ingenieur in ihr Tagebuch:

„Ich liebe ihn und darum warte ich. Ich bin ja immer da, wenn er das Bedürfnis hat, mich zu sehen. Ich gehe nicht mehr ohne Telefon zum Duschen, habe Angst, seinen Anruf zu verpassen, wenn ich die Abfälle zum Müll bringe oder zur Waschmaschine gehe. Nach dem Dienst rase ich wie eine Gestörte heim, damit er mich nach Geschäftsschluß erreichen kann. Dann sitze ich wie ein Huhn auf der Stange, wie bestellt und nicht abgeholt neben dem Telefonhörer, habe alle Einladungen abgesagt, fertige jeden, der anruft in Sekundenschnelle ab, damit nur ja für ihn die Leitung frei bleibt. Aber es klingelt nicht. Es ist tagelang dasselbe. Dann hänge ich 'rum bis zum Abend, bin deprimiert, sauer, wütend. Scheiße! Es ist so schlimm, daß immer ich diejenige bin, die warten muß, daß ich ihn nicht ungehindert anrufen kann, nicht mal im Büro. Die Stimme zu verstellen, gelingt mir nicht. Dann sage ich halt einen falschen Namen, aber irgendwann fällt das ja der dümmsten Vorzimmermaus auf, daß immer die Gleiche anruft. Also, warten. Morgen fährt er mit seiner Familie weg. Ich zähle schon wieder die Tage, bis er zurückkommt und er ist noch gar nicht fort. Und wenn er dann am Mittwoch endlich wieder da ist, na dann hock' ich wieder den ganzen Abend neben dem Telefon und flehe es an, zu klingeln. Ich bin so machtlos, so passiv. Aber wir haben halt schon so wunderbare Stunden zusammen verbracht – ich warte weiter. Und wenn dann bei mir die Klingel läutet, dann könnte ich jedesmal zerspringen vor Glück. Ist das Liebe? Und doch hat er recht, daß *unsere* Zeit nur gestohlene Zeit ist und ich ihn vergessen soll. Aber das geht, zum jetzigen Zeitpunkt, nicht mehr, ich dumme Ziege. Für mich ist er das halbe, ach was sag' ich, das *ganze* Leben. Aber ich muß ihn teilen mit seiner Frau und den beiden Buben. Mein Gott, ich bin noch nicht einmal ein Viertel seiner Welt. Erst kommen die Kinder, dann die Frau, sein Beruf, die Partei, sein Garten . . . und dann irgendwann unter ‚ferner liefen' vielleicht noch ich – das ist doch behämmert!"

Warten – auf den nächsten Anruf, auf eine Karte aus dem Urlaub, auf ein Wiedersehen, auf bessere Zeiten, auf eine Zukunft mit ihm – das ist es, was das Leben der Anderen bestimmt. Es ist ein Warten mit gebundenen Händen. Zu groß ist die Gefahr, durch Aktivität und Eigeninitiative Konflikte heraufzubeschwören. Ihn anrufen? Lieber nicht. Wer weiß, von wem der Hörer abgehoben wird. (Sie will ihm ja keine Probleme machen.) Ihm schreiben? Um Himmels willen! Nur keine Spuren hinterlassen. Ihn bitten, sich regelmäßiger zu melden? Nie im Leben. Soll er sich auch noch durch seine Geliebte eingeengt fühlen, wo er doch schon in der Ehe ein Vogel mit gestutztem Gefieder ist? Sie, die ganz andere, die alles verstehende und (fast) nichts fordernde Frau, ist es, die er liebt – nicht die Klette in ihr. Frei nach Kästner resümiert die einsichtsvolle Andere selbstironisch: „Das Glück ist eben keine Dauerwurst, von der frau sich bei Bedarf ein Stückchen abschneiden kann – könnte ja jeder kommen und säbeln."

Das Los der modernen Geliebten ist keine Niete; es ist eine Option auf den fortgesetzten Wartezustand. Zwar gibt es vereinzelt Fälle, in denen die Ehefrau über die Freundin unterrichtet ist und – aus welchen Motiven auch immer – es zähneknirschend billigt, wenn er wieder mal bei ihr weilt. Das allerdings ist nicht die Regel. Normalerweise fühlt sich der Ehemann dazu gezwungen, allerlei Klimmzüge zu unternehmen, um etwas Zeit für die außerehelichen Begegnungen herauszuschinden. Sein Organisationstalent und ihre Flexibilität ermöglichen erst die Zusammenkunft. Allerdings wäre es ehrlicher, das moderne Schlagwort der Flexibilität durch die banale Vokabel „Wartebereitschaft" zu ersetzen. Nebenfrauen müssen starke Nerven und Geduld en gros haben.

Wobei es natürlich auch hier wieder kleine Unterschiede gibt. Andere sein, heißt nicht generell „abwarten und Tee trinken". Vergleichsweise glücklich leben die Schattenfrauen, die sein Kegelabend, seine wöchentliche Gewerkschaftssitzung, sein Arbeitskreis sind. Sie wissen genau, wann sie mit Besuch rechnen dürfen und das lockert ihre Zeitfesseln. Liebe zu festgesetzten Zeiten ist pervers, aber nicht so frustrierend wie das Dasein der auf Eis gelegten Frau. Freilich steht es auf einem anderen Blatt geschrieben, ob es die Geliebte befriedigt und als erträglich empfindet, einen Terminkalender der Liebe zu führen. – Eine Frau, die nach der Besuchszeitenregelung li(e)bt, ist Franziska H., 24 Jahre alt und in der EDV-Branche tätig. Sie berichtet, was sich für sie durch die Einführung fester Termine mit ihrem Liebhaber änderte:

„Wir sehen uns einmal in der Woche und genießen diese Zeit, obwohl sie sehr knapp bemessen ist. Anfangs hatte ich sehr große Probleme mit der Warterei, da ich ständig mit einem Anruf oder Blitzbesuch gerechnet hatte. Die nichterfüllten Hoffnungen lösten bei mir meist ziemlich miese Stimmungen aus, die aber sofort umschlugen, wenn diese Anrufe doch kamen. Mittlerweile weiß ich meine Zeit – durch den festen Besuchstermin – besser auszufüllen, so daß die Warterei entfällt. Ich bin mir nicht sicher, ob es eine aus der Not gemachte Tugend ist, oder ob ich es wirklich so empfinde, auf alle Fälle habe ich mich an diesen Zustand gewöhnt und kann ihn somit auch genießen; das heißt ich kann die Treffen gut einplanen und habe den Rest der Woche zu meiner freien Verfügung. Über alle zusätzlichen Besuche kann ich mich dann enorm freuen, warte aber nicht auf eine eventuelle Verabredung."

Die Freiheit sinnvoll gestalten zu können, bietet einen gewissen Schutz davor, in eine zu tiefe Abhängigkeit zum Freund zu geraten. Ob es jeder Anderen behagt, allein durch Kneipen, Kinos, Parks, Einkaufsstraßen zu ziehen, ist fraglich.

Wer schon unglücklich verliebt war, wessen Sehnsucht nach einem Partner unerfüllt blieb, weiß um die Qualität der Freiheit wider Willen: die ganze Welt scheint nur aus Liebenden zu bestehen. Man/frau fühlt sich als einsamstes Wesen auf Gottes weiter Welt. Überall, auf Schritt und Tritt, begegnen einem nur engumschlungene, turtelnde Pärchen. Je tiefer das Gefühl unendlicher Verlassenheit, desto stärker wird die Fixation auf jene, die offenbar das Glück gepachtet haben. So sind die traurigsten Stunden im Leben der heimlichen Geliebten jene, in denen sich die Menschheit paarweise ins Vergnügen stürzt: lange Samstage in der Stadt, Hochsommerwochenenden am Baggersee, Skifreizeiten in den Alpen, Abende im Konzert und natürlich die Dürreperioden Weihnachten, Ostern, Pfingsten samt aller landesüblichen Feiertage. Viel schlimmer, als mutterseelenallein und beziehungslos zu sein ist jedoch, zu lieben, geliebt zu werden und dennoch einsam zu sein. Für die überwältigende Mehrheit der Geliebten fühlt sich dieser Zustand wohl so an, wie die Kosmetiksalonbesitzerin Lisi B. ihn wiedergibt:

„Ich bin ausgehungert nach seiner Zärtlichkeit, ich suche seine liebevolle Fürsorge, hätte sie gern für immer – legal. Sehnsucht – warten – vertrösten – treffen – glücklich sein und dann wieder von vorn. Es ist grausam und macht mich kaputt."

Im Verhältnis hierzu scheint der Seelenstreß für Geliebte relativ niedrig zu sein, wenn ihr Freund an einem entfernteren Ort wohnt und/oder arbeitet. Hier können Zusammentreffen nicht spontan improvisiert werden, hier muß man sich arrangieren und sorgfältig vorausplanen. Der Zustand des passiven Ausharrens in hoffnungsvoller Ungewißheit bestimmt nicht das tägliche Leben der Geliebten. Sie kann weitgehend frei über ihre Zeit verfügen. Sie ist es, die am ehesten in Freiheit und Unabhängigkeit lebt, denn sie kann den Geliebten langfristig in ihren Alltag integrieren.

Natürlich vermißt die Freundin in der Ferne die Nähe des geliebten Mannes und die Möglichkeit, mit ihm ohne weiteres in Kontakt zu treten. Aber erfahrungsgemäß fühlen sich diese Anderen weniger als Frauen im Schatten. Sie ist, wie sie meint, unabhängig, frei, doch begehrt und geliebt. Wahrhaftig, sie kann sich privilegiert fühlen, ist ihr – fast – die ganze Lust ohne Last vergönnt. Genuß ohne Reue? Wohl nicht ganz. Zwar entfällt die Warterei und somit der Verzicht auf einen Bekanntenkreis, den sich die Geliebte in der Nähe im eigenen Interesse auferlegt – bereit sein ist für die Frau in der Ferne nicht alles. Aber intensive Begegnungen unter strahlend blauem Himmel können die Andere bei entsprechender Disposition in ein emotionales Loch stürzen lassen, sobald er die Tür hinter sich schließt, um von der vertrauten in die angetraute Welt zurückzukehren. „Es ist jedesmal, als würde er mir das Herz herausreißen und mitnehmen", sagt eine der Entfernten.

Die blutende Wunde, die er hinterläßt, muß erst wieder heilen. Zwischen Unabhängigkeit und Liebe stehen Phasen der innerlichen Leere, oftmals regelrechte Depression. Die Andere braucht ihre Zeit, um den Trauerkloß im Hals hinunterzuwürgen. Doch dann ist sie wieder „ganz die Alte". Bis zum nächsten Mal. Ihr Warten hält sich in Grenzen. Es ist noch am ehesten im Sinne dessen zu verstehen, was Psychologen als „positive Sehnsucht" beschreiben. Mit der Sehnsucht verbinden sich Phantasien, Träume, auch Vorfreude. Die Zeit des Wartens wird um so angenehmer, je näher die Stunde des Wiedersehens rückt und damit die Aussicht, zumindest einen Teil der Wünsche erfüllt zu sehen. Die Geliebte in der Ferne hat es besser als ihre verfügbaren „Leidensgenossinnen". Durch den Umstand der räumlichen Entfernung kann sie ihre Sehnsucht zumeist auf ein konkretes Ziel ausrichten. Sie weiß, daß es lange dauern kann, ehe er vor der Tür steht und weiß, sie wird es früh genug erfahren. Die Gewißheit eines festen Termins macht Sehnsucht ertragbar, manchmal sogar schön, anregend, angenehm.

Sind die Treffen bei großer räumlicher Distanz auch seltener, sie sind doch „portioniert", erstrecken sich also über einen längeren Zeitraum. Abgesehen vom Trennungsschmerz nach einer intensiven Begegnung erlebt die entfernte Geliebte kaum so niederschmetternde Szenen wie die Andere in der Alltagsbeziehung. Die Stunden sind gezählt, die Nächte meist tabu, die Uhr tickt erbarmungslos an der Wand, liegt griffbereit auf dem Nachttisch und unerbittlich verrinnen die Minuten, begleitet von verstohlenen Seitenblicken des Freundes auf den Zeitmesser. Das lange Warten ist voll „negativer Sehnsucht". Sie sehnt das Ende der Heimlichkeit, Ungewißheit vom Schattendasein herbei.

Und wenn sich dann irgendeines Abends die Hoffnung des Morgens erfüllt, steht doch am Ende des Tages die neuerliche Ernüchterung. Er kam, sah, siegte – und ließ sie wieder in der Tristesse der unerfüllten Wünsche zurück. Eine alte Augsburger Hausinschrift scheint von der Situation der Anderen zu erzählen: „Die Zeit eilt, heilt, teilt." Die gestohlenen Stunden zerrinnen dem heimlichen Paar zwischen den Fingern. Er schlüpft in seine Schuhe, kontrolliert Hemdkragen und Krawatte. Sie zupft ein Haar von seiner Schulter. Ein tiefer Blick, man fällt sich um den Hals, seine Blicke schweifen unruhig gen Ausgang. Dann, wie so oft, das bittere Ende. „Liebling, glaub' mir, ich lieb' Dich. Sei brav, Schatz, es tut mir leid, aber jetzt muß ich gehn, ehrlich . . .". Nur tapfer sein, fröhlich tun; wär' er nur schon draußen. Der Abschied schmerzt. Und dann endlich hat sie ihre Freiheit zurück, kann wieder in ihren vier Wänden tun und lassen, was sie will, sie muß sich nur ganz fest einreden, wie gut sie's doch hat. Er nimmt nicht ihr ganzes Leben in Beschlag. Nein, sie kann die Tür zumachen und schon ist sie wieder ein freier Mensch. Vielleicht. Manchmal aber auch nicht. Da bleibt das Häufchen Elend übrig:

„ . . . sie ist glücklich, daß es ihn gibt, weil sie weiß, daß er sich bei ihr wohlfühlt. Doch die Zeit wird zur Geißel. Unerbittlich verrinnt sie. Je näher sie sich dem Ende naht, desto lauter mahnt sie. Schon greift er nach seinem Mantel, ein Lächeln überdeckt ihre Enttäuschung. Die Hauptrolle im Leben ist nun mal die des Clowns. Eine letzte Umarmung, sich in ihm verkriechen wollen, dann . . . steigt er die Treppe hinab, mit einem liebevollen Winken in den Augen.

Während er die Tür schließt, fällt die Freude zusammen wie ein Kartenhaus. Zuoberst liegt kein Herz-As, nur eine Pik-Dame. Sie ist und bleibt – die Andere."

(Brigitte Bohnhorst in „zeitweise heiter")

Drückendes Schweigen

So essentiell Schlafen, Atmen, Essen und Trinken für den Organismus des Menschen sind, so lebensnotwendig ist für sein Innenleben – für die seelische Verfassung – unter anderem das, was mit „Reflexion" (Rückstrahlung, Vertiefung in einen Gedankengang) und „Feedback" (Rückkopplung, Echo auf ein Geschehnis) bezeichnet wird. Bedenklich stimmt in dieser Hinsicht die Situation, in der die Andere im Normalfall lebt. Zwänge, Ängste und Illusionen verdichten sich bei ihr nicht selten zum Syndrom des goldenen Käfigs. Ihre Liebe zum verheirateten Mann setzt oft genug den Rückzug aus dem sozialen Netzwerk ihres Umfeldes voraus. Den wenigsten heimlichen Zweitfrauen wird rechtzeitig bewußt, daß sie damit riskieren, in Kontaktarmut und Isolation zu geraten.

Um das seelische Gleichgewicht zu bewahren, benötigt der Mensch jedoch Zuwendung und Austausch auf verschiedenen Ebenen im *täglichen* Leben, nicht nur auf sporadische, einseitige Art. Nahrung ist Brennstoff für den Körper, das Echo des Nächsten sind Kalorien für die Seele. Menschen brauchen, um psychisch stabil zu bleiben, die Gelegenheit, sich regelmäßig und im Bedarfsfall anderen mitteilen zu können, Gedanken zu äußern, angehört und angeregt zu werden. Mit der Umwelt zu kommunizieren, zu sprechen, zu hören, zu diskutieren, auch die Möglichkeit, Rat suchen, annehmen und geben zu können, erweitert den Horizont und ist für die seelische Gesundheit des Individuums unabdingbar. Lebt ein Mensch isoliert, mangelt es ihm an Fähigkeit und/oder Gelegenheit, Kontakte zur Umwelt zu knüpfen, wird seine Erlebniswelt auf die eigene Person – aufs Ich – verkleinert.

Wenn keine hinreichende Verbindung nach außen besteht, fehlt der Maßstab, um sich selbst in die Welt einordnen oder sich mit ihr in Beziehung setzen zu können. Wer unter Kontaktarmut leidet, läuft Gefahr, ein verzerrtes Selbstbild zu entwickeln. Je weniger Bezugspunkte der Einzelne zu seinen Mitmenschen hat, desto mehr wird er sich auf die eigene Person konzentrieren. Räumliches und seelisch-geistiges Abgeschirmtsein läßt den Einsamen zwangsläufig zum Ego-Zentriker werden. Dagegen schützt – wie im Falle der meisten Anderen – auch kein Beruf mit vielen Kontakten, denn diese spielen sich an der Oberfläche ab, sind unverbindlich und tragen nur vereinzelt zur persönlichen Konfliktbewältigung bei. Hinter der Egozentrik (Ich-Bezogenheit, selbstbezogenes *Erleben*) steht im Unterschied zum Egoismus (Selbstsucht, ich-bezogenes *Handeln*) die Eigenart, alles Geschehen nur über die eigene Person wahrnehmen, nachvollziehen und verarbeiten zu können. Beachtenswert ist an dieser Stelle, daß Egozentriker sich fälschlicherweise oft für Egoisten halten und, so fatal dies ist, versuchen, ihren „Makel" mit Altruismus zu kompensieren. Obwohl sie ohnehin genügend Defizite beklagen können, neigen sie also dazu, die eigenen Bedürfnisse zugunsten anderer zurückzustellen und sich aufzuopfern.

Die Situation, in der die Nebenfrau lebt, begünstigt zweifellos vorhandene oder latente Tendenzen zur Egozentriertheit. Die Andere befindet sich in einer schizophrenen Lage. Auf der einen Seite sind die Möglichkeiten der Geliebten, sich mitzuteilen und zu öffnen, meist auf ein Minimum beschränkt. Das schafft Leidensdruck. Andererseits führen gerade Frauen in der nichtalltäglichen Lebenslage der „Anderen" ein emotionsgeladenes, bewegtes Doppelleben. Ihr Mitteilungsbedürfnis ist dementsprechend ausgeprägter als das eines Menschen, dessen Leben geregelt und durchorganisiert ist. Es gäbe so vieles, über das die Andere gern frei sprechen würde. In ihr bohren Fragen, die sie niemandem zu stellen wagt. Gefühle, die ihr nicht zustehen, beglücken und quälen sie gleichermaßen. Unartikulierte Ängste und Zweifel zerren an ihrem Nervengerüst. Der emotionale Druck und damit der Wunsch, etwas aus der Seele in die Wirklichkeit zu „transponieren", ist immens und nur verständlich. Auch oder besonders dann, wenn der Mensch sich zurückzieht, braucht die Seele ein Ventil nach draußen. Das gesteigerte Mitteilungsbedürfnis vieler Schattenfrauen wurzelt sicher in ihrer persönlichen Isolation. Mit Klatsch- und Tratschsucht hat dies nicht im mindesten zu tun. Das bestätigt die 43jährige Lisi B., wenn sie aus eigener Betroffenheit schreibt:

„Das Mitteilungsbedürfnis der anderen Anderen verstehe ich nur allzu gut, wieviele mögen darunter sein, die ihr Geheimnis verborgen mit sich herumtragen mußten. Wenn sich da plötzlich ein Ventil öffnet, dann muß es ja nur so aus ihnen herausprudeln. Ich könnte mir denken, hätte ich mich nicht jahrelang so im Schreiben austoben können und hätte ich nicht die Möglichkeit gehabt, mein überschäumendes Glück wie auch die abgrundtiefe Verzweiflung bei meiner Freundin abzuladen – ich hätte irgendwann den Nächstbesten mit meiner Geschichte überrollt."

Die Andere ist naturgemäß über sich selbst, über ihre Freundschaft und ihren Partner in höchstem Maße verunsichert. Sie ist hin- und hergerissen. Im Wechselbad der Gefühle schwankt sie zwischen Liebe und Haß, Hoffnung und Verzweiflung, Euphorie und Depression, Sehnsucht und Aggression. Sie ist „himmelhoch jauchzend, zu Tode betrübt". Sich über Stimmungen und Empfindungen dieser Intensität ausschweigen zu müssen, fühlt sich für die heimliche Freundin oft an, „als würde man mir die Kehle zuschnüren". Bezeichnend ist, wie häufig Geliebte zu verstehen geben, sie glaubten, an ihren Gefühlen zu ersticken. Denn ausgerechnet ihnen, die eine Hilfe ihrer Mitmenschen meist so nötig hätten, fehlen in aller Regel gesprächsbereite, verständnisvolle Mütter, Schwestern, Freundinnen, Verwandte und Bekannte. Aber selbst wo dies nicht der Fall ist, scheut die Andere das offene Wort. Angst vor der Reaktion des Gegenübers, Hemmungen und ihre Scham hindern die Geliebte, sich zu ihren Problemen zu bekennen und Hilfe zu suchen. Schließlich tut sie, oberflächlich betrachtet und der landläufigen Meinung nach, unrecht und dafür soll sie auch büßen. Es ist das alte Lied: Wer den Schaden hat, braucht für den Spott nicht zu sorgen. Die Andere gilt als Schuldige (wem wird denn schon ein schonungslos offener Einblick in die Intimsphäre der maroden bürgerlichen Durchschnittsehe gewährt?) – und darum hält sie lieber den Mund.

Eine große Anzahl von Geliebten kann oder will ihr Herz nicht einer vertrauten oder verwandten Seele ausschütten. Die meisten haben – mehr der Not gehorchend – zu alternativen Äußerungsmöglichkeiten gefunden, droht doch irgendwann der Damm des Schweigens unter dem Druck der angestauten Emotionen zu brechen. Wo unter günstigeren Ausgangsbedingungen laute Wortergüsse die symbolischen Ufer überfluten würden, wählen die Anderen zumeist unverfänglichere Lösungen. Einige helfen sich, indem sie tanzen, also durch Körpersprache; andere sprechen durch künstlerisch-kreatives Wirken, durch Bilder im weitesten Sinne des Wortes.

Sehr verbreitet ist der Hang der Geliebten, sich den ganzen Frust von der Seele zu schreiben. Da sind Briefe, die nie abgesandt wurden, kurze Prosatexte, Gedichte, auch detaillierte Tagebuchaufzeichnungen voller Ansätze zur Selbstdiagnose, die unzähligen Schattenfrauen helfen, ihre Probleme und Konflikte ohne fremde Hilfe zu „besprechen". Der stille, unriskante Monolog kann ein wenig zur Entwirrung der Gedankenknäuel beitragen und mehr Klarheit im Denken verschaffen. Es ist keine leichte Sache, Gedachtes und Gefühltes in Worte zu kleiden. Empfindungen und Überlegungen schriftlich zu formulieren, scheint jedoch eine hilfreiche Methode zu sein, den Leidensdruck zu lindern und sich gefühlsmäßig zu distanzieren. Beschriebenes Papier ist jedoch nicht die Lösung aller Probleme. Aber: „Zu schreiben, das ist ein bißchen wie Bilanz ziehen", meint Carola M., „man wird sich über vieles klarer." Ein positiver Nebeneffekt dabei ist, daß durch die Niederschrift Stimmungen verschiedenster Nuancierung über den Tag hinaus konserviert werden. Liest eine Schreiberin in depressiven Phasen (über) die besseren Zeiten nach, kann sie sich ein paar Sonnenstrahlen vergangener Tage in den tristen Alltag zurückholen. Wenn sie aber im umgekehrten Fall fürchtet, zu euphorisch zu werden, erweist sich die Lektüre kritischer Kapitel als Wundermittel gegen das Abheben. Siglinde H. ist eine von vielen Anderen, die das aus ihrer Erfahrung bekräftigen können. Sie sagt:

„Wie viel sich der bewußten Erinnerung entzieht, was alles der Überlebenswille verdrängt und beschönigt, merkt man erst, wenn man die eigene Geschichte schwarz auf weiß nachliest, in brutaler Ehrlichkeit."

Wo sonstige Kontakte fehlen, kann Schreiben zur festen, befreienden Gepflogenheit werden. Es ist erstaunlich, wie viele Andere noch ganz altmodisch Tagebuch führen. Zu schreiben statt zu sprechen ist zwar eine Ersatzlösung, aber nicht die schlechteste, um Gemütsbewegungen zu äußern. Wird das Erlebte und Erfahrene notiert, entsteht nicht selten ein Dokument der Zerrissenheit. Das Tagebuch der Geliebten ist ein unbestechlicher Zeuge ihrer Vergangenheit. Jedes Tagebuch spricht für sich – und überrascht am Ende mitunter seine eigene Verfasserin, so auch Lisi B., die nach der Durchsicht ihrer Aufzeichnungen in später Erkenntnis staunte:

„... wie sehr man doch über den Dingen stehen muß, um klar, realistisch und objektiv denken zu können. Es war hochinteressant für mich, in alten, umfangreichen Tagebüchern zu stöbern. Ich entdeckte beim Lesen die Freude im Wiedererleben und war fasziniert von meinem eigenen Werk, auch von allen Verrücktheiten, zu denen man in den Anfängen einer Liebe fähig ist, aber auch von meinem Reifeprozeß, der im Nachlesen zu verfolgen ist. Vieles von dem, was ich vor sechs bis sieben Jahren zu Papier brachte, kann ich heute nicht mehr richtig nachvollziehen und verstehen."

Die unendliche Zerrissenheit

Reden wäre Gold, aber Schreiben ist immerhin noch Silber, wenn es der Geliebten darum geht, seelischen Druck zu vermeiden. So empfindet es zum Beispiel auch die 36jährige Sylvia B. Sie hat in den ersten drei Jahren ihrer Freundschaft mit einem verheirateten Elektroniker Hunderte von Tagebuchseiten mit einem „ganzen Wall von Glück und Verzweiflung" gefüllt. Die nachfolgenden kurzen Passagen aus ihren Tagebüchern spiegeln in geradezu exemplarischer Weise das permanente Auf und Ab im Gemütszustand der Geliebten wider.

21. November 1984

Gestern fühlte ich mich unendlich verloren, so sehr im Abseits.
Wieder einmal warst Du „unerreichbar".
Der Weg zu Dir nicht mehr erkennbar
verschüttet von Zweifeln, Ängsten, Mißtrauen.

Heute – durch Deine zärtlichen Worte am Telefon – sehe ich wieder
das Licht am Ende des Tunnels, den es noch zu durchschreiten gilt.

7. Mai 1985

Gescheitert bin ich, bist Du
zerstört, zertrümmert alles, was bestand zwischen uns –
abhandengekommen der letzte Funke Vertrauen.

Diese Liebe ist nur zu ertragen
mit geschlossenen Augen, mit abgeschaltetem Verstand
Ist nur zu ertragen ohne meinen Kopf.

Den Schalter für dieses AUS
habe ich noch nicht gefunden.
So also muß ich mir Dich und diese Liebe aus dem Bewußtsein
reißen wie ein lebenswichtiges Organ.
Ob es danach noch Leben gibt?

11. Mai 1985

Wie kleinmütig ich immer bin
Wie einfach es ist
mich in Deine Arme zu legen
zu glauben, zu hoffen, zu vertrauen!
Ich muß es nur wollen, nur zulassen.
Ja ich will, geliebter, wundervoller Mann!

15. Mai 1985

Gestern abend war ich verzweifelt, geschüttelt von Eifersucht und
Mißtrauen. Voll von Haß auf Dich, auf Dein Leben, an dem ich
nicht teilhabe. Ich, Dein Schandfleck.

Heute morgen am Telefon
haben Deine zärtlichen Worte mir wieder einmal Flügel wachsen
lassen, mit denen ich zum Höhenflug ansetze
bis zum nächsten Absturz
morgen?

Eine Marlitt, eine Courths-Mahler hätte sich kaum dramatischer
ausgedrückt. Trotzdem, man sollte sich davor hüten, diese
Aufzeichnungen als überspannte, sentimentale Ergüsse abzutun.
Denn schließlich wurden die pathetisch anmutenden Sätze nicht
am Biedermeiersekretär zur Erbauung einer erlesenen, rührseligen

117

Leserschaft kreiert. Sie haben einen realen – einen dramatischen – Hintergrund. Was schwülstig in den Ohren des Realisten klingen mag, entbehrt nicht menschlicher Tragik. Nicht vergessen werden darf, daß Sylvia B. beim Schreiben gewissermaßen ihr Innerstes nach außen gekehrt hat – spontan, ehrlich, uneitel. Sie hat so quasi unter Ausschluß der Öffentlichkeit ihrem Herzen Luft gemacht und sich die Aufgewühltheit von der Seele geschrieben.

Ihre Emotionalität und ihre Mentalität als Geliebte stehen in hartem Kontrast zur Rolle der selbstsicheren, zielstrebigen Persönlichkeit, die Sylvia B. im offiziellen Alltagsleben mimt. Sie ist ein Paradebeispiel für die „getarnte Frau". Auf der Gefühlsebene ist sie konservativ weiblich, ist verletzlich, unsicher, hilflos und labil. Vom Verstand her ist sie modern, aufgeschlossen, emanzipiert. Worauf die Lektüre der Tagebuchauszüge zuletzt schließen läßt, ist die bemerkenswerte Tatsache, daß Sylvia B. zu der kleinen Gruppe von Geliebten zählt, die Karriere in einem „typischen Männerberuf" gemacht haben. Sie ist bis zur Position der Verkaufsleiterin eines Automobilkonzerns aufgestiegen. Man sollte eigentlich annehmen, daß eine Frau mit ihrer Laufbahn gelernt hat, sachlich zu denken, nüchtern zu analysieren und ihre Interessen wahrzunehmen und durchzusetzen. Das Gegenteil ist der Fall – so erfolgreich Sylvia B. im Beruf auftritt, im Privatleben scheitert sie.

Sylvias Notizen zeichnen überschwenglich und plastisch jene Zerrissenheit nach, die heimliche Freundinnen so oft beklagen. Kein vernünftiger, rational denkender Mensch würde sich wohl freiwillig auf eine „Freundschaft" einlassen, die derart viele negative Aspekte und gravierende Beeinträchtigungen des alltäglichen Lebens mit sich bringt: vom ewigen Warten bis zur totalen Isolation. Unbegreiflich erscheint, warum die Frau im Schatten für ein bißchen Liebe so viel Leben opfert, was sie daran hindert, aus dem engen Gefängnis des Nebenfrauendaseins auszubrechen.

Die Liste der Gründe, die Andere für das Festhalten an der außerehelichen Beziehung anführen können, ist lang: zuoberst steht immer das Stichwort Liebe, gefolgt vom positiven Einfluß des Freundes auf die persönliche Entwicklung, auch vom Vertrauen auf eine bessere Zukunft, der Angst vor dem Ganz-Allein-Sein und dem Vorteil, frei bleiben zu können. Näher besehen wirkt manches Argument fadenscheinig. Beim Studium der Biographien moderner

Zweitfrauen drängen sich andere Verdachtsmomente in den Vordergrund: nicht bedingungslose Liebe, sondern Abhängigkeit; nicht Zuversicht, sondern Illusionen; nicht Hoffnung, sondern Verlustängste fesseln die Andere an den unverfügbaren Mann ihrer Träume.

Was lange währt ...

... muß längst nicht immer gut werden. Beeindruckend, wenn nicht gar erschreckend ist, über wieviele Jahre sich die Mehrzahl der zeitgenössischen Geliebten mit der Existenz als nachgeordnete, illegale, rechtlose Zweitfrau begnügt. Es gibt Verhältnisse, die sich über Zeiträume von mehr als zehn Jahren erstrecken. In Einzelfällen dauert der Schwebezustand der Nebenfrau 15 Jahre und länger. Ein sehr extremes Beispiel für die Beständigkeit der verbotenen Liebe stellt eine heute 78jährige Frau dar, die fast 40 Jahre lang heimliche Geliebte war – bis an das Lebensende ihres Freundes.

Die Frage, wie lang eine außereheliche Verbindung funktioniert, ist nicht eindeutig zu beantworten. *Wenn* es der Anderen überhaupt je gelingt, einen endgültigen Schlußstrich unter ihre Beziehung zu ziehen, dann sind bis dahin durchschnittlich fünf Jahre verstrichen. Jede dritte Andere hat nie versucht, Schluß zu machen. Zwei Drittel dagegen bemühen sich so ausdauernd wie erfolglos darum, der Liebe ein Ende zu machen, wenn sie keinen anderen Ausweg mehr sehen. Meist wird der erste Anlauf zum Absprung vor Jahresfrist unternommen – und ist fast nie von ,,Erfolg" gekrönt. Dauert die Liaison über ein Jahr, häufen sich auch die Versuche der Anderen, Schluß zu machen; nur jede Zehnte wiederholt nicht den Trennungsversuch. Als grober Mittelwert kann mindestens ein Loslösungsversuch pro Jahr angesetzt werden.

Die Chance, wirklich den Absprung zu schaffen, steigt keineswegs im gleichen Maße wie die Anzahl der Versuche. Zwar gelingt es immerhin 25 Prozent der Geliebten dann im zweiten, dritten Anlauf, ihr Verhältnis zu beenden. Statistische Erhebungen signalisieren aber eine traurige Gesetzmäßigkeit: Je länger eine Freundschaft währt, desto größer ist das Risiko, sich zur notorischen

Schlußmacherin zu entwickeln. Dauert ein außereheliches Verhältnis etwa zwei bis fünf Jahre und die Geliebte gibt an, sie habe „sehr oft" bis „unzählige Male Schluß zu machen versucht", liegt auf der Hand, daß es dieser Frau mit der Trennung, bewußt oder unbewußt, nicht besonders ernst ist. Vielleicht ist sie bereits so abhängig von dem geworden, was sie „Liebe" nennt, daß die Beziehung von ihrer Seite aus Suchtcharakter angenommen hat. Sollte dieser Fall eingetreten sein, dann ist ein Trennungsversuch ein ziemlich aussichtsloses Unterfangen, denn die Sucht nach „ihm" ist stärker als die Selbst-Beherrschung.

„Notorische Schlußmacherinnen" reut es meist sehr bald, wieder einmal die Konsequenz aus ihrer verfahrenen Situation gezogen zu haben. Schmerz und Ängste treiben sie in der Regel wieder und wieder in die Arme des Freundes zurück. Dabei verstärkt jede Wiedervereinigung ein Zugehörigkeitsgefühl, das wegen seiner zwanghaften Züge korrekter als „Abhängigkeit" zu umschreiben wäre.

Steht der Entschluß einer Geliebten fest, die Beziehung zum verheirateten Mann abzubrechen, bewirkt dies bei ihm oft ein gesteigertes Interesse an der wegstrebenden Partnerin. Natürlich akzeptiert der verheiratete Freund im allgemeinen den Entschluß – was bleibt ihm auch anderes übrig – und oft betont er darüberhinaus sogar, ihr keine Steine in den Weg legen zu wollen, er habe dazu ja kein Recht. Diese „Fairness" wirkt bestechend auf die Andere, die den Schlußstrich gegen ihr Gefühl aus Vernunftsgründen ziehen will. Es ist ein Paradoxon, daß gerade der Entschluß, auseinanderzugehen, offenbar wie Kitt für eine brüchig gewordene Freundschaft wirkt.

Abgesehen davon, daß sich die Partner oft außerstande sehen, mit Vernunft die Liebe zu besiegen, verletzt es natürlich auch das männliche Selbstwertgefühl, den Laufpaß zu erhalten. Die Ankündigung des Endes kann den Partner zu neuen Taten aktivieren, ob nun aus wahrer Liebe, Verlustangst, gekränktem Stolz oder Eroberungsdrang. Vielfach wird der abgewiesene Mann angesichts der Verlustsituation um so einfühlsamer, interessierter und liebevoller. Die Geliebte zu verlieren bedeutet immer auch, ein Stückchen heile Welt, ein kleines Paradies der heimlichen Wünsche, Hoffnungen, Träume zu verlieren. Meist muß der Mann nicht lang um die Gunst seiner Freundin werben, um die endgültige Trennung abzuwenden.

Wenn eine Abhängigkeitssituation besteht, ist der Geliebten jedes Reaktionsmuster des Freundes recht, um den gefaßten Entschluß umzustoßen. Sie macht einen Rückzieher, wenn sie spürt, er ist traurig und verständnisvoll – dann fühlt sie sich verantwortlich und schwach. Sie macht aber oft auch einen Rückzieher, wenn er zu nüchtern, beherrscht, ja scheinbar insgeheim erleichtert, reagiert – das fordert sie heraus. Der verheiratete Mann selbst drängt fast nie zur Auflösung des Verhältnisses, ist er doch derjenige, für den die Beziehung in aller Regel mehr Annehmlichkeiten als Nachteile mit sich bringt. Er kann sich zurückziehen, kann fortbleiben, hat die Freiheit, das Verhältnis nach seinen Vorstellungen zu gestalten. Schafft die Andere nicht den Absprung, dann bleibt jahrelang alles wie gehabt.

Vor dem Hintergrund der emotionalen Zerrissenheit erscheinen die halbherzigen Trennungsversuche der Geliebten als logische Begleiterscheinung außerehelicher Beziehungen. Ernsthafte Aktivitäten zu entwickeln und Träume zu begraben, ist allemal schwerer, als sich passiv vagen Hoffnungen und Illusionen hinzugeben. Zweitfrauen sitzen ihre Beziehungen regelrecht aus. Die einen sind taub für die desillusionierenden Worte des Freundes, die anderen lassen sich in Treu und Glauben wieder und wieder beschwichtigen und vertrösten. So auch Gabriele W., eine 30 Jahre alte Krankenpflegerin. Ihre Beziehung zu einem 47jährigen Gastronomen dauert vier Jahre, als sie schreibt:

„Ich hatte immer so Phasen, mal war ich glücklich, freute mich, wenn er kam und auch wieder ging; dann wieder war ich total am Boden zerstört und todtraurig. Meistens vor der Periode, da war/bin ich so depressiv, daß ich denke, es geht so nicht mehr weiter. Da zweifle ich an ihm, an mir, an uns, daß wir eine gemeinsame Zukunft haben werden. Dann fühle ich mich allein, hilflos und verlassen wie ein Kind. Er tröstet mich, sagt, daß schon alles gut wird, daß ich mir nicht so viele Gedanken machen soll. Und daß er mich liebt ...

Ich machte ihm immer wieder klar, wie sehr mich alles mitnimmt und daß ich es nicht mehr aushalte. Worauf er mir wieder erklärt, daß ich mich nicht so fertigmachen soll. Er nimmt mich zärtlich in den Arm und dann geht es mir wieder besser. Ich werde ruhiger. Und so läuft es ständig, auf und ab, mal traurig, mal voller Freude."

Wenn Glauben das Wissen ersetzt

Es ist die Tragik der außerehelichen Freundinnen, daß sie sich irgendwann unweigerlich im Kreise drehen, wenn sie nicht früh genug den Absprung vom Karussell der verbotenen Liebe schaffen. Wie stark sich Ehemänner nun tatsächlich gefühlsmäßig in einer außerehelichen Freundschaft engagieren, mag von Fall zu Fall verschieden sein und bleibt doch letztenendes ihr wohlgehütetes Geheimnis. Die Andere lebt gewöhnlich in dem Glauben, ihre Gefühle würden uneingeschränkt erwidert. Auf die Frage: „Glauben Sie, daß es Ihr Freund ernst mit Ihnen meint?" gibt es für die andere Frau nur eine Antwort: „Ja". Man sieht hinter diesem meist dick unterstrichenen, mit Ausrufezeichen versehenen „Ja" förmlich Glücksgefühl und Zuversicht durchschimmern. Ungebrochen ist der Glaube der Anderen an ihren Freund.

Die Ausnahme bildet die Gruppe der über 40jährigen. Ihre Liebe gedeiht unter anderen Vorzeichen und ist mit Erwartungen verknüpft, die stark von den Zielen ihrer jüngeren Mitschwestern abweichen. Die Spätemanzipierten sind sehr oft Frauen, die ihre Freiheit wiedergefunden, wenn nicht gar zurückerobert und ihre Lust neu entdeckt haben. Sie legen weniger Wert auf eine seelische Bindung als auf den körperlichen Lustgewinn. Nicht, daß ihnen Sex das höchste der Gefühle wäre. Aber es ist der Aspekt, der sie an ihrem Partner besonders anzieht. Insofern ist es ganz logisch, daß diese Gruppe von Geliebten in den seltensten Fällen überzeugt davon ist, der Partner habe ernste Absichten – sie wollten ja selbst keine „ernste Sache".

Wahrscheinlich gibt es mehr als eine Handvoll Männer, die skrupellos genug sind, ihre Ehefrau zu hintergehen *und* aus der Liebe der Freundin Lust zu schöpfen. Es stimmt traurig zu hören, wie selbstverständlich sich einzelne Geliebte mit dem Gedanken angefreundet haben, für den Freund nur „eine Bereicherung" zu sein. Sie empfinden sich nicht als *Ersatz-,* sondern als *„Zusatz*liebe". Diese Vorstellung macht Gewissensbisse nichtig. Schließlich kann die Andere argumentieren, „ich nehme ja seiner Frau/Familie nichts weg – ich gebe ihm zusätzlich etwas, das er zuhause vermißt". Das wiederum könne doch den Mitbetroffenen nur zugute kommen ...

Es wäre unfair, fremdgehenden Ehemännern pauschal unlautere Motive zu unterstellen. Eine tief(er)gehende außereheliche Beziehung verlangt auch dem Mann einiges ab. Dieses Wissen läßt die Geliebte auf Ehrlichkeit hoffen. Aufrichtigkeit hat der Freund ja in aller Regel schon einmal, zu Beginn der Beziehung, bewiesen, als er Farbe bekannte und ihr gestand, verheiratet zu sein.

Normalerweise ist der langjährige Liebhaber nicht der Typ Mann, der sofort hervorhebt, wie brüchig doch seine Ehe sei und wie unverstanden er sich fühle. Das unterscheidet ihn von den modernen Nachfolgern Casanovas. Diese erwarten sich vom Seitensprung Prestigegewinn. Der Fremdgänger dieser Kategorie pflegt sich als Eroberer und Don Juan auf- und den betrogenen Partner entsprechend abzuwerten. In bestimmten Oberschichtskreisen und beim ,,Geldadel" kann ein Verhältnis ähnlich selbstwertsteigernd für den Mann wirken wie die dicke Luxuskarosse oder der Bungalow an der Côte d'Azur. In diesem Sinne ist die Geliebte Statussymbol und Beweis,,stück" für die Potenz des Mannes. Sie ist nicht die Ge-liebte, sondern die sexuell anziehende Frau, die seiner Eitelkeit schmeichelt, die ihn noch mehr strahlen läßt. Der Sonnengebräunte mit den grauen Schläfen und die junge Frau: was für ein Mann! Dieses Klischee aber paßt nicht im mindesten zu dem subjektiven Bild, das moderne Geliebte von ihrem Freund zeichnen. Dabei muß eines bedacht werden: wo es den Anderen an Informationen und/oder Vertrauen mangelt, neigen sie dazu, sich ihre Wahrheit selbst zu zimmern. Sie können nur hoffen, daß Wunschbild und Wirklichkeit übereinstimmen.

Für die Geliebte gibt es keine Sicherheit, nicht einmal die, tatsächlich geliebt zu werden. Von einigen rühmlichen Ausnahmen abgesehen, tendiert die Mehrzahl der Anderen generell dazu, ihre Liebe als etwas Einzigartiges, Einmaliges, Nie-Dagewesenes zu begreifen. Selbst sachlich-souverän wirkende Frauen tun sich oft schwer, als Geliebte einen ,,kühlen Kopf" zu bewahren. Jede Einzelne ist nach außen hin absolut solidarisch mit ihrem Liebhaber. Innerlich mögen mit den Jahren Zweifel an ihrer Seele nagen. Solidarisch aber bleibt die typische Geliebte auch dann noch, wenn sich ihre Zweifel an der Ernsthaftigkeit seiner Absichten irgendwann als begründet erweisen oder der geliebte Mann keinen Hehl daraus macht, seine Ehe auf unbestimmte Zeit fortsetzen zu wollen. Der Bruch mit der Solidarität käme einer persönlichen Niederlage gleich: die Andere müßte sich und anderen eingestehen, einem Irrtum verfallen gewesen zu sein. Jede Einzelne glaubt bzw. redet sich ein, in ihm die ganz große Liebe ihres Lebens entdeckt zu haben. Romantisch, schwärmerisch, naiv und kitschig liest sich, was die Frauen im Schatten über ihr Licht äußern. Da schreibt beispielsweise die 23jährige Evelyn M. vom gleichaltrigen Freund:

„Ich habe noch nie so etwas erlebt, so eine Liebe. Sowohl in sexueller als auch in jeglicher anderer Hinsicht ist es für mich das erste Mal, daß ich uneingeschränkt sagen kann, ich liebe. Es ist ein so hundertprozentiges Verstehen. Und ihm geht es genauso. Das klingt ziemlich euphorisch, sonst bin ich viel cooler und verwende keine solchen Superlative. – Ich habe wirklich lange ,gesucht' oder ,gewartet'. Endlich ihn gefunden, den, der hundertprozentig mein anderes Ich, ein Teil von mir ist!"

Eine andere Frau, die mit 33 Jahren zwar etwas reifer, aber kaum abgeklärter erscheint, sinniert:

„Vielleicht gibt es das wirklich zwischen zwei Menschen, daß sie eben einfach zusammengehören. Daß räumliche und zeitliche Trennungen dem Basisgefühl nichts anhaben können. Ich weiß es nicht, wirklich nicht. Ich weiß heute, an diesem Tag nur, daß ich diesen Mann verabscheuen, meinetwegen hassen sollte. Ich tue es nicht."

124

V
Die LIEBende: Die Andere und ihre Intimsphäre

„Da war doch noch was ..."

Geliebte haben einen Negativ-Status; sie müssen mit Sticheleien, Intrigen und Repressalien rechnen, sind vielfach gezwungen, für das heimliche Verhältnis ihr Leben von Grund auf umzukrempeln. All das sind Faktoren, die unmißverständlich darauf hindeuten, daß die Liebe der Anderen sich längst nicht im Erotischen erschöpft. Zu Recht graust es den meisten Anderen vor dem – abwertend empfundenen – Begriff der „Geliebten". Sie verstehen sich als Freundin und Partnerin des verheirateten Mannes, wenn möglich in *allen* Lebenslagen, nicht nur in der Horizontalen. Seine Freundin zu sein, reduziert die Andere nicht auf eine beliebig austauschbare Sexualpartnerin.

Wirkliche Partnerschaft umfaßt weitaus mehr Elemente als Harmonie in Wort und Bett. Im Optimalfall beinhaltet eine Partnerschaft zwischen Mann und Frau alle Komponenten einer innigen Freundschaft und wird durch das Moment der Sexualität bereichert, also durch intime körperliche Vertrautheit *ergänzt*. Die ‚normale' Andere ist weder sexbesessen, noch ein asexuelles Wesen. Die Opfer geiler Moralisten können sich nicht zur Wehr setzen. In außerehelichen Liebesbeziehungen mit Freundschafts-charakter liegt für die Geliebte Lieben und Leiden dicht beisammen. Die moderne Geliebte ist eine Frau mit Gefühl, Verstand *und* Körper. Es trifft tatsächlich zu, daß sich etwa drei Viertel aller „Verhältnisse" durch eine außerordentliche Körperharmonie aus-zeichnen. Sex ist für die meisten Geliebten ein Stück Leben, das sie nicht missen möchten. Sexualität ist jedoch nicht Selbstzweck ihrer Liebesbeziehung, sondern gehört zu ihrem persönlichen Ganz-heitsverständnis der Liebe. Was den „anderen Frauen" körperliche Liebe bedeutet, drückt sich in den folgenden, typischen Antworten auf die Frage „Wie wichtig ist Ihnen Sex?" klar aus:

- „Sex ist mir ziemlich wichtig, wenn die geistige Basis stimmt"
- „Sex – eine schöne Begleiterscheinung, aber nicht primär"
- „Reiner Sex ist mir überhaupt nicht wichtig. Aber das Zusammenschlafen im Sinne von Vereinigung, Verschmelzung und Bestätigung der Zusammengehörigkeit ist mir sehr wichtig"
- „Sex ist ein wichtiger Teil einer harmonischen Beziehung. Wir haben ein gesundes Sexualleben; ich weiß, daß er erst mit mir die wirkliche Erfüllung körperlicher und geistiger Verschmelzung erlebt hat"
- „Wenn ich einen Mann liebe, ist mir Sex ziemlich wichtig – er steigert mein allgemeines Wohlbefinden"
- „Noch nie war es so schön wie mit meinem Freund; auch hier bin ich süchtig nach ihm. Sex ist mir wichtig. Aber nur Sex erfüllt mich nicht richtig"

Diese Äußerungen bedürfen keines Kommentars, nur zweier Anmerkungen. Zum einen tanzen wieder die über 40jährigen nicht im Reigen der typischen Geliebten mit. Ob nun aus Torschlußpanik, Nachholbedarf und schlechter Erfahrung oder aus (neu entdeckter) Lust auf sexuelle Befriedigung – sie gründen zumeist ihre Beziehung auf körperlicher Basis. Wörtlich gibt eine Geliebte dieser Gruppe an:

„Der Sex ist für mich ziemlich bis sehr wichtig. Wenn es beim Sex nicht stimmt, beginnt bei mir erst gar keine Beziehung. Das ist der Aufhänger. Wenn mir der Sex mit meinem Freund nicht mehr wichtig ist, glaube ich, daß er mir auch nach und nach unwichtig werden wird."

Zum Zweiten gibt es unter den Anderen sogar Frauen, die bis zu ihrer Begegnung mit dem verheirateten Mann körperliche Liebe eher als Pflichtübung in der Partnerschaft mit einem Mann empfanden oder sogar regelrechte „Sexmuffel" waren. Ein Beispiel dafür ist Juliane G., 43 Jahre alt. Juliane war gerade ein Jahr geschieden, als sie 36jährig in einem bedeutend älteren verheirateten Mann ihre große Liebe fand. Sie berichtet:

„In meiner Ehe war – empfand ich – Sex nie wichtig, aber hier wurde er wichtig und wertvoll. Bevor ich meinen Partner traf, war mir gar nicht bewußt, daß ich einen Körper hatte, der zu was anderem da war als zum Funktionieren. Erfahrungen, die andere Frauen mit 18 bis 20 machen, die machte ich Mitte 30 – auf der Höhe der Liebesfähigkeit. Das bewußte, intensive und reife Erleben dieser neuen Sexualität war für mich ein Naturereignis. Ich bin weder die geborene Geliebte, noch eine raffinierte Verführerin gewesen. Aber in dieser menschlichen Nähe und Wärme, in diesem Sich-zugetan-Fühlen, bekam die Sexualität für mich einen ganz neuen, anderen Stellenwert. Mir war vorher nie bewußt, daß es eine gegenseitige erotische Anziehung in diesen Dimensionen geben kann, und wenn ich mich selbst als kühl empfand, so mußte ich erkennen, daß da ein Vulkan in mir schlummerte."

Das erste Mal

Erotik – die sinnliche Liebe und körperliche Vereinigung – spielt zwar zumeist eine eminente Rolle in der außerehelichen Liebesbeziehung. Es gibt aber auf der anderen Seite hin und wieder sogar Fälle, in denen die Geliebte eine Freundschaft auf platonischer Basis vorzöge. Es muß nicht unbedingt auf sexuelles Desinteresse oder ein gestörtes Verhältnis zum eigenen Körper hindeuten, wenn eine Andere länger zögert, mit dem verheirateten Mann intim zu werden oder sich wünschte, die Sexualität aus der Verbindung ausklammern zu können. Die Abwehr- und Verweigerungshaltung einer solchen Frau widerspricht ihrem körperlichen Bedürfnis und ihrem emotionalen Verlangen, sie ist ein Akt der Vernunft.

Im Bewußtsein einer kaum geahnten, nie gespürten innig tiefen Zuneigung zum gebundenen Freund baut die sehr selbstbeherrschte Frau instinktiv einen Schutzschild vor sich auf. Unbewußt scheut sie es, alle Brücken hinter sich abzubrechen und sich dem Partner völlig hinzugeben. Was hinter diesem, zugestandenermaßen wenig verbreiteten Verhalten steht, ist die konkrete Furcht oder die unbewußte Angst der Frau, sich in einer vollkommen(en) aussichtslosen Liebe zu verlieren. Hier dominiert demnach der Verstand, aber nicht die Moral über das Gefühl.

Aus den Schilderungen der modernen Geliebten geht zweifelsfrei hervor, daß ihr Freund bei ihnen ein hervorragender, zärtlicher Liebhaber ist. Mehr noch: Er ist darüberhinaus in der Regel ein Mann mit einer von Frauen (noch immer) hochgeschätzten, selten gewordenen Qualität: Er beherrscht die Kunst des Wartens. Beim Liebeswerben läßt er sich Zeit, macht ihr auch schon mal wie ein romantischer Galan den Hof und entwickelt nicht erst bei der körperlichen Liebe Fantasie. Der Schluß, der „neue" Liebhaber sei einfach ein Mann mit Charakter und Manieren, ist möglicherweise naiv und voreilig. Ein kritischer Seitenblick auf seine Lebenssituation wirft nämlich schnell ein paar Schatten auf den Mythos vom Seelenmann. Der typische moderne Liebhaber ist ein verantwortungsbewußter Mann in den besten Jahren – kein Schürzenjäger, so viel steht nach den übereinstimmenden Aussagen der anderen Frauen fest. Der Ehemann hat einen gesicherten sozialen und materiellen Hintergrund, ist also, wenn nicht gerade bestens, so doch wenigstens in aller Regel gut versorgt. Offenbar hatte er auch mehr oder weniger mit dem „Kapitel Liebe" abgeschlossen – bevor sie ihm über den Weg lief.

Es ist eine gewisse Lebensreife, die Rückendeckung familiärer und existentieller Art, die den werbenden Ehemann vom rast- und ruhelosen Junggesellen unterscheidet. Es mag Balsam auf die Wunden betrogener Ehefrauen sein, wenn ein Sexualwissenschaftler aufgrund seiner Untersuchungen behauptet: „In den langen Ehejahren hat die Sexualität mit der eigenen Frau für diese Männer an Reiz verloren – und nun suchen sie aufregende sexuelle Erlebnisse bei der Geliebten" oder „Es ist meist nicht Liebe, die solche Männer von der Geliebten wollen, sondern wirklich nur Sex*." Frauen, die als Geliebte leben, sehen das anders. Ihrer Meinung nach läuft sein Leben wohl in eingefahrenen Bahnen. Aber er befindet sich nicht in einer Zwangslage, vom „sexuellen Notstand" ganz zu schweigen. Da die Faszination einer neuen, für ihn ganz frischen Frau einen starken Reiz ausübt, ihn als längst Etablierten aber nichts außer Neugier und Lust drängt, kann er die Zeit für sich arbeiten lassen.

Entgegen allen Klischeevorstellungen beweist mancher Liebhaber in spe sogar bei der Eroberung eine „Engelsgeduld" in Sachen Sex. Und sein Warten lohnt sich fast immer, denn zeigt er sich verständnisvoll und einfühlsam, nimmt er die Frau für sich ein und kann sich ein um so erfüllteres sexuelles Beisammensein erhoffen: Auf nichts reagiert die selbst-bewußte Frauengeneration des ausgehenden 20. Jahrhunderts allergischer als auf „Chauvis" und

---

* Dieter Abholte zitiert Dr. Werner Habermehl in QUICK Nr. 34/85, Serie „Ich liebe einen verheirateten Mann", S. 66

„Machos", die in Frauen – wie Marcel Proust spöttelte – „austauschbare Instrumente für ein stets identisches Vergnügen" sehen. Es entspringt wohl eher dem Wunschdenken abgewiesener Männer als daß es den Tatsachen entspricht, wenn pauschal behauptet wird, die außereheliche Liebe beginne stets mit einer heißen Nacht im Bett. Nicht, daß ausgerechnet Geliebte die Verfechterinnen einer neuen Keuschheit wären. Aber wie schnell es „ab ins Bett" geht, ist keine Frage der Legalität oder Illegalität einer Beziehung, sondern allein eine des Temperaments, des soziologischen Hintergrunds und der Bereitschaft der Partner. Hierin unterscheiden sich „Verhältnisse" nicht im mindesten von „normalen" Beziehungen, in denen die Befriedigung des Geschlechtstriebes moralisch unbedenklich oder gar sozial-ökonomisch von Nutzen ist. Solche und solche Vorgeschichten gibt es – mal verläuft die Liebe stürmisch, mal rollt sie langsam an, aber dann ... Ein paar Beispiele sollen verdeutlichen, wie das in der Praxis mit dem bewußten „ersten Mal" aussieht.

– „Wir verbrachten ganze Nächte miteinander in großer Vertrautheit, ohne daß etwas ‚passierte'. Während des ersten halben Jahres unserer Beziehung verzichteten wir auf das sogenannte „Letzte", obwohl Zärtlichkeiten einen großen Stellenwert in unserer Beziehung hatten/haben. Es war Rücksichtnahme, die uns so handeln ließ. Und dann geschah es doch ..."
– „Ich kannte ihn ganz flüchtig und es ergab sich zufällig, daß ich gebeten wurde, ihn zur Skifreizeit im Auto mitzunehmen, weil er selbst keines hatte. Schon auf der Fahrt verstanden wir uns sehr gut. In den vier Tagen, die wir zusammen dort waren, haben wir herrliche Stunden verbracht. Zärtlichkeiten ergaben sich wie von selbst und wir schliefen auch miteinander, (bei mir eine große Seltenheit, daß ich mit einem Mann so spontan zärtlich sein kann)."
– „Wir kannten uns ein Jahr und konnten uns toll unterhalten. Bis er mir an meinem Geburtstag anbot, mich heimzufahren. Er kam dann noch mit zu mir hoch; es wurde ein schöner Abend, allerdings, ohne daß wir miteinander geschlafen hätten. Erst fünf Wochen später, nach einem phantastischen Essen, schliefen wir das erste Mal miteinander. Es war sehr schön und ich war total überrascht, daß ein harter Geschäftsmann so ein phantasievoller Liebhaber sein kann."

- „Er war mein erster Freund überhaupt, ich hatte vor dem ‚ersten Mal‘ unheimlich Angst. Er hat mich ganz behutsam herangeführt, hat sich sehr viel Zeit gelassen, erst nach einem Vierteljahr geschah es."
- „Er gefiel mir gleich, groß, grauhaarig, väterlicher Typ. Wir gingen am ersten Abend gleich ins Bett, es war himmlisch. Ich muß dazusagen, ich bin bisexuell veranlagt. Die sexuelle Beziehung zu einer Frau ist was anderes, aufregend und spannend, aber würde meinen unbefriedigten Zustand keinesfalls befriedigen. Ich beobachte, daß ich, wenn ich mit einer Frau zusammen bin, Sehnsucht nach meinem Freund habe. Also kann man sagen, daß die Beziehung zu Frauen vorwiegend sexueller Natur ist."
- „Bei uns entwickelte sich aus gelegentlichen Unterhaltungen in einer Kneipe, oder wenn ich in seinem Büro vorbeikam, eine oberflächliche Freundschaft. Er erkundigte sich immer nach meinen ‚Männergeschichten‘ und dem Studium und erzählte mir von seinem Kind und seiner Arbeit. Bis zum Sommer letzten Jahres! Auf einem Fest kamen wir uns näher. Ich war an diesem Abend so in ihn verliebt, als wäre es immer schon dagewesen. Das Merkwürdige an der ganzen Sache war etwas, was sich durch die ganze Beziehung, bis heute, zog: die Natürlichkeit und Selbstverständlichkeit. Es kam mir so selbstverständlich und fast vertraut vor, von ihm geküßt zu werden, als wären wir seit Jahren befreundet. Vom ersten Augenblick an war zwischen uns eine Offenheit und Vertrautheit, wie ich sie noch nie erlebt habe. Das Gefühl, sich öffnen zu können, ohne die Gefahr, verletzt zu werden. Diese Vertrautheit betraf/betrifft aber nicht nur die Art, miteinander zu sprechen, sondern findet sich genauso im sexuellen Bereich. Als wir drei Tage nach dem Fest das erste Mal miteinander schliefen, war es so natürlich – ohne eine Sekunde der Unsicherheit, der Scham, der Fremdheit – einfach ein enormes sich Wohl-, Sicher- und Geborgenfühlen."
- „Anfangs war ich wenig an ihm interessiert. Doch er ließ nicht locker, konnte sehr charmant und unterhaltend sein. Er gab mir das Gefühl, das Wichtigste überhaupt für ihn zu sein. Nach einigen Monaten des Drängens hat er es dann tatsächlich erreicht – ich war verliebt in ihn und alles andere ergab sich ganz natürlich und automatisch."

Liebe und Sex

Egal, ob nun der verheiratete Mann bei seiner heimlichen Freundin schon nach fünf Stunden oder erst nach einem halben Jahr am Ziel seiner (körperlichen) Wünsche ist – aus allen Schilderungen der langjährigen Geliebten geht eines überdeutlich hervor: am Anfang, nicht selten auch im weiteren Verlauf der intimen Freundschaft spielen Momente wie Vertrautheit, wechselseitiges Verständnis, Offenheit, Geborgenheits- und Zugehörigkeitsgefühle eine wesentliche Rolle. Was Andere berichten, die noch mitten in ihrer Beziehung zum verheirateten Mann stecken, macht glauben, in der Vielzahl aller Fälle sei eine Art Seelenverwandtschaft eine jener fundamentalen Ebenen, auf denen sich die außereheliche Liebe entwickelt und abspielt. Dies mag zum Teil erklären, warum außereheliche Liebesverhältnisse so dauerhaft sind – denn dies sind sie ja tatsächlich, auch wenn Illustrierte ihre verheiratete weibliche Leserschaft beruhigen können, langjährige außereheliche Verhältnisse seien eher Ausnahmen.

Die meisten der modernen Geliebten mögen Sex mit ihrem Partner. Sie sind ihm jedoch nicht sexuell *hörig* – sie sind körperlich *erlebnisfähig*. Ginge es ihnen um die Lust und Triebbefriedigung allein, würden sie sich vermutlich sehr bald wieder vom verheirateten Freund lösen. Daß ihre Liebe nicht am dünnen Seidenfädchen „Sex" hängt, sondern sie sich vielmehr durch kräftige Stahlseile mit dem Freund verbunden fühlen, ist ja gerade ihr Problem. Besonders unterschwellig rollenverunsicherte Frauen sprechen instinktiv auf die geistig-seelische Zuwendung des Freundes an, fühlen sie sich doch dadurch als ganzer Mensch akzeptiert und vollwertig. Die Art, wie der Liebhaber mit ihnen als Frau umgeht, wie er sich offenbar auch für die intellektuelle Seite ihrer Persönlichkeit interessiert, stärkt ihr Selbst-Bewußtsein. Es dämpft ein meist unerkanntes, tiefsitzendes Minderwertigkeitsgefühl, das unter anderem aus der Zerrissenheit zwischen Frauenanspruch und weiblichem Empfinden resultiert.

Die Enttabuisierung des Themas Sex hat längst nicht nur positive Effekte gezeitigt. Dafür gibt es zahlreiche Anhaltspunkte. Früher haben Frauen nicht über sexuelle Lustlosigkeit gesprochen, sie waren dem Mann gefügig. Heute treibt der Perfektionsanspruch und die Angst, zur sexuellen Niete abgestempelt zu werden, manche Frau mit schwachem Selbstwertgefühl in die Rolle einer Schauspielerin im Bett – auch etliche Andere passen sich an. Und gar nicht wenige Frauen, insbesondere Ehefrauen, empfinden Geschlechtsverkehr hauptsächlich als lästige Pflicht. Die sexuelle Freizügigkeit hat auch Negatives bewirkt. Sex wurde aus der Liebe herausgelöst und „zerredet". Der Akt der körperlichen Vereinigung hat unter diesen Vorzeichen große Teile seiner sinnlich-erotischen Qualität eingebüßt.

Die „vorbildliche" Körperharmonie, von der viele, wohlgemerkt, nicht alle Geliebten schwärmen, ist kein Zufall. Vielmehr führte das Gefühl einer allumfassenden Intimität zu dem so natürlichen, entspannten und befriedigenden Geschlechtsleben. Dabei ist es unerheblich, ob die Geliebte im Glauben an die Ganzheitlichkeit ihrer Liebe nur einer Illusion und Täuschung erlegen ist, oder ob das Empfinden einer Einheit von Seele, Geist und Körper mit ihrem Partner der Realität entspricht. Entscheidend ist: zumindest aus der Perspektive der Anderen ist die sexuelle Harmonie die *Folge,* nicht die *Wurzel* der intensiven Verbundenheit. Weil sie dies im allgemeinen so empfinden, reagieren die Schattenfrauen allergisch auf anderslautende Pauschalurteile über die Rolle der Sexualität in der außerehelichen Liebe.

– ich gab das stichwort
    unbewußt
die richtige antwort von dir
    spontan
    kam nicht
das plätschern deiner gewichtigen worte
    vorbei an meinen ohren
trägt als echo die erkenntnis zurück
    welche heuchelei
in deiner „LIEBE" steckt –

(Brigitte Bohnhorst)

Die „Vertrauens"-Basis

Es ist bezeichnend und aufschlußreich zugleich, wie häufig sich die Anderen eines hübschen, aus der Mode gekommenen Sprachbildes bedienen:

Sie sagen, ihre Liebe ließe ihnen „Flügel wachsen". Phasenweise festigt sie dieses Verbundenheitsgefühl im Alltags-, und mehr noch, im Berufsleben. Trotz oder wegen aller Entbehrungen und Defizite nimmt die Existenz der illegalen Beziehung entscheidend Einfluß auf die Entwicklung ihrer Persönlichkeit. Dem ausgebuchten Ehemann kommt solches nur gelegen: Engagiert sich die Freundin auf beruflicher Ebene, macht sie „Karriere", und sei's nur, um ihm zu imponieren, ist sie beschäftigt und wartet schon nicht. Das entlastet ihn und verschleiert, wie wenig Zeit er doch für sie übrig hat.

Einerseits fühlen sich die meisten Anderen durch die Beziehung eingeengt – nämlich im Privatbereich. Andererseits gibt es kaum eine, die nicht betonen würde, alles was sie im Beruf erreicht hat, ihre Entfaltung und die Reifung ihrer Persönlichkeit, verdanke sie ihm und seinem ermutigendem Einfluß. Nicht selten dürften es vergangene, vorrangig negative Erfahrungen sein, die Geliebte so empfänglich für den Mann einer anderen machen. Er ist es schließlich, der ihr – endlich! – das Gefühl vermittelte, Mensch, nicht nur Körper und Selbstbedienungsladen für den Mann und seinen Trieb zu sein.

Die Anderen fühlen sich auf allen Ebenen dem Partner nahe und verwandt, bei ihm werden sie, wie sie meinen, als ganzer, ebenbürtiger, gleichrangiger Mensch erhört. Die innige Zuneigung, die am Anfang jeder Beziehung steht und sich oft unbemerkt und schleichend in einseitige Abhängigkeit verwandelt, beruht also zu großen Teilen auf seelisch-geistiger Vertrautheit. Doch weniger eine ungewöhnliche Sensibilität als äußere Gegebenheiten lassen den verheirateten Mann bei seiner Geliebten so einfühlsam werden. Nahe liegt, daß der Ehemann bei der Freundin in seelischer Münze zahlt, denn er kann ihr ja nicht materielle Vorteile noch gesellschaftliche Annehmlichkeiten bieten, ganz zu schweigen von der Beeinträchtigung der Freundschaft durch seine knappbemessene Zeit.

Grundsätzlich scheint es zwei konträre Männertypen zu geben: den „Verschwiegenen", der seine Freundin mit den häuslichen Problemen nicht „belasten" will, und den vom Typ „Seelchen", der aus seinem Herzen keine Mördergrube macht, sondern sein Innerstes bereitwillig nach außen stülpt. Als Einfühlsamkeit lassen sich beide Verhaltensschemata interpretieren. Zuhause mag Er vielleicht ein liebender Vater, vielleicht auch ein ausgewachsener „Chauvi" und Gesprächsmuffel sein. Bei der Freundin ist alles ganz anders, da ist nicht Alltag. Offenbar hat gerade der verheiratete Mann, ob nun „Verschwiegener" oder „Seelchen"-Typ, ein wahrhaft beachtenswertes Einstiegskapital zu bieten, das manch Unbill aufzuwiegen scheint: Sensibilität und seelische Intimität.

Wenn sich auch hier nichts verallgemeinern läßt, wirkt es doch öfters so, als ob sich die Anderen bei der Beurteilung ihres Geliebten bisweilen bessere Charaktereigenschaften und mehr Qualitäten einbilden oder einreden, als tatsächlich vorhanden sind. Aus der Perspektive des Beobachters stellt sich einiges anders dar als aus der subjektiv-verklärten Sicht der Geliebten. Beispielsweise mißbrauchen da einzelne – nicht alle – Ehemänner ganz offenkundig ihre heimliche Liebe als „seelischen Müllschlucker". Es grenzt schon an Schizophrenie, wenn sich die betroffenen Frauen dann noch durch sein „Vertrauen" geehrt fühlen und um so enger an ihn, den geknechteten, verkannten Mann heranwachsen.

Es gibt zwar vereinzelt Reibungspunkte und unergiebige Gespräche in der außerehelichen Beziehung, hauptsächlich dann, wenn die Andere es wagt, das heikle Thema Scheidung anzuschneiden. Im Großen und Ganzen ist es jedoch der subjektive Eindruck der „grenzenlosen Harmonie", der sich einem roten Faden gleich durch die unrechtmäßige Verbindung zieht. Wenige Frauen nur werden der illusionistischen, irrealen Qualität ihrer Liebe gewahr, solange sie andauert. Kaum eine ahnt, daß die *grenzenlose Harmonie* zumeist auf der *unbegrenzten Assimilation* der Zweitfrau beruht. Im Wust der Gefühle, im Strudel der Zerrissenheit, werden Ahnungen um die wahre Beschaffenheit der vollkommenen Übereinstimmung durch Ängste und Hoffnungen überlagert und überdeckt.

Während die Liebe „akut" ist, mangelt es der Geliebten an Objektivität – sie kann oder will nicht glauben, daß ihre „große

Liebe" vielleicht nur ein Luftschloß ist. Dies aber ist mehr als wahrscheinlich, wenn es zutrifft, daß maximal einer von zehn Ehemännern zugunsten der Geliebten seiner Familie den Rücken kehrt. Die für die Schattenfrau geradezu ermutigende „Erfolgsquote" von immerhin zehn Prozent erscheint bei genauerer Analyse allerdings in einem etwas veränderten Licht. In der Mehrzahl der Fälle nabeln sich Ehemänner nur vorübergehend von ihrer Frau/Familie ab und kehren reumütig nach durchschnittlich zwei bis drei Monaten in den Schoß der Familie zurück. Dies ist ein klares Indiz, das zum einen für die starke Verwurzelung des Mannes in seiner legalen Welt spricht. Zum anderen verdichten solche Beobachtungen den Verdacht der großen Illusion. Der Geliebten fehlt die nötige Distanz, um unbefangen über den wahren Grad der Harmonie urteilen zu können – sie will sich die Wahrheit möglicherweise auch nicht eingestehen. Endet ihre heimliche Liebe ohne die große Erfüllung, folgt jedoch bald die Ernüchterung auf dem Fuß.

Die schwere und desillusionierende Aufarbeitungsphase verführt manche Geliebte zu einer emotionalen, oft unfairen Bilanz. So klagt auch Klara P., 32 Jahre alt, nach einem Geliebten-Intermezzo von sechsjähriger Dauer, voll Verbitterung an:

„Ein Verhältnis hat der Kerl, um seinen Spaß zu haben, es ist doch immer das gleiche. ‚Probleme kann ich auch zuhause haben' sagt der gnädige Herr, ‚bei Dir will ich mich entspannen'."

Im einen oder anderen Fall mögen diese Vorwürfe freilich zutreffen, doch eines wird hier wohl außer acht gelassen: daß die Zweitfrau meist freiwillig in ihre Rolle geschlüpft, manchmal auch recht naiv hineingeschlittert war. Fast nie verheimlichte der Ehemann seinen Familienstand oder versprach ihr die Scheidung sofort in die Hand. Er selbst war oft derjenige, der anfangs – ernsthaft, aus hehren Motiven oder um später ein Alibi zu haben – die Entstehung einer tiefergehenden Beziehung zu verhindern gesucht hatte.

Und noch einen wesentlichen Aspekt vergessen Ex-Geliebte gern, die sich am Ende betrogen und verschaukelt fühlen. Es ist ja nicht nur die reine, wahre, uneigennützige Liebe, nicht nur Seelen- und Körperharmonie, die verbindet. Auf beiden Seiten gibt es durchaus auch egoistische Motive, die außereheliche Beziehungen attraktiv machen. Liebe im Schatten hat eine Reihe positiver Seiten und Effekte. Ohne daß sich die Beteiligten dessen bis ins letzte bewußt werden, profitieren sie in vielerlei Hinsicht erheblich voneinander. Das Leben in der abgeschotteten Scheinwelt bietet viele Vorteile. Denn das Paradies der gestohlenen Stunden stellt eine Art Schonraum dar. Unter Ausschluß der Öffentlichkeit, befreit von Normen, Konventionen, Rollenerwartungen und Leistungsverpflichtungen, können die Verliebten ihren Gefühlen, Fantasien, heimlichen Wünschen freien Lauf lassen. Sie können sich im Zusammensein ohne Rücksicht auf Dritte gehen lassen: Für ihn heißt das, jene Felder, die in der Ehe unbesetzt geblieben sind, auszufüllen; alle Bürden der Verantwortung vergessen, sich frei und befreit fühlen zu können. Für seine Geliebte bedeutet es eine Entfaltung ohne Einengung (zumindest während der trauten Zweisamkeit), die weibliche Hälfte ausleben zu können, ohne Verantwortung tragen zu müssen.

– wir reden
über
autotüren
hundefutter
haareschneiden
wollpullover
semestergebühren
ampelphasen
blutdruck
antiquitäten
die sommerzeit
die bekömmlichkeit des kaffees

banal

und eingetaucht in die leicht
summende melodie
der gewißheit
jetzt zu leben –

(Christel Becker-Kolle)

Die Zuckergußfreundschaft

Verhältnisse, so unbequem sie auch nach außen hin sein mögen, bergen zahlreiche positive Aspekte für Bequeme in sich. Aus dem Umstand, nicht mit Billigung und Wohlwollen rechnen zu können, eher hingegen auf Anfeindungen und Unverständnis bei den Mitmenschen zu stoßen, resultieren Verbindungen mit ausgeprägtem Verschwörungscharakter. Der permanente Zeitdruck tut das Seine, daß sich die Geliebte und ihr Freund als Verbündete erleben. Da ihre Welt nicht die Seine und seine Welt nicht die Ihre ist, gibt es in der geteilten Welt viele Gespräche, die um diese himmlische, einzigartige Liebe kreisen. Sie ist ein intakter, heiler Zufluchtsort, diese kleine, aus den Angeln der Realität gehobene Welt.

Das Kunstklima der Heimlichkeit, die Illusion der umfassenden Harmonie und der Reiz des Verbotenen färben die Idee einer solchen Freundschaft rosarot ein. So gedeiht eine ,,Zuckerguß-freundschaft", die unbelastet von äußeren Zwängen ist, die keine sexuellen Tabus kennt und in der zwei Menschen enthemmt und frei miteinander umgehen können. Wie im Weltraum die Schwerkraft aufgehoben ist, schweben viele heimliche Paare in ihrer Luftblase der Irrationalität.

Wie sich allmählich herauskristallisiert, ist die Vertrauensbasis in der außerehelichen Beziehung manchmal einer schiefen Ebene nicht unähnlich. Vielfach sind genau die Themen tabu, die eine Andere tief im Innersten bewegen und die heile Welt des illegalen Paares zerstören könnten. Vorrangig zählen dazu die Themenbereiche Trennung von der Familie, Scheidung, gemeinsame Zukunft. Obwohl Fragen dieser Art Zünd- und Konfliktstoff liefern, flicht das Gros der Anderen sie wieder und wieder sorgfältig portioniert, doch bohrend in die Konversation ein. Dennoch, früher oder später müssen die meisten erkennen, wie wenig es nützt, ihn zu bedrängen. Er sitzt eben einfach ,,am längeren Hebel". Reagiert seine Freundin denn doch einmal ,,aufmüpfig", passiert es nicht selten, daß der seiner Sache (der Geliebten) so sichere Hahn im Korb zurücktrotzt, ,,brauchst dir ja nur einen Mann suchen, der mehr Zeit hat für dich". Daß die Freundin sich eher demütigen läßt, als seiner ,,Empfehlung" zu folgen, davon ist der begehrte Mann felsenfest überzeugt.

Alle Schüsse, die Andere abfeuern, gehen letztlich nach hinten los. Denn den in die Enge getriebenen Mann kann niemand und nichts hindern, sich dünne zu machen. Anders als die *Ange*traute hat die *Ver*traute keine legitimierten „Besitz"ansprüche. Ihre Macht ist die Magie der Einfühlsamkeit. Braucht er seine Freiheit – zu der auch die Andere selbst gehört – dann wird sie ihm nicht die Flügel stutzen. Ein wahres Paradoxon: Um ihn an sich zu binden, gewährt sie ihm (Narren-)Freiheit. Zwar spürt sie instinktiv ihren großen Bonus als Ergänzungs- und Alternativfrau, doch die Angst, verlassen zu werden und allein zu bleiben, ist stärker. Die Geliebte muß den Ehemann mit der Kraft ihrer Liebe – mit Aufopferung und Anspruchslosigkeit – halten. Wenn auch ihr einziges Recht, das auf Liebe, ein sehr zweifelhaftes ist, hofft sie doch auf dessen Erfüllung. Denn, so die 38jährige Masseuse Jutta P.:

„. . . das wohltuende Gefühl, nicht abgelehnt zu werden, ist stärker als Wut und Frust. Wie eine Medizin, bei der man die Nebenwirkungen in Kauf nimmt, weil sie hilft."

Da jede Sanktion, die die Nebenfrau verhängt, sich am stärksten gegen sie selber richtet, bleibt ihr eigentlich keine andere Wahl, als sich *mit* ihm *gegen* den Rest der Welt zu verbünden, ihre ihn betreffenden Bedürfnisse und Wünsche in den Hintergrund zu rücken, statt zu opponieren und einzuklagen, was ihr rechtlich nicht zusteht. Jede „Waffe", die sie gegen ihn einsetzt, verletzt die Andere selbst. Verweigert sie sich ihm sexuell, bleibt sie unbefriedigt. Stellt sie sich tot oder sperrt sie ihn aus, ist sie diejenige, die allein zurückbleibt. Droht sie ihm, die Ehefrau einzuweihen, zieht sie in aller Regel den kürzeren. Soweit sich dies durch Umfragen ermitteln läßt, triumphiert nur in einem von zehn Fällen am Ende die Geliebte über die Ehefrau (und avanciert dann nicht selten als seine nächste Gattin zur betrogenen Ehefrau).

So deprimierend es ist, beweist die Realität den ewig Geliebten doch immer wieder: Die Bande der Liebe sind zart, viel zu zart, um gegen die Bande gemeinsamer Kinder, geteilter Vergangenheit, gegen emotionale, moralische und finanzielle Zerreißproben bestehen zu können. An etwas Entscheidendem mangelt es nämlich nahezu allen heimlichen Verhältnissen: am alltäglichen Miteinander, am gemeinsamen Leben. Erleben und Erfahren des Geschehens, das zwei Menschen umgibt. Es gibt nicht die „idealen" Partner, aber die idealen Grundlagen für eine stabile und bereichernde Partnerschaft zwischen Mann und Frau. Im Wesentlichen sind es fünf Säulen, auf denen eine gesunde Zweierbeziehung ruht:

- Vertrautheit und Empfindungstiefe (Zuneigung, Liebe)
- verbale und körperliche Verständigung
- Achtung, Ergänzung und Förderung des Anderen
- Eigenverantwortlichkeit der Partner (allein sein können)
- Gemeinsamkeit im täglichen Leben und Erleben (Alltagsteilung).

Die vermeintliche „große Liebe" außerhalb der Ehe ist nach dieser Definition also alles andere als eine perfekte Zweiergemeinschaft, da das wesentliche Element der gemeinsamen Alltagserfahrungen fehlt.

Wenn zwei Menschen sich gegen ihre Umgebung abkapseln, wenn ihre Welt nicht vom lebendigen Alltag tangiert und beeinflußt wird, bleibt die Bewährungsprobe aus. Die außereheliche Liebe ist ein verschwörerisches Bündnis *gegen* die Realität, ohne das belebende Moment der Auseinandersetzung des Paares mit der Gesellschaft und der Kultur ihrer Umgebung, *mit* der Wirklichkeit also. Wichtige Sphären und Felder bleiben unbesetzt, sind ausgeklammert oder tabu. Dadurch *muß* sowohl die persönliche als auch die Entwicklung der Partnerschaft stagnieren. Steril, unlebendig, illusionistisch und irreal ist die Qualität einer Beziehung, in der keine Probleme, nur die Interessen der beiden Partner Platz haben, die nicht nach außen offen ist und in der nur Fragen, die die kleine Welt der Zwei betreffen, von Bedeutung sind.

Stürzt bei einer Idealpartnerschaft eine der fünf „Säulen" ein, gerät das System außer Kontrolle. Die Partnerschaft beginnt in sich zu kranken. Auf die Dreierkonstellation Ehefrau-Ehemann-Geliebte bezogen, meint dies: Der Ehemann vermißt in seiner Ehe einen oder mehrere Bereiche, sei es nun ein Gedankenaustausch unter Gleichgesinnten, die sexuelle Erfüllung oder seelische Streicheleinheiten.

Diesen Aspekt hat eine 43jährige Frau, die seit sieben Jahren mit einem verheirateten Mann befreundet ist, in einem Leserbrief zu einer Serie über das Wesen der heutigen Geliebten formuliert:

„Den ängstlichen Ehefrauen möchte ich sagen, daß es eine Art Nebenfrau geben kann, die der Familie und der Ehefrau nichts nimmt, sondern bereichernd sein kann, weil sie beim Mann eine Lücke zu schließen vermag und geben kann, was er in der Ehe vermißt (nicht nur Sex!)*."

* Auszug aus einem Leserbrief auf die BILD & FUNK-Serie „Geliebte contra Ehefrau", abgedruckt in BILD & FUNK Nr. 44/Oktober '85

VI
Die UngeLIEBte: Die Andere
im inneren Widerstreit

– der weite mantel meiner wärme
umhüllt dich – bereit
dir zum schutz

liebend reiche ich ihn dir
nur – laß mich nicht erfrieren –

(Brigitte Bohnhorst)

Vom Traum(a) zur Abhängigkeit

In der Geliebten hat der unzufriedene und unbefriedigte Ehemann
demnach eine Frau gefunden, die jene Bereiche aus- und auffüllen
kann, die in seiner Ehe defizitär sind. Wenn die Freundschaft noch
jung und frisch ist, beruht dieser Aspekt durchaus auf Gegenseitig-
keit. Denn Ähnliches läßt sich auch bei der typischen Anderen
beobachten. Zum Zeitpunkt, da sie ihren Freund kennenlernte,
steckte sie entweder in einer seelischen oder einer Lebenskrise,
fühlte sich emotional unausgefüllt, vernachlässigt, von den „typischen Männern" in ihren Bedürfnissen mißverstanden und enttäuscht. Dafür gibt es zahlreiche Beispiele. Roswitha J., 45 Jahre alt
und seit drei Jahren geschieden, bezeugt das gern. Sie lebte in dem
Wahn, als Frau und Mensch eine absolute Null zu sein – bis ihr ein
etwas jüngerer verheirateter Mann das Gegenteil bewies.

Zwei Jahre hatte die heimliche Liebesbeziehung gedauert, als
Roswitha J. bilanzierte:

„Als ich ihn kennenlernte, steckte ich in einer tiefen Krise. 21 Jahre Ehe
kann man nicht so einfach über Bord werfen, das war mein halbes Leben.
Seelisch war ich auf dem Hund. In meiner Ehe hatte ich versagt; war keine
richtige Frau, frigide, orgasmusunfähig. Ich bin sicher, mein Unterleibs-
krebs war die letzte Verweigerung. Durch meine Erziehung hatte ich
Scham vor körperlichen Gefühlen, Angst vor Sex. Der Krebs war wie eine

Entschuldigung: jetzt kann ich nicht mehr! Für viele ist es wohl nicht vorstellbar, dieses heimliche Gefühl, als Frau auf allen Ebenen versagt zu haben, ganz besonders auch körperlich. Und dann kam er und alles war anders, nachdem mir die Frauenärzte schon gesagt hatten, ,Sie sind jetzt alt'. Es war so ungeheuerlich, als Frau von Anfang 40 zu erfahren: nein, es lag nicht an Deinen Fehlern, Deiner Unzulänglichkeit, Deiner Frigidität, Deinem Nicht-Frau-Sein. Da ist einer, der Dich annimmt, mit all Deinen Fehlern und du merkst, daß du wer bist, daß Sex unheimlich schön und wichtig sein kann ..."

Ein weiterer Fall ist der von Elisabeth M., 34 Jahre alt und eigentlich keine der „typischen" Geliebten, die hier beschrieben werden. Sie war nämlich – unglücklich – verheiratet, als sie ihrem ebenfalls gebundenen, späteren Freund begegnete. Doch ihre Erfahrung deckt sich völlig mit denen vieler lediger Frauen, die einen verheirateten Mann lieben. Als Argument für die Freundschaft führen sie alle unter anderem die Momente der gegenseitigen Ergänzung und Verständigung ins Feld, wie Elisabeth, wenn sie schildert:

„... wir merkten bald, daß da etwas war, das uns beiden in der Ehe fehlte. Wir hatten identische Probleme. Man redete und redete und erkannte, da war einfach jemand, mit dem man sich unterhalten konnte. Jemand hörte mir zu und nahm mich sehr ernst – es war ein völlig neues Gefühl für mich (uns). Ich fühlte mich total verändert. Ich war endlich wieder jemand. Ich war als Person für einen Mann wichtig geworden. Ich entdeckte auch körperliche Empfindungen an mir, die ich zehn Jahre nicht mehr so erlebt hatte. Ich konnte wieder fühlen und die Gefühle des Partners auch spüren."

Auch das dritte Beispiel zeigt, wie empfänglich bestimmte Frauentypen in Lebenskrisen für Männer sind, die ihnen gleichzeitig Nähe und Distanz, körperliche und seelische Sensibilität bieten. Es ist der Fall der 23jährigen Studentin Carola M. Sie berichtet:

„Mit 15 fing ich an Tagebuch zu schreiben, was meiner Mutter sehr mißfiel – ich sollte keine Geheimnisse vor ihr haben. Mit 16 hörte ich langsam auf, zuhause zu sprechen und mich mit dem Gedanken an Selbstmord zu befassen. Ich litt unter panischen Ängsten. Ich war gerade 18 Jahre alt geworden, als ich zum ersten Mal mit einem Mann schlief – um nicht eine alte Jungfer zu werden. Es war so grauenvoll, daß ich es einfach nicht fassen konnte, was alle daran so schön fanden. Kurz darauf lernte ich einen verheirateten Mann, meinen späteren Freund, kennen. Ich wußte, auf was ich mich einließ, als er mich fragte, ob ich mit ihm ein paar Tage verreisen würde. Klar, wir würden im selben Bett landen. Wenn mir Sex dann noch immer so widerwärtig vorkommen sollte, würde ich's eben ganz sein lassen. Aber die Tage mit diesem Mann machten mich so glücklich wie noch nie zuvor in meinem Leben. Ich habe mich zum ersten Mal wie eine Frau gefühlt, er hat mich wie einen vollwertigen Menschen behandelt und mir ungeheuer viel Ruhe und Wärme gegeben. Wahrscheinlich hat er auch dazu beigetragen, daß ich inzwischen ein völlig unbeschwertes und problemfreies Verhältnis zur Sexualität habe."

Sehr häufig fand die Andere im verheirateten Freund jemanden, der ihr große Teile von dem bieten konnte, was sie vermißte: ein offenes Ohr, das Gefühl, begehrt und geliebt zu werden, Zärtlichkeiten, Streicheleinheiten für Leib und Seele oder/und sexuelle Befriedigung.

Nüchtern gesehen steckt scheinbar hinter der Mehrzahl der Verhältnisse nur der *Glaube* an die wahre Liebe, nicht die wahre Liebe selbst. Außereheliche Beziehungen sind alles andere als ideale Partnerschaften. Ihrem Erscheinungsbild nach muten sie insbesondere im Anfangsstadium häufig wie banale Zweckgemeinschaften zur wechselseitigen Begleichung individueller Defizite an. Wohlgemerkt entspringt der evidente Nutzeffekt solcher Verbindungen nicht einer Intention. Die Partner haben sich unbewußt, nicht gezielt, gesucht und gefunden. Durch die subjektiven Schilderungen von zahlreichen Geliebten entsteht der Eindruck, daß wohl unter/an der Bewußtseinsschwelle hauptsächlich zwei Faktoren magnetisierend gewirkt haben: das Gefühl der wesensmäßigen *Zusammengehörigkeit* und die möglicherweise unerkannten analogen *Mangelerscheinungen* emotionaler, geistiger und/oder physischer Art.

Am Anfang war offenbar in den meisten Fällen das Verhältnis zwischen *Geben und Nehmen* ausgewogen oder sogar zugunsten der Geliebten verschoben. Die Erfahrung zeigt, daß sich die Bedürfnislagen der Partner divergierend entwickeln. Meist gibt die Frau ihre individuelle Identität auf, konzentriert sich auf den Mann und möchte mit ihm „verschmelzen". Dadurch wird sie zum Selbstbedienungsladen für den Partner, dem zum einen durch seine Ehe eine derartige Fusion nicht möglich ist, der sie zum anderen vermutlich auch nicht anstrebt. Enge und Verantwortungspflicht hat er schon zuhause. Vor diesem Hintergrund liegt es nahe, daß der Geliebte – ohne böse Absicht oder aufgrund seines männlichen Selbstverständnisses – mit der Zeit zum Pascha wird.

Je länger eine heimliche Liebe währt, desto mehr bleibt die Andere auf der Strecke – besonders emotional. In dem Maße, wie sich ein illegales Verhältnis institutionalisiert, gerät die Geliebte in eine Abhängigkeitssituation. Dabei ist es nicht die Dankbarkeit dem Partner gegenüber, die bewirkt, das hier das Gegenteil aller ursprünglichen Erwartungen eintritt, nämlich Unausgewogenheit statt Gleichgewicht, Einseitigkeit statt Ergänzung, Stagnation statt Entwicklung.

Die 45jährige Roswitha J. ist nur eine der zahllosen Frauen, denen die ,,Sache'' über den Kopf gewachsen ist. Sie ist *zwangsläufig* – man könnte auch sagen *situationsbedingt* – vom verheirateten Freund emotional abhängig geworden. Interessant ist, was sie über ihre Ausgangslage berichtet:

,,Nach der Ehe hatte ich wirklich eine panische Angst, mich wieder auf etwas einzulassen; ich mußte da wohl zwangsläufig auf jemanden stoßen, bei dem von vornherein die Grenzen vorgegeben und abgesteckt waren. Ich hab' keinen Mann *gesucht,* nein, ganz gewiß nicht. Ich war halt einfach nicht bereit, so voll in eine Beziehung einzusteigen, ich war ja überhaupt noch nicht bindungsfähig. Aber diese emotionale Wärme von ihm, die hat mich einfach überwältigt.''

Die Wurzeln der Abhängigkeit

Fest steht: die meisten Geliebten haben ihren verheirateten Freund zwar in einer kritischen oder traumatischen Lebensepoche kennen- und schätzen gelernt. Aber: das hat sie nicht von ihm abhängig gemacht. Wenn Frauen vom Mann abhängig werden, müssen eine Vielzahl von Faktoren zusammenkommen.

Die Information ,,du sollst abhängig werden'' ist nicht in den Chromosomen des Menschen, auch nicht des ,,Weibes'', gespeichert. Abhängigkeit ist kein Erbgut, Abhängigkeit wird anerzogen. Verstandesmäßig haben sich die modernen Geliebten zwar als

144

Halbemanzipierte über das klischeehafte Frauenbild des zerbrechlichen, anlehnungsbedürftigen, schutzsuchenden Weibchens hinweggesetzt. Aber das *emotionale* Erbe ihrer Mütter und Großmütter lebt in ihnen fort. Frauen sind tatsächlich schutz- und anlehnungsbedürftiger als Männer. Jedoch nicht etwa naturgegeben oder instinktiv; man(n) hat ihnen diese „Bedürfnisse" anerzogen und eingeredet. Der Zweifel an den eigenen Fähigkeiten, an ihrer Kompetenz, an persönlicher Macht und Vermögen ist ihnen regelrecht ins Bewußtsein eingetrichtert worden.

Das Selbstbild der Frau, auch ihre spätere Abhängigkeit, steht in engem Zusammenhang mit der Erziehung. Und diese hat sich, so erschreckend das ist, offenbar nicht einmal unter dem Einfluß der Frauenbewegung wesentlich verändert. „Die Sozialisierung der Mädchen programmiert auch heute noch einen lähmenden Konflikt hinsichtlich der seelischen Unabhängigkeit, auf die Frauen nicht verzichten können, wenn es ihnen je gelingen soll, sich zu befreien und ihren Platz an der Sonne einzunehmen", schreibt Colette Dowling in ihrem Buch über den „Cinderella Komplex"*. Sie vertritt die These, daß „der tiefverwurzelte Wunsch, von anderen versorgt zu werden, die stärkste Kraft ist, die Frauen heute unterdrückt". Zum besseren Verständnis: Cinderella ist eine Symbolfigur, ein Mädchen, das unterdrückt wird, schmutzige Arbeit verrichtet und am Ende wie durch ein Wunder zu höchstem Glanz emporsteigt, weil ein Königssohn sein Herz für sie entdeckt.

Dieses Mädchen, das 1634 im „Pentamerone" des italienischen Dichters Giambattista Basile (1575-1632) erstmals als Märchenfigur auftaucht, heißt in der Märchenfassung des französischen Schriftstellers Charles Perrault (1628-1703) „Cinderella", in Grimms Märchen „Aschenbrödel". Colette Dowling vertritt die Ansicht, daß auch die Frauen unserer Tage wie „Cinderella" oder „Aschenbrödel" noch immer „auf ein äußeres Ereignis, das ihr Leben grundsätzlich verändert", warten. Die ewig wartenden Anderen sind danach musterhafte Cinderellas. Sie warten auf seinen Anruf, sie warten auf ihn, sie warten auf ein Wunder ...

Vielleicht hatten sie insgeheim schon immer auf ihn gewartet.

---

* Colette Dowling: Der Cinderella-Komplex, S. 29. Fischer Taschenbuch Verlag, Frankfurt, 1986

Und dann kam er, ausgerechnet verheiratet, und hat ihnen gezeigt, „du bist wer". Er hat ihnen bewiesen, sie können Frau sein und dennoch in ihrer Weiblichkeit autonom bleiben. Da jedoch viele Andere dieses Gefühl der selbstverständlichen Autonomie nie verinnerlicht hatten, mußten sie den Beweis unbewußt wieder und wieder vom Geliebten erbitten und spüren. Im Zusammenspiel mit der Illusion der „wahren Liebe", der Angst vor Vereinnahmung und der Befürchtung, verlassen zu werden, hat sich diese Sucht nach Zuwendung, Schutz und Bestätigung verselbständigt. Begünstigt wird diese Tendenz durch eine Reihe psychischer Faktoren und äußerer Umstände.

„Abhängigkeit verstärkt sich selbst", schreibt Colette Dowling, „am Ende befindet sich die abhängige Frau im Zustand echter Versklavung"*. Psychologen gehen davon aus, daß Menschen – nicht nur Frauen – tief in sich die Neigung zur Abhängigkeit als frühkindliche Erfahrung gespeichert haben. Die Wurzeln der Abhängigkeit reichen also in Ebenen zurück, die sich dem Bewußtsein entziehen. Was Abhängigsein bedeutet, hat das Baby und Kleinkind intuitiv erfahren. Abhängigkeit und Angst war eins: der Säugling mußte von der Mutter versorgt werden; er war auf sie angewiesen. Hilflos blieb er zurück, wenn sich die Mutter abwandte. Die Koppelung Schutzsuche-Abhängigkeit-Angst gehört zu den Urerfahrungen jedes Menschen. Insofern scheinen die Bestrebungen der aufgeklärten, emanzipierten Gesellschaft im Widerspruch zu den Urbedürfnissen des Individuums, respektive der Frau, zu stehen. In der oralen Phase hat der Säugling erfahren, Verlassen-Werden heißt Ausgeliefert-Sein. Das erregt Furcht. Der Erwachsene muß somit gegen seinen „Instinkt" kämpfen, gegen den mit der Muttermilch eingesogenen Drang, Schutz durch Abhängigkeit zu suchen.

Die Überkonzentration – die Fixation – von vielen Geliebten auf ihren verheirateten Freund geht meist mit dem Wunsch nach symbiotischer Verschmelzung einher. Tiefenpsychologen deuten dieses Begehren als tiefsitzendes Verlangen nach der Wiedervereinigung mit der Mutter. Manchmal ist das, was Menschen für Liebe

---

* Colette Dowling: Der Cinderella-Komplex, S. 157.

halten, nur ein Selbsttäuschungsmanöver. Die bedrückende Furcht vor Einsamkeit und Alleinsein treibt sie zur ,,Liebe". Über den Menschen, den sie zu lieben glauben, bauen sie ihre Angst ab.

In ihrem Buch über den ,,Cinderella-Komplex" zitiert Colette Dowling eine amerikanische Psychiaterin, Alexandra Symonds. Diese ist der Überzeugung, daß Frauen, die nach außen hin – wie das Gros der Anderen – erfolgreich wirken, dazu neigen, ,,sich anderen unterzuordnen, von ihnen abhängig zu werden und wissentlich ihre Energie darauf verwenden, Liebe, Hilfe und Schutz vor dem zu suchen, was ihnen in der Welt als schwierig, herausfordernd und feindlich erscheint.

Normalerweise werden auch heute noch kleine Jungen direkt zum Risiko ermutigt. Sie werden durch Bewährungsproben auf unabhängiges Verhalten getrimmt, erfahren dabei natürlich einige Niederlagen, aber auch *echte* Erfolgserlebnisse und Selbstbestätigung. Ihre eher herausfordernde als hemmende und einordnende Erziehung stärkt ihr Selbstvertrauen. Darüber hinaus können sie auch ruhig mal ,,bocken". Trotzt der Bengel oder stellt er etwas an, was offiziell natürlich nicht die Billigung seiner Eltern findet, so leuchten doch die Augen manchen stolzen Papas und er freut sich klammheimlich über das Selbstbewußtsein des störrischen Kerlchens.

Bei einem Mädchen würde in vergleichbaren Situationen schlicht von Eigenwilligkeit und Ungezogenheit gesprochen. Ein Junge ist im Regelfall auch nicht so extrem auf die Zustimmung von Respektspersonen und die Billigung seiner Taten angewiesen wie ein Mädchen. Er lernt die Auseinandersetzung und traut sich, etwas zu riskieren, weil er systematisch durch sein Umfeld ,,maskulinisiert" wird. Anders als bei Mädchen kristallisiert sich bei den meisten Jungs schon frühzeitig unabhängiges Verhalten heraus. Noch bevor sie sechs Jahre alt sind, ,,lösen sie sich allmählich von dem Bedürfnis nach Zustimmung von außen und lernen, unabhängige Kriterien zu entwickeln, die eine positive Einstellung zu sich selbst geben"[*]. Das wird im Erwachsenenalter nicht zuletzt am optischen Erscheinungsbild kenntlich: Männer basteln sehr viel

---

[*] Cinderella-Komplex, s.o., S. 105

seltener so zwanghaft an ihrem „Out-fit" herum wie Frauen. Sie sind unkritischer gegen sich selbst – selbstzufriedener – und machen sich nicht abhängig vom öffentlichen Urteil. Weil Ihr Selbstbewußtsein ein gewachsenes ist, bringen sie es oft genug fertig, offenkundige Makel als „persönliche Note" zu deklarieren. „Ein Mann ohne Bauch ist ein Krüppel" – eine Frau mit Bauch macht eine Abmagerungskur.

Dort, wo Männer sich selbst zumeist noch genügen, setzen bei Frauen häufig schon Zweifel und Selbstkritik ein. Manche Frauen basteln lebenslänglich an ihrem Selbstbild, um möglichst perfekt zu werden. Es ist ein Teufelskreis: Abhängigkeit ist ein Schlupfloch für Unsichere; doch Abhängig-Sein macht unsicher. Und Unsicherheit ist nicht von ungefähr ein typisches Frauenproblem. Denn von Kindesbeinen an wird den gelegentlich auch mal „bösen Buben" mehr als ihren Schwestern beigebracht, mit ihrem Gefühls- und Seelenleben allein klar zu kommen, also „emotional für sich selbst zu sorgen"*.

Es ist das Drama ganzer Frauengenerationen, daß sie von klein auf dahingehend erzogen wurden, Befriedigung nur *mittelbar* zu erfahren. Sie freuten sich nicht *über ihren Erfolg;* sie freuten sich *über das Lob,* das sie für die erbrachte Leistung einheimsen konnten. Es befriedigte sie weniger ihr Können selbst, als die Tatsache, damit den Erwartungen entsprochen und ein anerkennendes Echo geerntet zu haben. Wichtiger als die eigene Zufriedenheit und der Spaß an der Sache war häufig die damit erzielte Resonanz. Bestätigung, (Selbst-)Vertrauen und Freude wurden aus der erreichten *Re-Aktion,* nicht unmittelbar aus der eigentlichen *Aktion* bezogen.

Das erklärt, warum sich die artigen Mädchen von damals als längst erwachsene Frauen noch immer – bewußt oder unbewußt – nach einer emotionalen Sicherheit sehnen, die ihnen beispielsweise ein Mann geben könnte (ob er es tut, ist die andere Frage). Allmählich kristallisiert sich einerseits heraus, weshalb viele Geliebte in einer offenkundig aussichtslosen Lage kapitulieren und sich in die Abhängigkeit flüchten; zum anderen, warum ihr Streben nach Selbstverwirklichung automatisch in die Abhängigkeit führen

---

* Cinderella-Komplex, s.o., S. 107

muß. In beiden Fällen ist die Angst, einmal die anerzogene, ein andermal die situationsbedingte, im Spiel.

Die Erziehung hat Wirkung gezeigt. Das Unterbewußtsein warnt die Frauen vor Unabhängigkeit = Gefahr, Liebesverlust, Abwendung. Die Angst vor dem Verlust jener Bestätigung ihrer Selbstwertigkeit, die sie aus der Partnerschaft mit einem verheirateten Mann beziehen, lähmt sie. Bevor sich die Anderen der programmierten und der drohenden Angst aussetzen, verharren sie lieber leidend (wie es der anerzogenen weiblichen Passivität entspricht) im Schatten des Mannes und werden zum Sinnbild einer perfekten „Cinderella". Mit nur einem Unterschied: Neun von zehn warten vergeblich, daß ihr „Prinz" sie aus dem Aschenputteldasein erlöst, sich für sie – gegen seine Frau/Familie – entscheidet. Für ihr passives Verharren im Wartezustand haben die meisten der Anderen ein gutes, modernes Alibi: sie wollen unabhängig sein/bleiben – hier, spätestens, nimmt die Angelegenheit schizophrene Züge an, wenn nämlich Abhängigkeit mit dem Kampf um Unabhängigkeit gerechtfertigt wird. Und so stellt sich die Situation der Anderen ja dem Außenstehenden dar. Das wirft die Frage auf: Wie sah es denn nun eigentlich mit der Bindungswilligkeit und der Freiheitsliebe der heutigen Geliebten aus, *bevor* sie den Status der Anderen hatten? Waren/sind sie überhaupt gewillt, waren/sind sie fähig, eine Bindung einzugehen? Woll(t)en sie überhaupt mit einem Mann das Leben teilen oder nur von den Schokoladenseiten einer Partnerschaft profitieren?

Bindungswillig? Ja, aber ...

Wie wenig Klischee und Realbild bei den zeitgenössischen Geliebten übereinstimmen, wird an der Frage nach ihrer Bindungswilligkeit augenscheinlich. Um es vorwegzunehmen: Fast alle Anderen sind *grundsätzlich* bindungswillig. Die Gesellschaft macht es sich recht einfach, ordnet die ledigen beziehungsweise alleinstehenden Frauen, die sich erkühnen, einen verheirateten Mann zu lieben, in die Kategorie „exotische Randgruppen" ein. Viele Bedürfnisse und Wünsche verbinden die ganz „normalen" und die anderen Frauen. Exotisch ist nur das Bild, das unterschiedliche Gruppen innerhalb unserer Gesellschaft von der „typischen Geliebten" haben. Drei Beispiele stehen für diese Behauptung:

Die Andere als willenloses Objekt:
„Männer halten sich eine Geliebte fürs Bett – ihre Ehe darf dadurch aber nicht gefährdet werden*."

In der reaktionären Sichtweise vieler Männer sind Geliebte verfügbare weibliche Körper, Objekte, an denen sich der männliche Trieb besonders gut befriedigen läßt.

2. Die Andere als skrupellose Amazone:
„Alleinstehende Frauen sind so etwas wie frei herumschwebende Ionen mit zerstörerischer Anziehungskraft, vor denen sich jedes Molekül in acht nehmen muß**."

Aus der Sicht der Frau, die ihre Ehe gefährdet sieht und aus der Perspektive von konservativ-bürgerlichen Ehepaaren scheint die Geliebte ein gefährlicher Störfaktor für intakte Familien zu sein. Sie ist die verführerische, verantwortungslose Eva, die ihre Sünde ohne Reue genießt. Natürlich will sie sich nicht binden, nützt aber die Schwäche des Mannes gewissenlos aus.

3. Die Andere als männervernaschende Emanze:
„Emanzipierte Frauen sehen im Ehering kein Statussymbol; sie haben selber wenig Zeit und ziehen ein paar intensive Stunden nach Büroschluß Versorgungsansprüchen und Küchenpflichten vor***."

Dieses eher feministisch-revolutionäre Bild beschreibt die Andere als eine Aktivistin mit femininen Bedürfnissen. Für sie ist die Männerwelt ein Selbstbedienungsladen, der ihr offen steht, ohne daß sie sich binden muß. Solche Andere haben etwas von karriereorientierten Ausbeuterinnen an sich.

---

* Dieter Abholte in QUICK-Serie „Ich liebe einen verheirateten Mann", Heft 34/85, S. 66
** Anke Hüper in „Die andere Frau", Psychologie heute 5/86
*** STERN Nr. 41/81, „Sag mir, wo die Männer sind", S. 278

Die inzwischen selbst im Hafen der Ehe eingelaufene Ex-Geliebte und Autorin Melissa Sands hat diesen Prototyp der modernen (amerikanischen) Geliebten entdeckt und in ihrem Buch „The Making of the American Mistress" beschrieben. Diesen Anderen entsprechen hierzulande – mit etlichen Abstrichen – am ehesten die Spätemanzipierten, nämlich die Frauen über 40 mit einschlägiger Eheerfahrung. Sie ergreifen in aller Regel selbst die Initiative, sind bindungsunwillig und befriedigen ihre Libido mit dem Mann ihrer Wahl. Ihre Devise: „Mann ja, Ehe nein!"

Zumindest in der Bundesrepublik scheint keines der drei Klischees die Wirklichkeit im Kern zu treffen. Keine der pauschalisierenden Beschreibungen wird dem Selbstbild der großen Mehrheit von Geliebten auch nur ansatzweise gerecht. Denn die typische – unauffällige – Andere empfindet sich weder als naiver Unschuldsengel noch als sexbesessene „Emanze" oder moderne Kalypso, die den Ehemann als Schiffbrüchigen aufnimmt und wider seinen Willen in ihren Fängen halten will und kann. Wie in anderen Frauen auch wohnt in der „gewöhnlichen" Geliebten einerseits der Wunsch nach Eigenständigkeit und Selbstbestimmung, andererseits die Sehnsucht nach Wärme und Erfüllung als Frau. Ihr Versuch einer Rebellion gegen enge gesellschaftliche Normen und Konventionen bleibt ein heimlicher Zwergenaufstand. Denn recht oft gestehen die Anderen, ziemlich bindungswillig zu sein, und sie erträumen sich nicht selten ein kleines Stück gutbürgerlichen Glücks: Familie, Kinder, einen Partner, der sie versteht.

Vor dem Hintergrund der geschlechtsspezifischen Erziehung zur (weiblichen) Verunsicherung wundert es nicht mehr, daß 60 Prozent der Ehefrauen aus dem Wunsch nach Geborgenheit geheiratet haben*. Für Frauen, die von den Eltern noch rollentypisch erzogen wurden, scheint im Zeitalter der Emanzipation ein kaum lösbarer Konflikt vorprogrammiert. Colette Dowling konstatiert: „Emotional wünschen sie sich den Luxus, versorgt zu sein, aber sie sind intelligent genug, zu wissen, daß sie einen hohen Preis ‚für die Falle zu großer Sicherheit' bezahlen"** – sie müssen

---

* Vgl. „Ende ohne Schrecken", Psychologie heute, Januar 1985, S. 27
** Colette Dowling: Cinderella-Komplex, s.o., S. 154

fürchten, mit einer Bindung ihre Selbstbestimmung und die Möglichkeit, sich selbst zu verwirklichen, aufs Spiel zu setzen.

Es gibt zahlreiche Anzeichen dafür, daß die heutigen Geliebten das Bedürfnis nach einer emotionalen Bindung, die sich an Partner, Familie und Kindern manifestiert, aus Vernunftsgründen, aus Einsicht, Ohnmachtsgefühlen und Angst, verdrängen und verleugnen. Liest und hört man zwischen den Zeilen, dann wird eines klar: Die tiefe Sehnsucht nach Geborgenheit ist eine der großen Gemeinsamkeiten zwischen den sonst rivalisierenden Parteien; sie eint Ehefrauen und Geliebte. Hier dokumentiert es der goldene Ring am Finger, dort die Fixierung auf den Märchenprinzen Ehemann.

Aber wie ist es denn nun wirklich um die Bindungswilligkeit der Anderen bestellt? Sind sie nur dann bindungswillig, wenn die „Sache" unverbindlich bleibt? Reicht ihnen das bißchen Wärme nach Büroschluß; die fein portionierte Zuwendung zwischen Feierabend und Tagesthemen? Wie kaum anders zu erwarten war, lautet die Antwort ‚offenbar nicht'. Zwar ist die Freiheitsliebe ausgeprägt. Zwar ist manch eine Andere ab und zu ganz froh, wenn sie *hinter* ihm die Tür zuklappen kann. Aber ... Nur eine Minderheit von Frauen, die einen verheirateten Mann lieben, behaupten von sich, sie seien absolut bindungsunwillig. Die überwältigende Mehrheit der Anderen würde ihrem Nebenfrauen-status statt dessen eine solide Partnerschaft mit dem geliebten Mann vorziehen. In Zahlen ausgedrückt heißt das: 80 Prozent der Anderen beantwortet die Frage

„Würden Sie mit Ihrem Freund zusammenleben wollen?"

mit einem vorbehaltlosen oder grundsätzlichen „Ja". Die Palette der Antworten reicht dabei von „Ja, sofort!" und „Das wäre mein großer Traum/meine heimliche Hoffnung/die Erfüllung" über „Ich würde es zumindest gern mal ausprobieren" bis zu den typischen Varianten des „Ja, aber ...":

- „Ja, aber es ist müßig, darauf zu warten, da er sehr verantwortungsbewußt ist und seine Familie nicht verläßt."
- „Ja, aber das kann er doch seinen Kindern nicht antun."
- „Ja, aber es geht ja nicht nach mir."

Erwähnenswert ist in diesem Zusammenhang die Feststellung, daß das „Ja, aber ..." noch stärker eingeschränkt wird durch den Zusatz „Zusammenleben – ja, zusammenwohnen – nein" oder aber darauf abgehoben wird, „eine gemeinsame Wohnung müßte genügend Freiraum lassen und Rückzugsmöglichkeiten bieten".

Die jungen Geliebten (unter 30 Jahre) bejahen die Frage meist ohne jedes Wenn und Aber. Geschiedene Frauen dagegen und solche, deren Liebe zum verheirateten Mann schon ein wenig in die Jahre gekommen ist, tendieren sehr oft zum „Jein". Sie haben einen gewissen Reifeprozeß durchgemacht; ihre erste Euphorie ist verflogen, das Vertrauen teilweise untergraben, die Aufopferungsbereitschaft ist nicht mehr grenzenlos. Sie antworten zum Beispiel:

– „Anfangs ja, heute bin ich mir da nicht mehr so sicher."
– „Vor Jahren: Ja! Jetzt? Weiß nicht. Habe zuviel Frust durch ihn gehabt."
– „Am Anfang sicherlich. Heute auf keinen Fall mehr. Aber käme das Angebot, würde ich dann standhaft bleiben???"

Ein sehr entschiedenes „Nein" zum Zusammenleben kommt nur aus den Reihen der über 40jährigen und der Halbemanzipierten der ersten Generation (!).

Es verblüfft, wie viele Andere doch eine recht positive Einstellung zu Ehe und Familie haben. Jede Vierte der Bindungswilligen schließt im Fall des Falles eine Heirat nicht prinzipiell aus, einige hoffen sogar auf den Trauschein – eines schönen Tages ... Ebensoviele Andere, hauptsächlich Geschiedene und Frauen um die Dreißig, lehnen eine Heirat ab und für die restlichen Geliebten ist dieses Thema weder akut noch theoretisch durchkalkulierbar.

Auffällig ist, daß ein Großteil der Anderen mit den Empfindungen von Wärme und Geborgenheit ganz konventionell auch Familie und Kinder assoziiert. Nur jede Fünfte spricht sich gegen eine eigene Familie aus. Zwei Drittel der Befragten hätten gern ein Kind von ihrem Freund. Einige wenige haben diesen Wunsch realisiert, wieder andere haben abgetrieben, weil der Freund dagegen war oder sie das Kind nicht vaterlos großziehen wollten.

Wenn auch die unterschiedlichen Antworten eine Verallgemeinerung nicht zulassen und sich die Reduktion *der* Geliebten auf einen Prototyp ohnehin verbietet, zeichnen sich doch etliche verblüffende Ähnlichkeiten im Profil der einzelnen Schattenfrauen ab: *Die* Andere (die es nicht gibt) hat scheints, von den erwähnten Ausnahmen abgesehen, *grundsätzlich* nichts dagegen, sich an einen Mann zu binden. Sie könnte sich unter Umständen sogar vorstellen, mit dem Partner eine neue Familie zu gründen und/oder Kinder mit/von ihm zu haben. Erstaunlich ist, daß in gar nicht so wenigen Fällen erst *durch die Beziehung* der Wunsch nach Bindung entstanden ist. Eine ledige Frau von 30 Jahren sagt, nachdem sie 16 Monate mit einem verheirateten Mann befreundet ist:

„Ich bin sehr bindungswillig – ich bin es durch diese Beziehung geworden! Ich war es vorher nie in diesem Maße. Jetzt wünsche ich mir eine eigene Familie, eventuell mit Kindern."

Eine 30jährige, deren Beziehung bereits mehr als drei Jahre dauert, erklärt sich ihre Fixierung auf den Partner mit etwas Laienpsychologie:

„Mich packt immer wieder diese starke Sehnsucht nach ihm. Vielleicht ist das wie bei Kindern; ausgerechnet das Spielzeug, das sie nicht bekommen können, wollen sie am meisten."

„Sehn-Sucht" – das ist überhaupt eines der aufschlußreichsten Stichworte für das Phänomen langfristiger außerehelicher Beziehungen. Es sind vorrangig, aber keineswegs ausschließlich die ehegeschädigten Geliebten, die ihre Sehnsucht nach einer „intakten, belastbaren Partnerschaft" oder einer „intakten Familie" äußern. Typisch für die Konflikte vieler Geliebten von Ende Zwanzig/Anfang Dreißig ist auch, was Eva H., eine 28 Jahre alte Krankenschwester, sagt:

„Einerseits glaube ich, nicht alleine leben zu können, d.h. ich bin sehr – ich fürchte zu sehr – bindungswillig; andererseits brauche ich relativ viel Zeit für mich selbst, wünsche mir aber doch eine eigene Familie und Verantwortung für Kinder als Sinn des Lebens."

An der Frage nach der Bindungswilligkeit der Anderen drückt sich einmal mehr ihr innerlicher Zwiespalt, das Hin- und Hergerissen-

154

sein der halbemanzipierten Frauen, aus. Die Psychoanalytikerin Karen Horney (1885-1952), eine bedeutende Vertreterin der Neopsychoanalyse und Gegnerin der Freudschen Penisneid-Theorie, vertrat schon vor mehr als einem halben Jahrhundert einen Standpunkt, der noch heute mancher Anderen zu denken geben sollte. Sie war davon überzeugt, daß bei vielen Frauen der Wunsch „einen Mann zu lieben und geliebt zu werden . . . jedoch zwanghaft ist und bis ins Extrem getrieben wird. Sie sind zu guten und dauerhaften Beziehungen mit Männern unfähig, in ihren Leistungen gehemmt, ihre Interessen sind verkümmert, und oft fühlen sie sich verängstigt, unzulänglich und sogar häßlich. In manchen Fällen entwickeln sie einen zwanghaften Leistungstrieb, den sie jedoch auf den männlichen Partner projizieren, statt selbst aktiv zu werden"*.

Mit ihrem zwanghaften, neurotischen Liebesbedürfnis ringen Abhängige um Sicherheit. Auf die Bindungsproblematik der heutigen Geliebten bezogen, könnte man kurz und prägnant folgern: Sie wollen binden, aber nicht gebunden werden. Sie setzen Energie und Ehrgeiz daran, einen (gebundenen) Mann an sich zu binden (= abhängig zu machen), geraten aber in Panik, wenn sie ein (freier) Mann binden will. Hier liegt die Wurzel des Problems. Vorausgesetzt, diese These stimmt, gibt es dann auch für diesen innerlichen Widerstreit keine rundum befriedigende Lösung. Davon weiß beispielsweise die 41jährige Lehrerin Edelgard S. zu berichten:

„Ich hatte mehrmals die ‚Gelegenheit' zu heiraten, schreckte aber zurück. Die Ehe empfand ich als Einengung in jeder Beziehung. Heute empfinde ich über das Nicht-Vorhandensein einer Familie etwas Wehmut."

Im Zwiespalt der Gefühle hat auch die 39 Jahre alte Logopädin Gisela K. den Gang zum Standesamt gescheut. Sie erinnert sich:

„Ich wollte früher auf alle Fälle eine Familie, wich aber sofort aus, wenn ein Mann mich heiraten/binden wollte. Ich lernte vorwiegend verheiratete

---

* Zitat von Karen Horney: „Overvaluation of Love" in Psychoanalytic Quarterly, 1934. Vgl. Colette Dowling: Der Cinderella-Komplex, s.o., S. 252

Männer kennen und fühlte mich automatisch dort sicher vor möglicher endgültiger Bindung. Allein leben wollte ich nie, und eine Familie wollte ich doch trotzdem auch – einfach paradox!"

Die ambivalente Sehnsucht nach Zugehörigkeit und Unabhängigkeit spricht überdeutlich aus dem, was die technische Zeichnerin Ingeborg N., 24 Jahre alt und im vierten Jahr mit einem verheirateten Pädagogen befreundet, sagt:

„Theoretisch bin ich sehr bindungswillig. Ich möchte eigentlich so gern eine eigene Familie haben. Aber praktisch habe ich vor einer Bindung enorme Angst."

Die meisten Anderen räumen ein, bindungs*willig* zu sein, „aber nicht um jeden Preis". Sind sie denn überhaupt bindungs*fähig*?

Die große Scheu

Die Anderen wollen sich binden, aber vielfach haben sie zugleich Angst vor den Folgen einer Bindung. Angst hat immer auch etwas mit bewußter oder unbewußter Abwehr zu tun. Wer sich *bewußt* gegen eine potentielle Gefahr wehrt, setzt seinen *Willen* ein. Wer hingegen *unbewußt* etwas abwehrt, ist *unfähig,* seinen Willen einzusetzen, denn die hinter der Abwehr stehende Angst wird ja nicht wahrgenommen. Die Mehrzahl der Geliebten weiß um ihre Bindungs-Angst bei gleichzeitigem Wunsch nach Zugehörigkeit. Wer die Konfliktlage der Anderen nur auf der Verhaltensebene und nicht auch vor ihrem soziologischen Hintergrund sieht und feministisch analysiert und interpretiert, dem mag die Geliebte unserer Tage wie eine traurige Neurotikerin vorkommen.

Neurosen sind aus psychoanalytischer Sicht Verhaltens- und Erlebensstörungen, die den Mensch in seiner Gesamtheit – ohne daß körperliche Ursachen vorliegen – blockieren und beeinträchtigen und je nach Typ ähnliche Ängste auslösen. Manche jener Ängste, unter denen Neurotiker leiden und hinter denen sie sich verstecken, sind auch der Anderen bekannt, so etwa die Angst, die Passivität aufzugeben und eigenverantwortlich ihr Leben in die

Hand zu nehmen, ihre Angst, bewußt für eine Veränderung einzutreten. Ängste, Zweifel und Konflikte gehören zu den natürlichen Gemütsbewegungen des Menschen, der krampfhaft bemüht ist, im Automatismus eines perfektionistischen Systems zu funktionieren. Wenn die heutigen Geliebten nicht ohnehin schon besonders gut zum Funktionieren erzogen wurden, dann haben sie sich die Fähigkeit zur Anpassung – die Bindungsbereitschaft – spätestens in der Freundschaft zum verheirateten Mann aneignen müssen. Sogar in einer ihrer extremsten Formen. Und dann kommen Scharen von Psychologen, die reden ihnen ein, sie seien „bindungsunfähig", und diese angepaßten Anderen glauben es. Mag sein, die Anderen geraten nicht aus purem Zufall an einen verheirateten Mann. Mag auch sein, sie sind in Bezug auf einen freien Partner tatsächlich bindungs*unfähig*. Aber: Fähigkeiten *erwirbt* man durch Lernprozesse. Fähigkeit hängt also auch eng mit Bereitschaft und Willen zusammen. Auf den Umgang der Geschlechter miteinander bezogen, erscheint es fraglich, ob Bindungsfähigkeit in unserer noch immer frauendiskriminierenden patriarchalischen Gesellschaft eine Qualität darstellt und (für Frauen) erstrebenswert ist. Durch welche Eigenschaften zeichnet sich denn der bindungsfähige Mensch aus, und wem ist eigentlich mit der Bindungsfähigkeit gedient?

Wenn weibliche Bindungsfähigkeit bedeutet, sich dem Manne unterzuordnen, auf die eigene Entfaltung zu verzichten und zum Wohl von Mann und Familie das Eigenleben verkümmern zu lassen, dann – nur dann – sind die Anderen absolut bindungs*unfähig*. Es steht jedoch zu vermuten, daß sich nicht einmal der ärgste Chauvi ein derart deformiert „bindungsfähiges" Geschöpf zum Weibe wünschen würde, zumal er dann nicht nur für Zwei Geld verdienen, sondern auch für Zwei denken und Verantwortung tragen müßte. Das wird auf die Dauer zu anstrengend und zu langweilig.

Sich zu binden, also zur Bindung fähig zu sein, verlangt nach *beidseitiger* Kompromißbereitschaft. Nun sind heute einerseits die Ansprüche moderner Frauen an den Partner zu Recht unvergleichlich höher als in prä-emanzipatorischer Zeit. Andererseits weist das Gros der Männer noch viel zu wenig Flexibilität in Sachen Partnerschaftsalltag und Arbeitsteilung auf – „neue Männer" hin,

„Hausmänner" her. Die Angst der Anderen vor Bindung hat eine konkrete Basis. Wissenschaftler der Universität Oldenburg haben Ehepaare, die 1950, 1970 oder 1980 geheiratet haben, zum partnerschaftlichen Aspekt in der Ehe befragt. Sie wollten unter anderem herausfinden, wie es in der Praxis um die vielgelobte häusliche Mithilfe des Mannes in älteren und neuen Ehen bestellt ist. Auf einen Nenner gebracht, bestätigen ihre Erkenntnisse den Vorwurf vieler Frauen: Der statistische Ehemann ist ein Haushaltsmuffel, unabhängig von seinem Alter. Die „Männer vom alten Schlag" sterben nur langsam aus, aber immerhin ermutigt der Trend bei den Jüngeren zu Hoffnungen. Dafür sprechen die Ergebnisse der Wissenschaftler. Je jünger die Ehe, desto mehr hilft der Mann mit. Unvermeidliche Hausarbeiten werden allerdings noch immer größtenteils von weiblicher Hand verrichtet. Sache der Frau ist

- die Zubereitung des Frühstücks in
  82,9%   77,4%   74,4% der Ehen
- das Kochen in
  98,9%   80,0%   75,3% der Ehen
- das Abwaschen in
  75,3%   62,9%   53,9% der Ehen
- das Wäschewaschen in
  98,6%   95,8%   92,0% der Ehen
  (1950)*   (1970)   (1980)

Der „STERN" ermittelte, daß 52 Prozent der Frauen glauben, gegenüber Männern benachteiligt zu sein**. Statistische Daten beweisen, daß sie sich nicht täuschen: Arbeiterinnen verdienen 30 Prozent weniger als Arbeiter, weibliche Angestellte 37 Prozent weniger als ihre männlichen Kollegen, Frauen stellen 52 Prozent der Bevölkerung, aber nur vier Prozent der Führungskräfte. Vor derartigem Hintergrund ist die wachsende Skepsis der Frauen, ja ihr Zurückschrecken vor Bindungen verständlich. Sie riskieren, wie sie

---

* Jahr der Eheschließung
** STERN Nr. 34/86, 14.8.86

glauben, mühsam erworbene Freiräume einzubüßen und in konventioneller Art erneut eng eingebunden zu werden.

Die Anderen halten sich fast ausnahmslos für emanzipiert, wobei sie deutlich erkennbare Schwierigkeiten mit der Verwendung dieses Begriffes haben. Ihnen ist sehr daran gelegen, sich gegen Feminismus abzugrenzen; sie distanzieren sich von ihnen „militant" erscheinenden Frauenbewegungen. Ihre eigene „Emanzipation" sehen sie eher im Sinne eines (gleich)berechtigten Anspruchs. In der Freundschaft mit einem Mann wollen sie – und zwar einhellig – „eine gleichberechtigte Partnerin sein und mich auch anlehnen können".

Wie ihre Abhängigkeit Angst vor dem Alleinsein signalisiert, beweist ihr Bedürfnis nach Abgrenzung Angst vor zu großer Nähe. Je mehr sich ein Mensch öffnet, desto verletzlicher wird er. Somit schützt Abgrenzung nicht nur vor dem „Verschlungenwerden", sondern auch vor dem „Verwundetwerden". Die Anderen sind demnach weder wirklich bindungs*willig,* noch unbedingt bindungs*unfähig.* Sie sind – aus gutem Grund – bindungs*scheu.*

Diese Begriffsbestimmung und eine Differenzierung zwischen Bindungsunfähigkeit und Bindungsscheu hat ihre Hintergründe. Die Andere ist nicht generell bindungsunfähig – sie *scheut* aus vielerlei Gründen das Eingehen einer Bindung. Am verheirateten Mann beweist sie eine bis ins Extrem der Abhängigkeit gesteigerte Bindungsfähigkeit. Im landläufigen Sinne „normal" ist weder ihr ausgeprägtes Freiheits- noch ihr überstarkes Anlehnungsbedürfnis.

Die Tatsache, daß hierzulande jede dritte Ehe zerbricht, signalisiert jedoch, daß Bindungsunfähigkeit ein gesellschaftliches Phänomen, nicht allein ein individuelles Problem ist. Partnerschaften, ob mit oder ohne Trauschein, müssen heute reibungslos funktionieren. Die moderne Ehe funktioniert auch, solange Vorteile und Annehmlichkeiten überwiegen. Probleme aber sind Dynamit für viele Beziehungen. Vielfach sprengen sie das zwischenmenschliche Bündnis, statt es zu festigen. Schuld daran könnten Egoismus und Selbstsucht sein. Dem unerträglichen Einsamkeitsgefühl setzt der Mensch des 20. Jahrhunderts einen „égoisme à deux" entgegen und nennt das „Liebe".

Der Egoismus zu zweit kann jedoch auf Dauer nicht bestehen. Nur solange sich zwei Egoisten miteinander identifizieren, haben sie ihr Problem der Verlassenheit im Griff. Die Flucht in die Liebe stellt kein adäquates Mittel gegen die Angst vor dem Alleinsein dar. Partner engen einander ein, wenn sie nicht gelernt haben, allein sein zu können. Auch die Fähigkeit, zu kommunizieren und sich mit dem anderen auseinanderzusetzen („faires Streiten") gehört zu einer stabilen Partnerschaft, die Abgrenzung und Nähe kennt. Doch das ist unbequem und unsere Gesellschaft ist primär auf Passivität, Einverleibung und Konsum ausgerichtet. Jeder will zuerst befriedigt werden. Gabe verlangt Gegengabe – gehandelt wird mit allem und jedem. Kaum eine(r) der für ein altertümliches „Gott vergelt's" einen Finger rühren würde – umsonst ist nur der Tod. Selbst Gefühle werden nur *getauscht*.

Die Andere sein: Los oder Lösung?

Erschreckend viele zwischenmenschliche Beziehungen haben in der konsumorientierten/konsumfreudigen/konsumierbaren Welt Geschäftscharakter angenommen. Erich Fromm schreibt in Anspielung auf die von Aldous Huxley (1893-1963) in seinem Roman „Brave New World" entworfene düstere Vision einer seichten Konsumgesellschaft: *„Automaten können nicht lieben, sie tauschen ihre persönlichen Vorzüge aus und hoffen auf ein faires Geschäft."* Die Ahnung hiervon ist wohl auch einer der Punkte, die eine Andere scheu machen und intuitiv daran hindern, sich auf jemanden spontan und vorbehaltlos einzulassen. Ihre Bindungsunfähigkeit ist ein bewußt-unbewußter Selbstschutz vor dem Verlust ihrer Identität als selbstbewußte Frau. Denn da sie nicht von Natur aus oder von Geburt an selbst-bewußt ist, geschweige denn ein Selbstbewußtsein verinnerlicht hat, das sie der männlichen Überlegenheit entgegenzusetzen hätte, muß sie sich schützen.

Ihr innerer Widerstreit Frausein gegen Freisein hindert die emotional verunsicherte Halbemanzipierte daran, unbedacht verbindlich zu werden und sich fallen zu lassen, wo Gefahr im Verzug sein könnte – wie beim ledigen Charmeur. So standhaft sie sich, willentlich oder instinktiv, gefährlichen Werbenden verschließt, so schnell gerät sie in einem System der Sicherheit – an der Seite eines schon gebundenen Mannes – außer Kontrolle. Wo ihre Ängste hinfällig scheinen, verliert sie sich und fällt vom einen Extrem ins nächste: von der Bindungsunfähigkeit in die sklavische Abhängigkeit.

Wenn Frauen wie die Andere ein- oder mehrmals an den „Falschen" geraten, dann steckt dahinter für Psychologen das unbewußte Bedürfnis der Betreffenden, ihre Beziehungen von Anfang an zu sabotieren: Diese Frauen finden den Richtigen nicht, weil sie ihn gar nicht suchen! Wird Bindungsunfähigkeit verhaltenstheoretisch interpretiert, erkennt man ihr die Komponenten von Willen, Bereitschaft und Anspruch ab; die soziologischen Aspekte der Bindungsscheu werden also in der Betrachtungsweise vernachlässigt. Das amerikanische Psychologenehepaar Yehuda Nir und Bonnie Maslin hat versucht, herauszufinden, warum bestimmte Frauentypen in der Liebe immer Pech haben. Sie untergraben die „Fremdschuld"-Theorie, die sich die betroffenen Frauen gern zurechtlegen. Nicht die Männer, nicht das Schicksal, nicht die äußeren Umstände seien daran schuld, wenn frau sich stets vergreift. Die Wurzeln allen Übels liegen ihrer Meinung nach allein in der frühen Kindheit, und letztere liefert für jede Variante des Bindungsproblems die passende Erklärung*. Einige Beispiele:

- Die *Samariterin* hat einen Schwächling zum Vater gehabt. Folglich fühlt sie sich dazu berufen, Versager aufzubauen.
- Die *Prinzessin* war Papa's Liebling. Folglich sind ihr Normalmänner zu banal. Pech gehabt!
- Das *Stiefkind* kam immer zu kurz, lernte nie, nein zu sagen. Folglich bescheidet es sich mit Platz 2, wechselt die Männer statt ihre Position.

Auch die Problematik der „ewig Anderen" erklären die Psychologen. Den Teufelskreis zwischen bewußtem Anspruch und unbewußtem Bedürfnis, durch den manche Frauen anscheinend unvermeidbar in die Arme unerreichbarer Männer driften, deuten sie als heimlichen Zwang oder tiefes innerliches Bedürfnis, einen Mann

---

* Yehudi Nir, Bonnie Maslin: Loving men – for all the right reasons. The dial Press, New York

mit einer anderen Frau teilen zu wollen. Die Ursache dafür: Solche Frauen hätten nie eine andere als die Rolle der Nebenbuhlerin einstudiert und vom Kindesalter an als Rivalin der eigenen Mutter um die Gunst des Vaters gekämpft. Für jene, die einige Biographien der Anderen, speziell ihre Kindheitsgeschichten studiert haben, erübrigt sich vermutlich jeder Kommentar (vgl. ,,Die Andere und ihre Kindheit", S. 92). Spielt das Unbewußte dem Menschen manchmal auch übel mit, und mögen die Erklärungsansätze einen wahren Kern haben – den Geliebten stehen bei dieser Theorie die Haare zu Berge und sie beteuern, kaum etwas läge ihnen ferner, als den geliebten Mann mit einer anderen Frau teilen zu wollen.

Sollte dem tatsächlich so sein, daß die Geliebten insgeheim teilen *möchten,* dann hat im Unterbewußtsein der Frauen genau der Wandel stattgefunden, nach dem kein geringerer als der Schweizer Psychoanalytiker Carl Gustav Jung schon 1928 in einem aufsehenerregenden Vortrag rief. Er machte sich für die Dreier-Ehe stark und begründete dies so:

,,Es gibt ungezählte Tausende von Frauen mehr als Männer in Europa. Jede dieser Frauen mit der ewigen Sehnsucht nach Glück. Wie sollten sie aber dazu kommen? Es stehen sich heute, kraß gesprochen, zwei Frauengruppen gegenüber. Auf der einen Seite die Ehefrau, auf der anderen Seite die berufstätige, unverheiratete Frau. Nun könnte ja die letztere die erstere einfach niederboxen, um sich ihren Platz zu schaffen. Das aber ist keine Lösung des modernen Problems. Scheidungen hat es immer gegeben. Durch diese vollzieht sich lediglich eine Umgruppierung. Deshalb muß die Frau von heute sich damit abfinden, den Mann mit einer anderen zu teilen."

Diese Position ist bis heute unvereinbar mit der christlichen Sozialethik – ,,Gott sei Dank!", wird manche(r) denken. Außerdem wirkt sie in höchstem Maße frauenverächtlich. Denn sie stellt Frauen nicht nur vor die Alternative Toleranz oder Liebesentzug. Sie macht den Mann auch zum Haremswächter.

„Kann das gutgehen – eine Ehe zu dritt?"

Hier einige kurze Passagen aus den Antworten auf diese Frage, die die Illustrierte „Quick" 1977 an „Normalbürger" richtete. Es sagte

... ein Kunsthändler:
„Ich glaube, wir machen uns eine Menge vor, wenn wir die ‚Ehe zu dritt' nur als Stoff für Filme hinstellen. Ich bin mit meinen 45 Jahren auch sehr oft in die Zwickmühle geraten, daß mir eine andere Frau besser gefiel ... und habe meine Zweitfrau zumindest in Gedanken."

... eine Hausfrau:
„Die Ehe zu dritt, das ist ein interessantes Thema, wenn man nicht selbst betroffen ist. Im Normalfall ... tritt in der Dreierbeziehung automatisch eine Konkurrenzsituation auf. Das kann nicht gutgehen."

... eine Grafikerin:
„Ein Arrangement in Sachen Liebe ist oft nicht das Schlechteste. Gerade, wenn Kinder da sind. Nach einer Krise haben wir diese Lösung einer Scheidung vorgezogen."

... ein Unternehmer:
„Wenn ich die Frau als Kühlschrank betrachte, dann hätte ich auch gern zwei. Aber ich möchte meine Frau als Mensch und nicht als Sache um mich haben."

Die Frauen im Schatten vertreten normalerweise sehr viel weniger liberale Standpunkte. Monika J., heute 40 Jahre alt, ist heute zum zweiten Mal die Andere. Ihre erste Beziehung zu einem verheirateten Mann endete nach fünf Jahren Dauer, als Monika 23 war. Sie steht praktisch am Scheitelpunkt ihres Lebens – nämlich kurz vor dem endgültigen Bruch mit ihrem zweiten verheirateten Freund – als sie sagt:

„Heute habe ich keine Illusionen mehr, bin reifer, realistischer geworden – bin kein Spielball meiner Gefühle mehr, habe andere Erwartungen, und Gefühle zu dritt kommen grundsätzlich für mich nicht mehr infrage. Eine Ehe in der derzeitigen Struktur kann ich auch nicht akzeptieren. Ich habe meine eigenen Vorstellungen, mit *einem* Menschen das Leben zu teilen;

dazu brauche ich keine Gesetze. Mein verheirateter Freund denkt, ich könnte sorglos leben, wenn ich mich auf ihn einlasse. Ich sei verklemmt, nicht mit zwei Menschen ins Bett zu können! Er begreift nicht, daß Frauen auch mal nein sagen. Ich müßte mir doch mal Gedanken machen und mich überzeugen lassen, wenn er so ,verrückt und scharf' auf mich sei! Ich ertrage die Typen der alten Pascharolle nicht und auf sexueller Basis wünsche ich überhaupt keine Beziehung, da diese Männer nicht fähig und bereit sind, im Alltag auch mal eine Stütze zu sein, sondern nur aus Eigennutz ihren Bedürfnissen nachgehen."

Die Männer, die durch die Tatsache, eine feste Freundin zu haben, in einer Art „heimlicher Bigamie" leben, geben deutlich divergierende Stellungnahmen zum Thema „Dreierkonstellation" ab. Der Journalist Heinz W., Mitte 30, Vater eines Kindes, praktiziert mit seiner gleichaltrigen Frau eine „offene Ehe" und meint:

„Ich bin der Überzeugung, daß kein Mensch dem andern alles sein und geben kann. Das Herz ist eine Mietskaserne, und es kommt darauf an, daß die separaten Abschlüsse stimmen."

Eine ganz andere Beziehungsbilanz zieht ein 42jähriger:

„Ich habe im Zuge mehrerer fester Verbindungen (darunter auch zwei Ehen) ständig nebenbei eine Geliebte gehabt und kann versichern, daß dies auch für den Mann zu erheblichen Konfliktsituationen führt. Bei mir ist dies so weit gegangen, daß meine Nerven nicht mehr mitgemacht haben, ich depressiv wurde und zu trinken begonnen habe."

Sexualwissenschaftler sind der Überzeugung, die monogame Ehe entspräche nicht der Natur des Mannes. Ob sie der Natur der Frau entspricht, diese Frage wird sehr viel seltener gestellt. Andere soziale Strukturen, andere wirtschaftliche, weltanschauliche und kulturelle Einflüsse haben andere Eheformen hervorgebracht, die oft besser im entsprechenden Kulturkreis funktionieren als unsere heilige Ein-Ehe. Eine Geliebte, die mit zwei verheirateten Männern gleichzeitig befreundet ist, kommentiert:

„Ich war/bin mir mit meinem Mann Nr. 1 im Kopf darüber einig, daß es nur an der Eifersucht und der Erziehung liegen kann, wenn Polygamie nicht hier, wohl aber in anderen Kulturen ohne Komplikationen lebbar ist."

Es gibt Dutzende von Varianten, in denen Männer und Frauen zusammenleben. Lange Zeit glaubten Völkerkundler, die abendländische Einehe habe sich von *Promiskuität* über *Polygamie* entwickelt. Moderne Ethnologen widersprechen dieser These. In einigen Naturvölkern gab und gibt es Promiskuität, allerdings höchstens zeitweilig und im Rahmen fester Sitten. Allen Erwartungen zum Trotz dominiert gerade bei den „unzivilisierten" Völkern das Prinzip der Einehe. Nicht die Erotik, sondern wirtschaftliche Notwendigkeiten, soziale und sonstige Erfordernisse bestimmen die Form des Zusammenlebens.

Bei Völkern, in denen *Monogamie* vorherrscht, führt beispielsweise die Kinderlosigkeit der Ehefrau oft zu geduldeten polygamen Verhältnissen. *Polyandrie* (Vielmännerei), die heute noch in Tibet, Asien, Arabien und Sibirien anzutreffen ist, beruht meist auf Frauenmangel. Daß vier bis sechs Brüder eine Frau heiraten, ist in Indien keine Seltenheit. *Polygynie* (Vielweiberei) hat meist den Versorgungsgedanken zum Hintergrund: Ein Mann stirbt und seine Witwe wird vom Bruder in die Ehe mitaufgenommen. Vielfach ist es, wie in der *Pirraura-Ehe* der südaustralischen Dieri üblich, Geschwister an der Ehe teilnehmen zu lassen. Das alles könnte darauf hinweisen, daß die Ein-Ehe *nicht* die Krone zivilisatorischer Hochkultur ist. Seit Jung jedoch seine Lanze für die verfemte Dreier-Ehe brach, hat sich, zumindest in der Bundesrepublik, einiges gewandelt. Ein Frauenüberschuß besteht nur noch in den höheren Altersgruppen. Zurückzuführen ist das einerseits auf die höhere Sterblichkeitsrate bei Männern über 55 Jahre, andererseits auf die Auswirkungen des letzten Weltkrieges, in dem ganze Männergenerationen fast ausgelöscht wurden. In den Altersgruppen zwischen 20 und 45 Jahren gibt es deutlich mehr Männer als Frauen, und der Trend wird sich zur Jahrtausendwende hin verstärken, zumal mehr Jungen als Mädchen geboren werden.

Es sieht also ganz danach aus, als ob sich das Blatt zugunsten der Frauen wenden, und sie sich im Jahr Zweitausend *einen Geliebten halten* könnten. Schlechte Zeiten für Männer? Es scheint so. Schon sorgen sich Wissenschaftler um den drohenden Engpaß in der Triebbefriedigung des Mannes und um die daraus resultierenden Folgen.

Wenn Leidenschaft Leiden schafft

Vor weit über zweitausend Jahren beanstandete bereits der griechische Philosoph Platon (427-347 v. Chr.): „Das ist der große Fehler bei der Behandlung von Krankheiten, daß es Ärzte für den Körper und Ärzte für die Seele gibt, wo beides doch nicht getrennt werden kann – aber gerade das übersehen die griechischen Ärzte, und nur darum sind sie gegen so viele Krankheiten machtlos. Sie sehen nämlich niemals das Ganze." Man weiß also nicht erst seit gestern, daß *körperliches Leiden psychisch bedingt* sein kann. Wenn eine krankende Seele den gesunden Körper in Mitleidenschaft zieht, spricht man von *psychosomatischen* Krankheiten.

Für die Andere – die „Frau auf Eis" – wächst sich die heimliche Liebe gar nicht so selten zu einer Leidenschaft, die Leiden schafft, aus. Die Sensibilität dieser Frau und ihre chronische psychische Belastung durch Warten, Sehnen, Hoffen, Hassen sind ein geradezu idealer Nährboden für Krankheiten und begünstigen die Verstärkung latent bestehender Suchttendenzen. In der griechischen Mythologie gibt es die tragische Gestalt des Tantalus, Sohn des Zeus und König von Phrygien. Tantalus hatte versucht, die Götter zu täuschen und wurde in die Unterwelt verdammt, wo er fortan Durst und Hunger leiden mußte. Wollte er trinken, wich der See, in dem er stand, zurück. Griff er nach den Zweigen mit Früchten über seinem Kopf, schnellten sie zurück. Dieses Bild ist wie ein Gleichnis für die Seelenlast der anderen Frau: Sie leidet Tantalus-Qualen, denn sie hat ihr Glück vor Augen und kann es doch mit Händen nicht fassen.

Gefühle kann der Mensch zwar bewußt beherrschen (unterdrücken) und ins Unterbewußtsein verdrängen, aber genau eben dort arbeiten sie weiter. Eines von vielen Anzeichen dafür sind Träume – Botschaften aus dem Unbewußten. Der folgende Traum einer 43jährigen Anderen bezeugt die tiefsitzenden Gefühle von Angst und Ohnmacht:

„Ich erlebte meinen Partner in einem intensiven Traum, sah ihn im Verkehrsgewühl auf der anderen Straßenseite laufen, verkommen, vernachlässigt, verschmutzt, mit unmöglichen, viel zu kurzen Hosen, einem ‚Penner' ähnlich. Ich war entsetzt und bestürzt, rief und schrie durch das

Autogetöse, ziemlich angestrengt und verzweifelt. Er blieb zwar stehen, schaute um sich – aber sah mich nicht. Das Gefühl meiner Verzweiflung war so groß in dem Traum; ich wollte helfen und blieb auf der Strecke, es gab kein Zueinanderkommen. Derartige Träume sind bei mir an der ‚Nachtordnung‘.‟

Wer Empfindungen und Gemütsregungen aus dem Bewußtsein in die Tiefen des Unbewußten abdrängt, muß sich nicht wundern, wenn sie ihn körperlich schwächen. Seelische Konflikte müssen bewältigt werden, damit sie nicht im Menschen weiterarbeiten und ihn innerlich zerfressen. Alexander Mitscherlich warnte in einem Vortrag über „Die Ehe als Krankheitsursache‟ vor der bequemen Vogel-Strauß-Politik in Sachen Seelenleben. Denn verdrängte Gefühle kämen „in der Verkleidung einer Krankheit‟ wieder hoch. Das gilt natürlich nicht nur für Eheleute in Krisensituationen.

Stoffwechselstörungen, Erkrankungen des Verdauungstraktes und der Nieren, Asthma, Allergien, Rücken-, Kopf- und Herzschmerzen können psychisch bedingt sein. Es ist sehr aufschlußreich, daß Ehefrauen, die sich vom Gatten betrogen fühlen, häufig mit Herzneurosen oder Herzrhythmusstörungen reagieren. Ihr Herz, das bei der Heirat für den Bräutigam schlug, ist aus dem Takt geraten. Die Seele sucht sich jedoch nicht in jedem Fall ein Organ als Ventil. Konflikte zu verdrängen und Gefühle zu unterdrücken kann auch zu seelischen Krankheiten führen, die sich nur zum Teil körperlich äußern. Festgestellt wurden Verhaltensstörungen wie Psychosen und Neurosen besonders bei Menschen, die permanent zwischen dem Wunsch nach Nähe und gleichzeitiger Distanz hin- und herschwanken. Seelenzustände, die geprägt sind vom regelmäßigen Wechsel zwischen übergroßer Nähe und abrupter Distanzierung – sie sind den Anderen wohlbekannt – führen danach unter anderem zu Schizophrenien und Depressionen. Die Situation, in der die Andere lebt, *ist* schizophren – es würde an ein Wunder grenzen, ginge dies spurlos an ihr vorüber.

Tatsächlich gibt es unter den Schattenfrauen nicht wenige, die im Verlauf einer langwährenden außerehelichen Freundschaft seelisch oder körperlich „entgleisen‟. Es beginnt oft sehr harmlos und endet in einer mittleren Katastrophe. Beklagen die Anderen organische Beschwerden, dann sind diese insbesondere chronische Magenschleimhautentzündungen (Gastritis), Gelenkschmerzen, Gallenleiden, aber auch Allergien und Asthma. All das sind Abwehr-, Reizungs- und Krankheiten, die von Verspanntheit zeugen. Immer wieder treten auch eindeutige Tendenzen zu Suchtverhalten, vorrangig Eßstörungen und Alkoholmißbrauch, auf. Ein Hang zu diffusen Ängsten und bodenlosen Depressionen ist ebenfalls zu beobachten.

Wie groß das Risiko ist, seelisch in einer außerehelichen Beziehung Schaden zu nehmen, läßt sich pauschal nicht abschätzen. Jeder „Fall" ist ein wenig anders gelagert: Manche Geliebte fühlen sich tatsächlich wie Nachtschattengewächse. Andere wiederum meinen, zumindest zeitweilig, einen Platz auf der Sonnenseite des Lebens zu haben. Etliche Andere versuchen, ihre brachliegenden Energien in den Beruf zu investieren, statt sich in die Position der passiven, leidenden Abruf-Frau bugsieren zu lassen. Erobern sie sich im Berufsleben ihre Eigenständigkeit (zurück), geht dies sehr häufig mit einem emotionalen Reifeprozeß einher: Selbstsicherer geworden beginnen sie sich auch vom Freund abzunabeln. Sie stabilisieren sich psychisch und lernen bisweilen sogar, die brauchbaren Seiten eines Verhältnisses zu schätzen. Wenn sie ihr „Stundenglück" genießen, leiden sie nicht länger unter dem Getrenntsein, sondern machen das Beste aus ihrer Situation.

Nicht wenige Andere aber kapseln sich, um stets für ihn erreichbar zu sein, mehr und mehr ab. Sie verlieren nach und nach den Kontakt zur Außenwelt und vereinsamen. Ohne Zweifel sind sie in ihrer psychischen Gesundheit um ein Vielfaches mehr gefährdet als etwa die Frauen über 40, die sich emotional weniger stark engagieren.

Die Anderen kommen innerlich niemals zur Ruhe, wenn in ihnen Jahre hindurch der Stimmungswirbel aus Überschwang, Hoffnung, Ängsten und Zweifeln tobt. Im Wechselbad ambivalenter Gefühle sind sie extremen seelischen Belastungen ausgesetzt. Die Wahrscheinlichkeit, irgendwann seelisch zu entgleisen, ist bei ihnen bedeutend höher als etwa bei Wahl-Singles oder bei Paaren, die in monotoner Zweckgemeinschaft leben. Ein Fazit liegt nahe: Geliebte zu sein, *verursacht* nicht Krankheiten seelischer und/oder leiblicher Art; es *begünstigt* allerdings ihre Entstehung. Die

Zweitfrauen leben unter *krankmachenden* Bedingungen. *Daß* und *wie* Liebe krankmachen kann, lassen die folgenden, recht typischen Beispiele ahnen.

Veronika Z. ist selbständig in der Modebranche tätig, heute Anfang 40 und im siebten Jahr mit einem verheirateten Steuerberater befreundet. Ihre Tagebuchaufzeichnungen dokumentieren, wie die aussichtslose Liebe allmählich ihre Seele zerfrißt. Hier einige exemplarische Auszüge:

5. Juli 1980

Ich bin so verstrickt und gefangen in dem, was in mir vorgeht, in meine Gefühle.., meine, ich müsse bersten vor Glück und bin doch grenzenlos traurig und deprimiert. Meine Ängste lassen mich nicht los. Ich hasse mich dafür, daß ich mich so in meinen Stimmungen und in meinem Wohlbefinden abhängig mache ...

17. Juli 1981

Gestern abend beim Fortbildungsseminar male und kritzle ich unkonzentriert. Mir ist zum Brechen schlecht. Wieder zuhause, noch um halb zwölf, muß ich eine Flasche Sekt öffnen. Beim vierten Glas fange ich an zu heulen und kann die ganze Nacht nicht schlafen. Mir krampft sich alles zusammen in der Magengegend, im Magen – im Hals macht sich der breiige Kloß breit. Wo soll das enden?

15. Dezember 1981

Mich treibt diese Beziehung noch an den Rand eines Nervenzusammenbruchs. Immer öfter habe ich das Gefühl, das alles geht nicht mehr, es geht über meine Kraft.

17. Oktober 1982

... während H. in häuslicher Zufriedenheit schwelgt, stecke ich in abgrundtiefen Depressionen ...

20. Dezember 1983

Ich finde mich in mir selbst nicht mehr zurecht, in meinem inneren Chaos. Mir ist das innere Gleichgewicht abhanden gekommen, ganz und gar, und genau das brauche ich so sehr.

15. August 1985

Meine Verzweiflung, meine Ängste, diese totale Sinnlosigkeit und die entsetzlichen Nächte sind nicht zu beschreiben. Ohne ihn kann ich nicht leben. Mit ihm auch nicht. Ich habe Selbstmordgedanken. Ich will raus aus allem, kann gar nicht, der Teufelskreis nimmt kein Ende . . .

Schlafstörungen sind noch das geringste Übel. Bedenklich stimmt, wie viele Andere von Depressionen und Suizidgedanken gequält werden, so auch die 23jährige Andrea F., die in einer tiefen emotionalen Krise verzweifelt schreibt:

,,Habe erkannt, daß ich ohne ihn nicht sein kann. Spüre, daß ich daran zerbreche. Ob ich seelisch oder körperlich sterbe, spielt keine Rolle. Tot ist tot. Sehne mich manchmal danach, wenn wir zusammen Motorrad fahren, mit ihm zu sterben. Es ist schwer, zu überleben . . . Kann kaum schreiben, bin vollgestopft mit Baldrian, aber auch mit viel härteren Sachen, mit Persumbran, Lenaxtol. Soll verhindern, daß der Schmerz, der in meinem Herzen brennt, mich vollends zum Wahnsinn treibt. Im Augenblick fresse ich schon wieder wie irr. Bin fix und fertig. Wegfahren? Ja. Mir ist so ekelhaft schlecht. Aber nicht spucken, sonst sind die Tabletten weg. Wegfahren . . . muß weg von hier . . .‘‘

Dadurch, daß Andere seelisch ständig ,,unter Strom stehen‘‘, ist eine psychische Grundbelastung vorgegeben. Eine Lappalie genügt oft und sie brechen zusammen. Unbeteiligte fallen aus allen Wolken, kommt es wie bei Rosi W. ,,aus heiterem Himmel‘‘ zum Nervenzusammenbruch:

,,Ich lief nicht Amok. Bekam nur Schüttelfrost, Fieber und konnte nicht mehr sprechen. Kein Wort mehr, keine zusammenhängenden Laute.

Brauchte sechs Wochen, bis ich wieder in der Lage war, Sätze zu formen und brav und artig einen Schritt vor den anderen zu machen."

Derart heftige Reaktionen sind zwar selten, aber sie kommen (übrigens auch bei den betrogenen Ehefrauen) vor.

In der Konfliktbewältigung richten die meisten Geliebten die Gefühle von Haß, Zorn, Wut, Aggression nicht nach außen. Sie reagieren sich nicht ab, das entspricht nicht der „Natur" der angepaßten, wohlerzogenen Frau. Den ganzen emotionalen Wust lenken sie in selbstzerstörerischer Weise gegen die eigene Person. Häufiger als über andere Suchttendenzen wie Tablettenmißbrauch oder Alkoholprobleme berichten die Anderen über Schwierigkeiten mit dem Essen. Das ist kein Wunder. Der Magen ist das Organ, das den kürzesten Draht zur Seele hat. Liebe geht tatsächlich durch den Magen ...

Liebeskummer und Essen: Den einen verschlägt's den Appetit, die anderen beginnen „zu fressen wie Scheunendrescher". Warum? Die ersten Erfahrungen, die ein Mensch in seinem Leben sammelt, sind mit der Nahrungsaufnahme gekoppelt. Eine Mutter, die ihren Säugling füttert, wendet sich ihm auch emotional zu. Sie streichelt, knuddelt, herzt das kleine Paket. Das Kind wird also bei der Nahrungsaufnahme leiblich *und* seelisch befriedigt. Die Mutter stillt zugleich den Hunger, der aus dem Bauch und den, der aus dem Herzen kommt*.

Die Assoziation Liebe-Essen setzt sich im Unterbewußtsein fest und wirkt sich in Krisensituationen bei vielen Erwachsenen durch Eßstörungen aus. Nicht nur Heißhunger, auch Nahrungsverweigerung können Symptome bei Liebeskummer sein. Denn wollte das Baby seinen Brei nicht essen, wandte sich die besorgte Mama um so mehr dem Kleinen zu – hier lautet die Ur-Information: Verweigerung bringt Zuwendung; Liebe läßt sich erpressen. Essen ist die Droge der Angepaßten. Geliebte sind angepaßt. Manche Andere kann beim Wort genommen werden, wenn sie sagt „ich fresse alles ich mich 'rein", „ich hungere so nach ihm", „mich kotzt alles an".

---

* Maja Langsdorff: Die heimliche Sucht, unheimlich zu essen. Frankfurt 1985, S. 78-81

Eine unglückliche Liebe kann durchaus zu Magenbeschwerden und Eßproblemen führen. Eines muß aber betont werden: Ohne bestehende Disposition wird eine unerfüllte Liebe nie schwerwiegende Eßstörungen wie Magersucht (Anorexia nervosa), Bulimarexie (Eß/Brech-Sucht) oder Adipositas (Fettsucht) auslösen. Bei Frauen, die von suchtähnlichem oder süchtigen Umgang mit Essen, Alkohol, Drogen, Nikotin etc. berichten, war die Sucht längst vorprogrammiert und kam erst durch die negativen Begleiterscheinungen der außerehelichen Freundschaft zum Ausbruch.

Ob nun Geliebte speziell für Eßstörungen prädestiniert sind, oder Eßgestörte disponiert, immer nur Hintergrundrollen zu bekleiden, darüber lassen sich nur Vermutungen anstellen. Es kann davon ausgegangen werden, daß jede zehnte Frau in der Bundesrepublik ein mehr oder minder gestörtes Eßverhalten hat. Insofern ist es ganz logisch, wenn Eßstörungen auch bei den Anderen in Erscheinung treten. Der Verdacht, daß die spezifische Konfliktlage im Zusammenwirken mit der frühkindlichen Prägung Andere eher für Eßprobleme anfällig macht, liegt nahe, läßt sich jedoch nicht beweisen. Vier Zitate spiegeln die verbreitesten Eßprobleme wider:

– Annegret B., 26, Grafikerin:
„Wenn ich nach seinen Besuchen wieder allein bin, kotzt mich das an. Ich falle über alles Eßbare her, fresse, bis mir speiübel ist und kotze mich dann überm Klo aus."

– Katrin B., 35 Jahre, Sachbearbeiterin:
„Schon immer schlage ich mich mit Übergewicht herum. Seit ich meinen Freund kenne, kämpfe ich wieder besonders stark mit der Freßsucht. Ich habe zehn Kilo zugenommen."

– Eva M., 30 Jahre, Krankenpflegerin:
„Ich glaube, ich suche Trost beim Essen. Wenn er geht, schlage ich mir den Bauch voll, bis nichts mehr reinpaßt und gehe dann ganz träge ins Bett. Am nächsten Tag lege ich dann einen Fastentag ein."

– Gretel V., 34 Jahre, Lehrerin:
„Trost beim Essen suchen, das kenne ich, aber nur in milder Form. Das Gegenteil ist mir vertrauter: Mein Körper weigert sich, Nahrung aufzunehmen. Wasser und Tee ist dann alles."

Diejenigen Frauen, die psychosomatische Beschwerden beklagen – und das sind nicht wenige – haben eine große Gemeinsamkeit: Ihre Beziehung dauert schon mehrere Jahre. Diese Feststellung und die Tatsache, daß statistisch nur eine von zehn Geliebten nicht umsonst hofft und harrt, sind eigentlich zwei klare Argumente gegen die Aufrechterhaltung einer außerehelichen Beziehung, und sei die Liebe noch so groß. Aber nicht rationale Aspekte, nicht das Wissen über die Gefährdung ihrer seelischen Gesundheit, noch nicht einmal das Leiden selbst bestärkt die Anderen in ihrem Entschluß, eine wie auch immer geartete Entscheidung herbeizuführen.

Gewiß, von Zeit zu Zeit nehmen sie einen Anlauf, versuchen, von ihm loszukommen, setzen sich einen Stichtag und fassen gute Vorsätze. Manche Geliebten probieren gar, sich über platonische oder intime Zweitfreunde von ihm loszueisen. Doch jeder Mann verblaßt neben ihrem Auserwählten. Die Abhängigkeit ist mächtig. Aber sie ist es nicht allein, die eine ,,Lösung'' verhindert.

Scheiden tut weh

Im Glauben an die wahre Liebe opfern sich zahlreiche Geliebte bereitwillig auf. Sie vertreten nicht die *eigenen* Interessen und Standpunkte, sondern die *gemeinsamen,* und die sind nahezu identisch mit *seinen.* Viele Andere schrauben ihre Bedürfnisse auf ein Minimum zurück. Sie scheuen Konflikte und beziehen ihr Selbstwertgefühl aus der verschmolzenen Identität. Manche fühlen sich endlich aufgewertet, wenn *ein Mann wie er* sie liebt. Die anderen Frauen gehen, ganz wörtlich, in der Beziehung auf, das heißt, sie büßen große Teile ihres Eigenlebens und ihrer Persönlichkeit ein. Ich-Verlust und Fixation machen sich am deutlichsten im Sprachschatz bemerkbar. Da löst das Problem *wir* das *ich* ab und wird am Ende im Extremfall durch ein *er* ersetzt. In dieser Phase einer Beziehung hat sich die Andere *mit ihm identifiziert,* sie ist abhängig geworden und *lebt* aus zweiter Hand *durch ihn.* Er ist ihr ,,anderes Ich''. Der Ich-Verlust ist einer der großen Hemmschuhe, die einer Ablösung entgegenstehen. Es gibt nicht *den* Grund, es gibt ein ganzes Bündel von bewußten, unbewußten, rationalen und emotionalen Motiven, die eine Trennung vom verheirateten Freund so schwer machen.

Am hervorstechendsten ist das Motiv Angst. Als Argument jedoch tritt es nur an zweiter Position bei den trennungswilligen Geliebten in Erscheinung. Sie glauben an ihre große Liebe und klammern sich an diese, solange auch nur ein Funke Hoffnung besteht. Doch mit dem Hauptmotiv Liebe erliegen sie einer psychologischen Täuschung. Nicht aus lauterer Liebe, aus der unbewußten, tief in der Seele verankerten Angst vor dem Abgetrenntsein schrecken sie vor naheliegenden Konsequenzen zurück. Verlustangst, nicht Liebe, lähmt die Anderen. Zieht sich, was selten genug passiert, der verheiratete Freund von seiner Geliebten zurück, reagiert diese zumeist mit Panik. Eine 28jährige Krankenschwester schildert ihre Reaktion:

„... unsere Treffen wurden seltener und als ich ihn eines Tages nach meinen Perspektiven fragte, konfrontierte er mich damit, er würde seine Frau nie verlassen. Nach dieser Eröffnung war ich zuerst erleichtert. Kurz darauf fiel ich in eine schwere Depression, die sich auch in Tabletten-, Alkoholmißbrauch und Selbstmordgedanken äußerte. Er hat davon nichts erfahren, aus Angst, ihn durch meine ‚Hysterie‘ zu verlieren ... Seit einigen Wochen merke ich, daß er mir immer mehr entgleitet. Inzwischen bin ich schon dankbar, wenn ich ihn alle paar Wochen einmal sehen darf. Das klärende Gespräch scheue ich immer noch, weil mich Verlassensängste plagen."

Aufgrund ihres Nebenfrauenstatus weiß eine Geliebte sehr genau, wie es sich anfühlt, verlassen zu sein. Die Tatsache, daß für die Geliebten fast jeder seiner Besuche mit bitterem Trennungsschmerz endet, daß Abschiednehmen schon bei der Begrüßung vorgeplant ist, macht die Anderen nicht härter – im Gegenteil. Geliebte trainieren nicht das Abschiednehmen, sie lernen es hassen und fürchten. Wieder und wieder fühlen sie das Loch, was im Bauch zurückbleibt, den Kloß in der Kehle, wenn die Uhr abgelaufen ist und er geht.

Viele Andere sind Meisterinnen in der Kunst, sich zu verstellen und die eigenen Wünsche zu unterdrücken. Sie drängen ihn am Ende, zu gehen, damit er keine Schwierigkeiten bekommt, erleichtern ihm womöglich noch den Abschied, indem sie ihm ein vereistes Lachen entgegenschleudern. Die aufsteigenden Gefühle von Schmerz, Wut, Trauer, Angst schlucken die Geliebten, nicht selten mit Fressalien, Alkoholika und Barbituraten hinunter. Es ist immer dasselbe: Der Tag geht, der Liebhaber kommt – die Nacht kommt – der (un)treue Gatte geht. Eine Frau, die seit zehn Jahren im Schatten eines verheirateten Mannes lebt, sagt:

„Das Verlassenwerden und Alleingelassensein danach ist wie in ein Loch fallen; das Suchgefühl (weil er auf einmal wieder weg ist) wie ein Phantomschmerz bei einem amputierten Körperteil. Ich habe nach dem Verlassenwerden die gleichen Symptome wie Frauen nach einer Scheidung, nur chronisch: Gefühle von Verlorensein, Wut, Kontaktwünsche, Traurigkeit, Schuld- und Versagensgefühle, Trennungsschock."

Die Anderen leben permanent in einer Vorstufe der Trennung. Sie haben *Angst* vor der Zukunft und *Furcht* vor dem Verlassensein. Es ist wichtig, hier zwischen Angst und Furcht zu unterscheiden, da die Begriffe inhaltlich keineswegs identisch sind. *Angst* ist etwas Spekulatives, eine Abwehrreaktion. *Angst ist die ständige zwanghafte Übertragung ungelebter Vergangenheit auf die Zukunft, wodurch die Möglichkeit des Erfahrens von Gegenwart blockiert wird,* schreibt Rainer Taëni in seinem Buch über das „Angst-Tabu"*.

Furcht hingegen hat einen Erlebnishintergrund. Die Andere spürt von Mal zu Mal erneut und zwischen den Begegnungen, wie schmerzhaft Trennung sein kann. Sie erlebt physisch und psychisch, wie unerträglich Einsamkeit ist, wenn man liebt. Ihre Überfixation auf den unerreichbaren Mann läßt manche bezweifeln, ohne ihn noch leben zu können. Deswegen fürchtet sie den Verlust des Partners. Sie lebt, instinktiv oder bewußt, nach dem Motto: Lieber wenig (und das intensiv), als gar nichts; lieber im Schatten leben, als in völliger Dunkelheit dahinvegetieren.

Zu der subjektiv begründeten Furcht gesellt sich eine grenzenlose Inaktivität, die sich am Seidenfädchen Hoffnung festmacht. Diese Passivität aufzugeben, sich also zu einer Entscheidung durchzu-

---

* Rainer Taëni: Das Angst-Tabu und die Befreiung, S. 151, Sachbuch 7426, 1981. Reinbek bei Hamburg

ringen, ist nicht nur unbequem, sondern verursacht weitere Ängste. Begräbt die Geliebte ihre Hoffnung und führt sie den Bruch herbei, gibt sie auch ein Stück von sich selbst auf. Sie hat viel in die Beziehung investiert und daraus, aller Vernunft widersprechend, heimliche Hoffnungen abgeleitet. Was nicht nach Wunsch verlief, wurde entschuldigt, übersehen, verdrängt, ignoriert. Darüber hat die Andere oft den Blick für die Realitäten verloren.

Je stärker sie sich in Illusionen verloren hat, um so schwerer wird ihr die Orientierung in der Wirklichkeit fallen. Zudem droht ihr mit dem Schlußstrich das Trauma einer Niederlage. Alles hat sie auf eine Karte gesetzt. War es die falsche, ist ihr ganzer Einsatz, alles, umsonst gewesen. In einer intimen außerehelichen Freundschaft mit emotionalem Tiefgang kämpft die Geliebte mit ihm, für ihn und insgeheim auch um ihn. Gibt sie sich geschlagen, fühlt sie sich im ersten Moment erlöst und wie aus einem Alptraum befreit. Doch nach und nach steigt in ihr das Gefühl auf, kläglich versagt zu haben. Sie sehnt sich nach Versöhnung, verliert sie doch mit dem verheirateten Freund zugleich den letzten Rest ihres Selbstwertgefühls. Es sind gewaltige Energien erforderlich, um den Leidensdruck in Aktivität umzuwandeln.

Sich vom (Alp-)Traummann zu trennen, bedeutet Trauerarbeit leisten zu müssen. Zu trauern hat man uns nie gelehrt: Wir leben in einem Kulturkreis, der nicht nur den Tod, sonderen alles Unschöne best- und schnellstmöglich verdrängt. Gefühle der Schwäche werden vor der Umwelt verborgen. Emotionale Spontaneität wirkt befremdend. Unsere Leistungsgesellschaft fordert den beherrschten, funktionierenden Menschen. Zur Trennung gehört das Trauern. Das jedoch paßt nicht ins Weltbild des westlichen Menschen. Man schämt sich seiner Tränen und läßt sich nicht gehen. Eine Trennung zu bewältigen ist unter anderem emotionale Schwerstarbeit. Die ohnehin schon emotional überlastete Andere muß Gefühle von Wut, Schmerz, Haß und Ohnmacht zulassen. Darüber hinaus muß sie ihr Leben neu gestalten, ja bisweilen überhaupt erst wieder anfangen, aktiv am Leben teilzunehmen, ohne an ihn zu denken, ihn zu vermissen, für ihn aktiv zu sein.

Die neue Freiheit wirkt beängstigend auf die Geliebte. Sie gibt ihr ein Gefühl der Verlorenheit, weil da keine Fixpunkte mehr sind, die sie ansteuern kann. Zudem fühlt sich die übriggebliebene Andere wertlos, amputiert, verschaukelt, betrogen. Eine Hoffnung, die wieder und wieder genährt wurde und sich doch nie erfüllte, läßt sich nicht so einfach begraben. Zweifel tauchen auf: Vielleicht hätte sie ja doch nur ein klein wenig länger warten müssen, wer weiß...

Die Geliebte münzt Frustration in Illusion, Aggression in Depression, Leid in Passion um. Nicht anders als „scheidungsreife" Ehepartner fürchtet auch sie, ihre Identität (ihr Gesicht) zu verlieren. Oft genug ist es nicht die Liebe, sondern eine unbewußte, perfekte Selbsttäuschung, die außereheliche Beziehungen so haltbar macht. Berechtigte Hoffnung oder unheimliche Täuschung – wie soll eine leidende Geliebte das unterscheiden können? Im Zweifelsfall hofft sie. Es ist eine Frage von Selbstkonzept, persönlicher Mentalität und Anspruch, ob die Andere unter ihrem Status leidet und von Zweifeln geplagt wird oder aber eine Liebe, bar jeglicher Pflichten, Verantwortlichkeiten und Perspektiven, ohne Reue genießen kann.

Längst nicht alle Frauen, die mit einem verheirateten Mann liiert sind, stehen unter Leidensdruck. Diejenigen jedoch, bei denen sich Liebe in Leiden verkehrt, verlieren die Freude am Leben. Ihre Existenz mündet unweigerlich irgendwann in ein sinnentbehrendes Dahinvegetieren zwischen vereinzelten Lichtblitzen der Liebe. Wo Kränkung, Schmerz und Verzweiflung überhandnehmen, müssen leidende Geliebte aktiv werden. Wollen die „Schattenfrauen" nicht Gefahr laufen, Jahre ihres Lebens zu vergeuden, gibt es nur eine Alternative: Sie müssen über den lähmenden Schatten ihrer Passivität springen. Es gibt ein paar „Eselsbrücken" und Möglichkeiten, an denen zweifelnde Geliebte überprüfen können, ob sie vielleicht einer Täuschung erlegen oder das Opfer einer Selbsttäuschung geworden sind. Und es gibt Wege, die aus der Abhängigkeit führen.

Vielfach scheint die einzige und letzte Perspektive für die Geliebte die endgültige Ablösung – die Trennung – vom Partner zu sein. In diesem Fall gibt es freilich kein Patentrezept für das „Wie packe ich's an?". Die Gedanken, die der Diplom-Psychologe Heiner Krabbe, Mitarbeiter von „TRIALOG – Beratungsstelle bei Familienkrisen, Trennung und Scheidung", Münster, im folgenden Kapitel ausführt, dürften jedoch für Frauen in dieser Situation etliche hilfreiche Anregungen und Denkanstöße bieten.

Heiner Krabbe

Loslösung: Anstöße

Für die Lösung vom Partner gibt es kein Rezept. Wertvoll können aber Gedanken und Anregungen sein, die es ermöglichen, Fragen an sich selbst zu stellen und über den eigenen Anteil an der Beziehungskrise nachzudenken. Dies kann zu neuen Lösungen führen. Eine Trennung ist ein langwieriger, mühseliger Prozeß. In seinem Verlauf muß eine Vielzahl von Aufgaben und psychischen Prozessen bewältigt werden: Von den quälenden und wankelmütigen Fragen zum Sinn der Beziehung bis zur Formulierung von neuen Lebenszielen. Insbesondere die Beendigung der Beziehung ist ein lähmender Prozeß, ein schier unendliches Hin und Her zwischen Trennungs- und Bindestrich. Eine klare Entscheidung scheint unmöglich. Viele zerbrechen sich den Kopf über den Partner, warten auf dessen Entscheidung.

Gerade diese Phase kann jedoch auch eine Chance sein, die eigene Beteiligung an der Krise zu beleuchten. Hier tauchen Fragen auf, die weit zurückreichen können: Nach dem Beginn der Krise, nach dem Beginn der Beziehung, nach der Wahl des Partners. Entscheidende Bedeutung für den gegenwärtigen Zustand der Beziehung hat bereits die Wahl des Partners und die mit ihr verbundenen Wünsche, Erwartungen, Sehnsüchte, Hoffnungen, aber auch das zu Anfang der Beziehung bereits wahrgenommene „Störende".

All dies liefert einen Zugang zum Verstehen des Konflikts. In der Wahl des Partners wird auch nach einem Weg gesucht, unbewältigte Konflikte aus der eigenen Herkunftsfamilie zu lösen, indem man sich an einen „Außenstehenden" bindet. Im Konflikt mit dem Partner können sich z.B. ungelöste innere Konflikte in der Beziehung zu den Eltern wiederholen. So leben in der aktuellen Krise Konflikte wieder auf, denen man doch mit der Wahl des Partners entgehen wollte. Hier kann Nachforschen und Nachdenken über die Wahl zahlreiche Fragen auslösen. War die Partnerwahl ein Versuch,

- die äußere Bindung an das Elternhaus zu lösen?
- Konflikte um Macht, Unterordnung und Kontrolle im Elternhaus zu lösen?

- sich von starren Wertvorstellungen und Umgangsstilen in der Herkunftsfamilie zu lösen?
- unbefriedigt gebliebene Wünsche nach Geborgenheit, Zuwendung, Nähe und Gemeinsamkeit zu stillen?
- sich aus widersprüchlichen familiären ,,Aufträgen'' und Zuschreibungen zu lösen?
- Sexualkonflikte im Elternhaus zu lösen?

Die Beziehungskrisen sind um dieselben Themen zentriert wie die Konflikte, deren Lösung mit der Partnerwahl angestrebt wurde. Eine Einsicht in diese ungelöst gebliebenen Fragen kann es ermöglichen, auf eigenen Boden zu kommen und wieder handlungsfähig zu werden, um die Krise zu bewältigen und entscheiden zu können.

Mit der Entscheidung für eine Trennung beginnt die gefühlsmäßige Verarbeitung dieser Trennung. Sie braucht Zeit und läuft in Phasen ab. Ein Katalog von Aufgaben muß bewältigt werden, beispielsweise müssen die Gefühle gegenüber dem ehemaligen Partner neu definiert, die soziale Bezugsgruppe neu bestimmt werden; die eigene Identität verändert sich. Gleichzeitig laufen psychische Prozesse ab, wie etwa die der Verdrängung, Verleugnung, Aggressivität, die durchlebt und verarbeitet werden müssen. Besondere Bedeutung kommt hier der Trauer über die gescheiterte Beziehung, über den verlassenen oder verlassenden Partner zu.

Um wirklich trauern zu können, um den Verlust aufzuarbeiten, ist die Bereitschaft nötig, das Ende der Beziehung und die Trauer darüber zu akzeptieren. Es ist nötig, daß die ganze, oft schreckliche Verzweiflung als solche akzeptiert und als der Lebenssituation angemessen betrachtet wird. Auch die Trauer kennt verschiedene Phasen, die durchschritten werden müssen.

Zuerst taucht das Bild des Nicht-Wahrhaben-Wollens auf. Auf die hereingebrochene Katastrophe reagiert man starr, ist wie tot; empfindet nicht mehr. Es besteht die Gefahr, daß man die Trauer vermeiden will, sich in Geschäftigkeit oder tiefe Depression flüchtet. Der Trauernde muß spüren, daß er von den anderen nicht alleingelassen ist, zugleich aber auch nicht von ihnen entmündigt und ganz in Beschlag genommen ist. Der Phase der Empfindungslosigkeit folgt die der aufgebrochenen Emotionen: Wut, Angst,

Ruhelosigkeit, Weltuntergangsstimmung, Schuld. Das wechselnde Chaos ist ein Bild für das Lebenschaos des Trauernden, in dem Altes verschwindet und Neues sich bilden kann.

Es ist schwer, aus der Trauer wieder herauszufinden, nicht chronisch zu trauern. Der Zorn auf den abwesenden Partner bleibt unausgedrückt. Wiederkehrende Schuldgefühle beschäftigen sich mit den Dingen, die in der Beziehung mit dem anderen nicht aufgegangen sind, auch mit den Entscheidungen und Verfehlungen dem eigenen Leben gegenüber. Der Trauernde muß häufig Gelegenheit haben, sein Erleben auszudrücken und sich mitzuteilen.

Bereits in den aufbrechenden Gefühlen kündigt sich die Phase des Suchens/Findens/Sich Trennens an. Sie drängt, noch einmal Zwiegespräche mit dem Partner zu führen, ermöglicht aber gleichzeitig, in sich zu entdecken, was mit dem getrennten Partner zusammenhängt und in das eigene Welt- und Selbstbild umgebaut werden muß. Dies bedeutet, endgültig Abschied zu nehmen. Der Trauernde sollte allerdings nicht gedrängt werden, das „unsinnige" Suchen aufzugeben und den endgültigen Verlust zu akzeptieren.

Die letzte Trauerphase ist die des neuen Selbst- und Weltbezuges. Der Verlust des Partners wird nun akzeptiert; viele Lebensmuster, die sich auf ihn eingespielt haben, sind verlernt und neue Lebensmuster an ihre Stelle getreten, ohne daß der alte Partner einfach vergessen wäre. Lebensziele können neu formuliert werden, neue Kontakte entstehen.

Die Trennung vom Partner ist eine schmerzhafte Lebenserfahrung. Hier sind Hilfen verschiedenster Art denkbar und vorhanden: Eigene Gedanken und Fragen zu Partnerschaft und Krisen können entwickelt sowie eigene Fähigkeiten neu entdeckt werden. Freunde und Verwandte können anwesend sein, begleiten und unterstützen. Es können Gesprächsangebote von Fachleuten in Beratungsstellen und anderen Einrichtungen genutzt werden. Aus dem Gefühl der Verlassenheit heraus kann die Chance entwickelt werden, neue Wege zu suchen und zu wagen.

Den bisher allgemein gehaltenen Anregungen zur Trennung sollen abschließend einige Gedanken zur speziellen Situation der Geliebten folgen – von einem Mann.

Ehe und „Verhältnis" sind zwei alte – gleichalte – Institutionen in dieser Gesellschaft; die eine ist öffentlich, die andere heimlich und verboten. Beide halten sich hartnäckig, ja scheinen sich zu stützen. Träte die heimliche Geliebte ans Licht, käme die Hohlheit der Ehe zum Vorschein. So muß man beide – die Gattin und die Geliebte – trennen und den Schleier der Verdrängung darüber legen. Beide leiden unter diesem Spiel, machen es gleichwohl eine Ewigkeit mit.

Was hält die Geliebte? Die zeitlich begrenzten Begegnungen bieten eine Feiertagsstimmung: Ausgefüllte Stunden voll Zärtlichkeit und anregender Gespräche, fern vom Alltag. Wenn Frauen sich nicht mehr mit den alltäglichen Konsequenzen binden wollen und dennoch in einem vertrauten Rahmen eine Art Partnerschaft eingehen möchten, dann ist ein verheirateter Mann ideal.

Außerdem kann die Vorstellung, durch einen Lebensgefährten eingeengt zu werden, für viele schlimmer sein als das Alleinsein. Doch lassen sich die Gefühle oft nicht so einfach ausbalancieren. Die Erniedrigung des Versteckspiels, das Gefühl, sich vom Mann ausnutzen zu lassen (geht er doch Auseinandersetzungen in beiden Beziehungen aus dem Weg), die unbefriedigt bleibende Sehnsucht nach Nähe lassen die Schattenseiten deutlich werden. Die Geliebte erfährt beide Seiten; sie lebt in zwei Welten: In der der aktiven selbstbewußten Frau und in der der passiven geduldig wartenden Geliebten. Gerade diese Ambivalenz macht sie handlungsunfähig. Doch ist sie oft nur eine Wiederholung des noch andauernden elterlichen „Auftrags“, die Spannungen im Elternhaus miteinander zu verbinden.

Für viele dieser Frauen ist es schwer, ihr Recht in der Partnerschaft aktiv zu fordern. Sie warten, strengen sich an und hoffen. Um zu wissen, was sie wollen – Scheidung, Partnerschaft oder Umwandlung der Liebesbeziehung in ein freundschaftliches Verhältnis – müssen sie aktiv werden und sich auf den Weg ihrer Vorstellungen begeben, auch möglicherweise um den Preis, die geliebte Person zu verlieren.

Wege aus der Abhängigkeit

Nicht immer muß die Beendigung des Leidens automatisch auf eine endgültige Trennung vom geliebten Partner hinauslaufen. Das primäre Ziel sollte für die Geliebte zunächst einmal jenes sein, mit ihrem Leben selbstverantwortlich umgehen zu lernen. Das bedeutet vorrangig, die Passivität, das Warten, die Leidenshaltung aufzugeben. Notwendig ist es, daß die Andere etappenweise einen Bewußtseinsbildungsprozeß durchläuft. Drei Hürden sind zu nehmen:

1. Die Andere muß sich ohne Wenn und Aber eingestehen, daß sie sich in einen Zustand der Abhängigkeit begeben hat.
2. Dieser Erkenntnis müssen Überlegungen folgen, die auf Möglichkeiten zur Änderung des frustrierenden Zustands abzielen.
3. Am Ende steht die Konsequenz des Handelns.

Der Entwicklungsprozeß von der Abhängigkeit zur Selbstzufriedenheit benötigt Zeit. Wichtig ist, daß die vom Leidensdruck zermürbte Frau sich selbst gegenüber tolerant ist. Sie darf sich nicht überfordern und sollte ebensoviel Geduld für sich wie bisher für den Partner aufbringen. Eine Geliebte, die Jahre hindurch passiv ausgeharrt hat, kann nicht von heute auf morgen ihr Leben umkrempeln, ohne dabei erneut in Konflikte zu geraten. Der Mehrzahl der leidenden Geliebten gelingt es hauptsächlich aus zwei Gründen nicht, sich aus der Abhängigkeit zu befreien:

1. Sie sind (noch) nicht bereit, ihre Hoffnungen aufzugeben und ihre Problemlage nach rationalen Gesichtspunkten zu bewerten.
2. Sie gehen in der Zielsetzung über ihre emotionalen Kräfte.

Wenn sie den dritten Schritt vor dem ersten machen wollen, müssen sie zwangsläufig stolpern. Wer sein Ziel in unrealistischen Regionen ansiedelt, raubt sich wertvolle Energien und mindert gleichzeitig seine Chance, überhaupt etwas zu erreichen. Sucht die Andere ernsthaft nach einem Ausweg aus ihrer verfahrenen Situation, hilft ihr Handeln im Affekt nicht unbedingt weiter. Eine

Kurzschlußreaktion, zum Beispiel die eigenmächtige Einweihung seiner Ehefrau, *beendet* vielleicht das *Verhältnis*, nicht aber die psychische *Problematik*, die für die ewig Zweite mit ihrer illegalen Liebe verbunden ist.

Die Holzhammermethode nach der Devise „lieber ein Ende mit Schrecken als ein Schrecken ohne Ende" ist sicher effektvoll, doch stellt sie einen denkbar ungeeigneten Ansatz zur Konfliktbewältigung dar. Denn eine unüberlegte Handlung wird in aller Regel später bereut. Daher folgt der „Affekttat" entweder, wenn möglich, ein Einlenken, oder aber ein schweres seelisches Trauma. Insofern ist es von ausschlaggebender Bedeutung, daß die Geliebte, die nicht zusätzliche – unnötige – seelische Blessuren davontragen oder verursachen will, sich *bewußt* und *mit Bedacht* auf die Suche nach Wegen aus dem Gefühlslabyrinth begibt, statt in einem Zustand emotionaler Verwirrung einen dramatischen Amok-Lauf zu veranstalten.

Eine Abhängigkeit der Art, wie sie die Geliebte in Bezug auf den verheirateten Freund durchleidet, ist ein schwerwiegendes psychisches Problem, das nicht selten in einer frühkindlichen Beziehung wurzelt. Weil Betroffene kaum um die komplexen Zusammenhänge und psychologischen Hintergründe der Abhängigkeit wissen, gelingt es ihnen in den seltensten Fällen, a) ihre Abhängigkeit frühzeitig als solche zu erkennen, b) aus dem Teufelskreis der Abhängigkeit auszubrechen. Geliebte, die sich ihrer Abhängigkeit bewußt geworden sind und die fachliche Hilfe von Psychologen in Anspruch genommen haben, um ihre Partnerschaftsprobleme zu bewältigen, berichten durchweg Positives: Über kurz oder lang ist es ihnen tatsächlich gelungen, sich aus der Fixation auf den Partner zu lösen, ihre Beziehung neu zu definieren oder eine endgültige Trennung herbeizuführen.

Immer mehr Menschen schätzen psychologische Gruppenarbeit, Psychoanalyse, Psychodrama, Rollenspiele, Einzel-, Gesprächs-, Verhaltenstherapien und Seminare zur Selbsterfahrung als praktische Lebenshilfe. So auch die 30jährige Krankenpflegerin Anne G. Sie ist eine jener Geliebten, die sich für eine Therapie entschieden haben und sagt über ihre Erfahrungen:

„Es tut mir unwahrscheinlich gut und ich rate jeder Frau, die mit einem verheirateten Mann zusammen ist, eine Therapie zu machen. Auch wenn es als kleine Lösung scheinen mag, ist es doch eine große Hilfe, mit der Situation fertig zu werden."

Es mutet vielleicht ein wenig seltsam an, Frauen, die verheiratete Männer lieben, eine psychotherapeutische Behandlung ans Herz zu legen. Aber schon allein ihre innerliche Zerrissenheit und ihre ambivalenten Gefühle sind hierfür Indikation genug. Die Fixierung mancher Geliebten auf den gebundenen Freund trägt zumindest zeitweilig alle charakteristischen Züge einer echten Sucht. Ob eine Frau am Essen, an der Flasche oder an einem Mann hängt, das macht hinsichtlich der psychischen Symptomatik keinen großen Unterschied. Genießt die Frau ihre „Droge Mann", wird sie euphorisiert („high"). Entbehrt sie das „Suchtmittel", sind typische Entzugserscheinungen zu beobachten – die Geliebte fühlt sich ausgelaugt und „down", reagiert depressiv, aggressiv, apathisch, mit Schlafstörungen. Immer wieder versucht die Andere aus dem Teufelskreis der Abhängigkeit auszubrechen; immer wieder wird sie wie eine Süchtige rückfällig.

Nur wenige Menschen haben die innere Stärke, sich durch Selbsthilfe aus einer derartigen Situation zu befreien. Scheut eine abhängige Andere, aus welchen Gründen auch immer, durchaus angemessene Maßnahmen wie Psychoanalyse, Gesprächstherapie oder Gruppenarbeit unter psychologischer Anleitung, bleibt ihr natürlich immer noch die Möglichkeit, im Alleingang ihre Seelenkrise zu bewältigen. Erfolgt jedoch keine psychologische Aufarbeitung der Problematik, besteht die Gefahr, daß Verletzungen (Verlustschmerz/Versagergefühle) über Jahre hinweg erhalten bleiben und bindungsunfähig machen und sich die negativen Erfahrungen in und mit jeder neuen Bindung wiederholen.

Selbsthilfe ist immer nur Erste Hilfe – sie ist besser als das Beibehalten der Passivität und dann sinnvoll, wenn sie als Einleitung einer Wende verstanden wird. Schon der Entschluß, nicht länger leiden und aktiv etwas für sich selbst tun zu wollen, ist ein vielversprechender Ansatzpunkt. Denn nicht nur bei einer Therapie, sondern gerade beim Versuch, sich selbst zu helfen, ist die Grundvoraussetzung, daß der passive *Wunsch nach Verän-*

derung vom aktiven *Willen, selbst etwas zu ändern,* abgelöst wird. Auf dieser Basis kann die Geliebte dann versuchen, ihre Lebensweise und den Umgang mit ihren Gefühlen, ihrer Liebe und dem Partner zu analysieren, umzuformulieren und befriedigender zu gestalten. Zeitlich aufeinander folgen sollten diese drei grundlegenden Stufen im Lern- und Bewußtseinsbildungsprozeß:

– Sensibilisierung = Klärungsprozeß
– Aktivierung = Planungsprozeß
– Neuorientierung = Bewältigungsprozeß

Anhand dieses Gerüstes läßt sich das Modell eines ,,Abnabelungsprogrammes'' als Anstoß zur Selbsthilfe entwerfen. Folgende Etappenziele und Fragestellungen sind für die drei verschiedenen Entwicklungsstufen vorstellbar:

1. Sensibilisierung
Ziel ist es, ehrlich zu sich selbst zu werden und (wieder) zu einer realistischen Sichtweise zu gelangen.

Bevor die Andere daran gehen kann, Aktivitäten zu planen, muß sie sich darüber klar werden, was sie eigentlich will. Daher ist es notwendig, daß sie bilanziert: Welches sind die positiven, welches die negativen Aspekte der Freundschaft? Was überwiegt? Es geht darum, daß sie erkennt, welche Gefühle und Bedürfnisse sie wirklich hat, welche Empfindungen sie verdrängt, worunter sie leidet und woran sie sich stört. Hilfreich auf dem Weg zur Selbsterkenntnis ist es beispielsweise, alte Briefe und Tagebücher hervorzukramen, durchzustöbern, kritisch zu lesen und sich Notizen zu machen. Diese Phase verlangt nach gedanklicher Arbeit mit Vergangenheitsbezug: Was hatte ich mir (heimlich) erwartet? Wie habe ich mir mein Leben vorgestellt? Wie war er/es früher? Was hat sich/wie habe ich mich verändert?

2. Aktivierung
In dieser Phase muß eine kritische Auseinandersetzung mit der gegenwärtigen Situation erfolgen.

Die Andere muß lernen, nicht nur zu hören, sondern hellhörig zu sein. Hegt die Geliebte Zweifel an der Aufrichtigkeit des Freundes, darf sie nicht mit solidarischem Verständnis quittieren, was er sagt. Sie sollte zum Beispiel versuchen, seine Aussagen zu entschlüsseln. In scheinbar banalen Äußerungen können wertvolle Informationen verborgen sein, die Illusionen zerstören könnten und deshalb – zum „Selbstschutz" – nicht herausgehört werden. Hören *und* Verstehenlernen ist schmerzhaft, wenn seine Sätze sich etwa in solcher Art interpretieren lassen:

– *gib mir Zeit=*
ich bin mir (über Dich) noch nicht sicher

– *ich kann dir nichts versprechen=*
du bist selbst schuld, wenn du dir Hoffnungen machst

– *meine Frau weiß genau, daß sie mich in der Hand hat=*
ich bin bereit, mich erpressen zu lassen

– *ich habe Verpflichtungen=*
du mußt zurückstehen, wenn's drauf ankommt

– *versteh' mich doch=*
stell' bloß keine Forderungen

– *ich habe so was wie mit dir noch nie erlebt=*
die Situation ist ganz schön verfahren, ich bin ratlos

– *denk dran, ich liebe dich=*
an zweiter Stelle bist du die Größte

– *such' dir andere Freunde=*
enge mich mit deiner Liebe bloß nicht ein

– *ich habe dir gegenüber ein schlechtes Gewissen=*
sag' mir, du willst es nicht anders; nimm' mich auf die leichte Schulter, aber nimm' mich!

– *meiner Frau die Wahrheit sagen, was soll das bringen?=*
ich möchte meine Ruhe haben, ich gehe lieber kein Risiko ein

– *meine Frau versteht mich nicht=*
zuhause läßt man mir keine (Narren-)Freiheit

– *ich habe Frau und Kinder, so einfach kann ich mich nicht scheiden lassen=*
meine Sicherheit ist mir wichtiger als ein Zukunftsabenteuer

- *sicher liebe ich meine Frau, sie ist die Mutter meiner Kinder* =
da sind Bande, die stärker als Gefühle sind

- *vergiß mich!* =
gib' mir alles, aber leite nichts daraus für dich ab

Am wenigsten tut die Andere sich selbst einen Gefallen, wenn sie sich offenen Aussagen versperrt, wenn sie nicht zwischen den Zeilen liest oder gar in seine Äußerungen Inhalte hineininterpretiert, die ihrer Hoffnung, nicht aber der Wahrheit entsprechen. Doch auch Verstehen lernen allein nützt nicht viel, wenn das folgerichtige Reagieren ausbleibt. Andere, die sich betrogen wähnen, dürfen nicht länger die eigenen Gefühle und Bedürfnisse unterdrücken, verdrängen oder ignorieren. Aktivierung heißt in diesem Fall, sich zu rühren, zu handeln. Das bedeutet, die Zukunft in die eigene Hand zu nehmen und Pläne zu schmieden, statt auf den glücklichen Zufall zu warten. Mit Blick auf die Zukunft und bei der Suche nach Perspektiven können Gespräche mit dem Partner, vor allem aber auch mit neutralen, der Geliebten nahestehenden Personen eine wertvolle Hilfe sein. Einfühlsame Bekannte, die Probleme mit einem gewissen Abstand beurteilen, können wichtige Denkanstöße liefern. Unerläßlich ist es, daß die Andere sich öffnet, was auch heißt, kritische Stellungnahmen zu überprüfen statt zu überhören und die Verteidigungshaltung (Solidarität mit dem verheirateten Freund) abzulegen. In der gegenwartsbezogenen Arbeit stehen Hören – Verstehen – Denken – Sprechen – Diskutieren im Mittelpunkt. Am Ende dieser Phase muß eine klare Entscheidung stehen, mit der die Andere leben kann, also etwa

- eine Trennung
In diesem Fall muß sich die Andere bewußt auf eine ,,emotionale Scheidung" einlassen und Trauerarbeit leisten

- ein Ultimatum
die Andere beschließt, wie lange sie den Nebenfrauenstatus noch akzeptiert und spricht mit ihrem Partner darüber. Aus dessen Reaktion ergeben sich die neuen Perspektiven (Hoffnung/Bruch)

- eine Neudefinition

  die Beziehung bleibt bestehen, doch die Vorzeichen werden zugunsten der Geliebten geändert, d.h. mehr Offenheit, Gleichberechtigung etc.

- das „Prinzip Hoffnung"

  die Andere findet sich mit der bestehenden Situation ab, sie entscheidet sich bewußt dafür, weiterhin passiv zu bleiben und muß daher in Kauf nehmen, unter Trennungszeiten und Wartephasen zu leiden

3. Neuorientierung

Hat sich ein realisierbares Ziel herauskristallisiert, wird dieses jetzt angepeilt und zu verwirklichen gesucht

Je nachdem wie sich die Andere entschieden hat, muß sie nun versuchen, sich neu zu orientieren. In der Praxis würde dies im Fall einer Trennung bedeuten, Wut und Trauer über die gescheiterte Beziehung zuzulassen und sich auf gar keinen Fall Hals über Kopf in eine neue Beziehung zu stürzen. Ungewißheit und Wartezustand sind beendet, statt großer Freiheitsgefühle melden sich Zweifel, Ängste, Leere an.

Um nicht in ein emotionales Loch zu fallen, um Depressionen und Selbstmordgedanken vorzubeugen, ist eine Neuorientierung dringend notwendig. Selbstmitleid im stillen Kämmerlein und ein Rückzug auf die eigene Person steigern die Krisenstimmung ins Unerträgliche. Gerade in dieser Phase ist es wichtig, unter Menschen zu gehen und nach interessanten Betätigungsfeldern für die hinzu-/zurückgewonnene Zeit zu fahnden. Das Selbstkonzept muß geändert, das veränderte Leben neu organisiert werden. Darunter ist beispielsweise der Aufbau und die Verstärkung eines sozialen Netzwerkes oder die Kontakt- und Interessenpflege zu verstehen. Kreative Beschäftigung, Freizeitaktivitäten, soziales oder politisches Engagement sind Maßnahmen, die nicht nur ablenken, sondern auch sinnvoll sind und helfen, neue Freunde zu finden und aus der Isolation auszubrechen.

Dieses 3-Phasen-Selbsthilfeprogramm erfordert Willenskraft und Durchhaltevermögen. Bei Ehepaaren rechnet man in der Regel zwei bis drei Jahre, ehe sie eine Trennung auch gefühlsmäßig verarbeitet haben und imstande sind, sich auf neue Verbindungen mit Zukunft einzulassen. Quälend ist im Falle einer Trennung immer wieder die Frage, ob die Entscheidung richtig war. Das Scheitern einer zwischenmenschlichen Verbindung zu bewältigen, ist eine Belastungsprobe für die Seele, besonders auch dann, wenn es sich um eine so problematische, nie wirklich ausgelebte Beziehung wie die der Anderen handelt. Ob dies im Alleingang gelingen kann, hängt vom Einzelfall ab. Ratsam ist eine psychologische Begleitung, etwa die Teilnahme an einem Scheidungsseminar oder der Besuch von Selbsthilfegruppen für Alleinstehende und Geschiedene in jedem Fall.

Sich dem Leiden zu ergeben, sich mehr oder minder passiv in sein Schicksal zu fügen, hat durchaus seine Vorteile – das soll hier keineswegs verschwiegen werden. Leiden beinhaltet immer auch einen gewissen Lustgewinn, wie jede tiefe menschliche Empfindung. Außerdem ist es sehr einfach und bequem, passiv zu bleiben, die Verantwortung anderen Personen zu übertragen und damit auch stets einen Sündenbock zu haben, dem man/frau die Schuld in die Schuhe schieben kann. Es gibt zwar positivere Empfindungen als die des Leidens, aber Leiden ist allemal einfacher, als eigenverantwortlich zu handeln und Risiken für das Tun zu tragen. Die zur Unselbständigkeit erzogene Frau tut sich besonders schwer, Eigeninitiative zu entwickeln, weil Passivität eigene Qualitäten hat und zum Beispiel davor schützt, schwierige Entscheidungen treffen und anschließend tragen zu müssen.

Wenn Geliebte das erkennen und wieder zu leben beschließen, ist es im Grunde bedeutungslos, welche Aktivitäten sie entwickeln; Hauptsache, sie werden überhaupt aktiv. Die Erfahrung lehrt, daß der einmal in Gang gekommene Entwicklungsprozeß normalerweise nicht zum Mann hin, sondern eher von ihm weg führt. Ein gutes Zeichen: Das Ende der Unterwerfung, der Anfang echter Emanzipation. Frauen, die sich aus lauter „Liebe" nicht selbst behaupten, werden ewig unterdrückt bleiben.

Was bleibt

Was bleibt, wenn die Seifenblase der wunderbaren Illusion zerplatzt? Wenig Gegenständliches, ein Sack voll Erinnerungen, eine Spur von Verbitterung, eine Ahnung davon, daß vielleicht alles gar nicht gut gegangen wäre, wenn ...

Was bleibt? Tagebuchfüllende Ergüsse von Glück und Leid, Stapel nie abgesandter Briefe, sentimentale Gedichte. Nein, keine Rachegedanken, nicht die Spur des Bedauerns. Die Realität hat die Andere nie eingeholt. Sie hat gelitten? Ja, schon, aber ... sie hat geliebt! Die Zeit heilt alle Wunden, die Zeit verklärt. Keine andere Frau hat jemals so geliebt wie die Andere ...

„Diese Zeit, die geprägt war von herzklopfendem Warten, herrlichen gemeinsamen Erlebnissen und Stunden und natürlich von jenem intensiven Liebesgefühl, das ich danach nie wieder erlebt habe, wird mir vermutlich als die schönste Zeit meines Lebens in Erinnerung bleiben ..."

Um mit Goethe zu sprechen: *„Liebe ist etwas Ideelles, Heiraten etwas Reelles; und nie verwechselt man ungestraft das Ideelle mit dem Reellen."* Andere, deren Hoffnungen unerfüllt blieben und die nach einem längeren Abnabelungs- und Trauerprozeß neu gelernt haben, im Hier und Heute zu leben – auf eigenen Beinen zu stehen – begreifen ihre Geliebtenvergangenheit sehr häufig als schmerzlich-schöne, bereichernde Lebensepoche.

Was bleibt? Erinnerungen in rosarot und ... Stärke:

„Manchmal habe ich meine sentimentale Tour. Ich steige ins Auto, werfe unsere Hits ins Kassettendeck und fahre an seinem Haus vorbei. Wenn ich seinen Wagen stehen sehe, weiß ich, er lebt noch. Das genügt mir inzwischen vollkommen.

Wie schön, daß mir die Erinnerung keiner rauben kann. Wie wunderschön sind doch Illusionen und Verklärung! Ich bade in Melancholie und mich überfällt diese wehmütige Traurigkeit, die ganz tief drinnen eines der köstlichsten Gefühle ist. Ich steigere mich in eine tiefe, berauschende Depression hinein, in der Gewißheit, nie wieder in das schwarze Loch tatsächlicher Depression zu fallen. Ich gönne ihm seine spießbürgerliche, kleinkarierte Familienidylle. Meinen Traum von der großen Liebe habe ich gehabt. Er ist nie Wirklichkeit geworden, er ist unzerstörbar. Ich bin nicht in den Sumpf der Gewohnheit abgetaucht – ich hatte die wahre Liebe ..."

VII
Die LIEBenswürdige: Die Andere im Spiegel ihrer Geschichte

Geschichten, die das Leben schrieb

Die ganze komplexe Problematik der Anderen in einem Buch abzuhandeln, ist ein Ding der Unmöglichkeit. Jede einzelne Frau könnte einen Roman über ihr Leben als Geliebte schreiben. Deshalb sollen ein paar dieser Frauen am Ende selbst zu Wort kommen, um ihre eigene Geschichte zu schildern. Hinter jedem Bericht steht ein authentisches Schicksal, nur Namen und Merkmale, die Rückschlüsse auf die jeweilige Person zulassen würden, sind geändert. Keine Biographie gleicht der anderen und doch gibt es überall Berührungspunkte, Ähnlichkeiten, Parallelen. Es macht kaum einen Unterschied, ob sich eine ledige, eine geschiedene oder eine Frau, die unglücklich verheiratet ist, mit einem gebundenen Mann befreundet. Wo emotionale Verlassenheit auf gefühlvolle Zuwendung trifft, nimmt das ,,Schicksal" seinen Lauf. Elf Frauen, die einen verheirateten Mann lieb(t)en und ein Mann, der zwei Frauen innig liebt, erzählen davon:

Kraftprobe

Maria P., 27 Jahre, ledig, Kinderkrankenschwester, seit 2 Jahren befreundet mit Frieder N., 32, verheiratet, 2 Kinder, Arzt
– Beziehung dauert an –

Frieder ist der erste verheiratete Mann, mit dem mich eine enge Freundschaft verbindet. Als wir uns kennenlernten, hatte ich schon neun Jahre allein gelebt; ich hatte mein Elternhaus sehr früh verlassen. In diesen neun Jahren habe ich langsam, über viele Umwege und Mißerfolge, meine Lebensform und Einstellung gefunden, oder zu finden geglaubt. Einzig kontinuierlich war mein

Festhalten am beruflichen Weiterkommen. Da durfte es keine „Abwege" geben. Ich habe mich als unabhängig, selbständig und frei bezeichnet und nie geplant, einen Mann zu nahe an mich heranzulassen. Jedes Anzeichen von Unterdrückungsversuchen wehrte ich ziemlich heftig und konsequent ab. Mit 25 war ich soweit, daß ich einen großen Freundeskreis hatte, sehr aktiv mein Privatleben und meine Interessen pflegte und mich endlich kräftig genug fühlte, aus meinem Beruf auszubrechen und neue Wege einzuschlagen.

Frieder lernte ich während meiner Fachausbildung kennen. Anfangs erschien er mir sehr attraktiv, an ein Interesse seinerseits habe ich nicht geglaubt. Vielleicht war ich deshalb so mutig, ihn zuhause anzurufen. Sein Privatleben war mir unbekannt. – Schon der erste Abend im Restaurant zeigte dreierlei: Meine ungeheuere Unsicherheit ihm gegenüber (die sich bis heute nicht verloren hat), meine Unfähigkeit, ihm offen meine Meinung zu sagen und eine unsägliche Spannung zwischen uns. Am zweiten Abend erzählte er von seiner Ehe, davon, daß seine Frau im Krankenhaus sei, um ihr erstes Kind zur Welt zu bringen, und wir liebten uns. Obwohl ich Bescheid wußte, konnte ich mich der Situation nicht mehr entziehen. Heute bedeutet diese Beziehung für mich:

- Leben ständig im Versteck, ohne gemeinsame Freunde, in ständiger Angst vor Entdeckung,
- keine Teilung des Alltags, es besteht dauernd „Ausnahmezustand",
- Ertragen seiner Eifersucht, seines ständigen „Besitzenwollens",
- keine Möglichkeit, ihn zu erreichen, wenn ich ihn wirklich brauche,
- nichts spontan planen und durchführen zu können,
- die Tilgung meiner Spuren, z.B. lange Haare auf dem Pullover,
- einen völlig eingeschränkten Aktionsradius,
- das Gefühl, am Ende doch nur zu verlieren, vielleicht doch nur ausgenutzt zu werden,
- die Wut, wenn ich seinetwegen die Freunde vernachlässige, weil ich abhängig davon bin, wenn er Zeit hat, und die Kämpfe kosten so viel Kraft, daß für andere Aktivitäten nicht mehr viel bleibt,

– den Eindruck zu haben, daß alles umsonst ist, weil die „Sachzwänge" siegen werden,
– sein Eindruck, daß ich es besser habe, weil ich ungebunden bin.

Vier Mal habe ich mit Brachialgewalt versucht, unsere Freundschaft zu beenden. Alles, was sonst nur im Kino zu sehen ist, haben wir zu meinem maßlosen Erstaunen inszeniert. Vom Gläserwerfen bis zu Heulszenen, nächtelangen Telefonaten ... Jeder Riesenkrach endete mit Zittern und Beben im Bett. Vielleicht ist gerade unsere sexuelle Beziehung (beschämenderweise?) ein sagenhafter Kleister. Er ist der erste Mann, mit dem es mir trotz allem von Herzen Spaß macht, der es schafft, Körper, Seele und Kopf mitzunehmen.

Es ist mir nach zwei Jahren Kampf um die Rettung meiner Person vor diesem zähen, willensstarken Mann nicht geglückt, meine Meinung über uns zu klären, eher im Gegenteil. Warum bleibt eine Frau, die sich offensichtlich okkupiert und bedrängt fühlt, bei einem verheirateten Mann, obwohl sie ihn ja verlassen könnte? Noch gleichen die wenigen schönen Stunden alles aus, was mich bedrückt. Ich klammere mich daran wie ein Kind.

Circulus vitiosus

Gundula M., 44 Jahre, ledig, Lehrerin, war 12 Jahre lang befreundet mit Joachim L., verheiratet, 1 Kind, Biologe, Altersunterschied 9 Jahre

1974 lernte ich per Annonce einen „attraktiven Herrn Anfang 40" kennen. Damit beginnt eine Story, die vor allem durch extreme Gemütszustände gekennzeichnet ist: Mal scheint alles zu stimmen – und dann wieder ein Auseinandertreiben, Vergessenwerden, Schlußmachen-Wollen. Eine merkwürdige Beziehung, die zum größten Teil aus Warten – vergeblichem natürlich – besteht. Man sitzt also auf der Wart-Burg, hofft auf ein Telefongespräch, auf eine Verabredung, man ist geradezu abonniert auf einen labilen Gemütszustand. Wenig Positives – einige glückliche Augenblicke, aufgewogen mit viel Alleinsein, Einsamkeit. Irgendwie scheint immer etwas auseinanderzuklaffen, unsere Bedürfnisse erweisen sich als mächtig unterschiedlich.

In der ersten Zeit unserer Begegnung ist es ein Wechselbad von Gefühlen: Monatelang geht es gut, bis der Meister wieder auf „Derby" ist – ein leicht angegrauter Held mit Charme und Überzeugungsvermögen – wieder eine Affäre von kurzer Dauer? „Gespräche über die Wahrheit" bringen zwar eine Klärung der Sachlage, aber keine Verbesserung – Intermezzo von kurzer Dauer – auf zu neuen Freuden – und Rückkehr – wozu?

Endlose Diskussionen: Du verlangst zu viel, du willst mich binden. Wenn eine Frau zuviel von mir fordert, laß ich sie fallen. Jahrelanges Hin und Her – der Zustand, wenn es einer ist, ändert sich nicht.

Dann '77 Schwangerschaftsabbruch – endgültiges Aus – so habe ich bei seiner Heirat geglaubt, denn Geld wärmt besonders gut. Doch Rückkehr nach einem halben Jahr absoluter Funkstille – und trotz guter Vorsätze Wiederaufnahme (gegen Dummheit ist kein Kraut gewachsen). Und der Circulus vitiosus wiederholt sich – kurze Zeiten einer zufriedenstellenden Beziehung – „Partnerschaft" wäre zu hoch gegriffen.

Ich richte mich also ein in dem Umstand, ein Nachtschattengewächs, sprich: seine Zweitfrau, zu sein. Dies hat den Vorteil, daß man sich seinen Bedarf an Zärtlichkeiten und Entgegenkommen holen kann – gratis natürlich, ohne Verpflichtungen; vor allem die Wochenenden sind langwierig und schwierig.

Immer wieder monatelanges Abtauchen in Arbeit und heimische Verpflichtungen, der Herr ist unabkömmlich.

Doch nun mache ich einen Lösungsprozeß durch, eine fast gesunde Einstellung erwächst mir – „carpe diem" – die Rosen liegen ja sowieso nicht herum, man muß als Berufssingle mächtig flexibel sein. Nur eins macht mir Sorgen. Ich habe leider eine verhängnisvolle Neigung zur Monogamie. Ein unverzeihlicher Charakterfehler, bei Frauen häufiger anzutreffen als bei Männern, daher das starke Geschlecht. Ich kämpfe tapfer dagegen an – aber leider nur mit mäßigem Erfolg. Alle neuen Bekanntschaften vergleiche ich mit ihm und lasse sie nach kurzer Dauer wieder fallen. Tja, nichts ist vollkommen auf Erden, nicht einmal das Single-Dasein.

Das Ultimatum

Heike L., 35 Jahre, ledig, Personalsachbearbeiterin, seit 18 Monaten befreundet mit Julius F., 39, verheiratet, 1 Kind, technischer Zeichner – Beziehung dauert an –

Wir haben uns in einer Abendschule kennengelernt, daher wußte ich von Anfang an, daß er verheiratet ist und eine Tochter hat. Gleich zu Beginn erzählte er mir, daß seine Ehe kaputt sei und er sich nur noch nicht scheiden lassen hätte, weil er die Schule angefangen habe und den Streß nicht brauchen könne. Erst wollte er die Schule beenden, dann sich scheiden lassen. Vor acht Monaten war die Abschlußprüfung, aber er ist durchgefallen, so daß er diesen Punkt noch nicht „abhaken" kann. Nach massiven Interventionen von mir, die mich viel Kraft kosteten, ist er momentan dabei, sich eine Wohnung zu suchen. Wir haben uns darauf geeinigt, daß er erst mal allein mit seiner Tochter wohnt.

Er hat große Angst vor dem endgültigen Trennungsschritt, was er allerdings nicht zugibt. Überall sieht er Schwierigkeiten und Widerstände, wo oft keine sind. Ich glaube, er hat sich in seiner Familie einigermaßen arrangiert, so daß er sich an ein nicht sehr schönes, aber erträgliches Leben ohne größere Schwierigkeiten gewöhnt hat. Deshalb ist seine Motivation, dieses „Nest" zu verlassen, nicht allzu groß. Aber er möchte als Mann gelten, auf dessen Wort Verlaß ist, außerdem tut es ihm leid, daß es mir oft so schlecht geht und er möchte das ändern.

Ich habe mir gleich anfangs einen Termin gesetzt, wann ich mich zurückziehe, wenn er bis dahin nicht ausgezogen ist. Es ist in einem halben Jahr, dann kennen wir uns zwei Jahre. Er weiß davon, aber nicht, wann der Termin ist. Ich benutze ihn als Druckmittel, überdies ist es ein Trost für mich, wenn ich verzweifelt bin.

Ich wünsche mir sehr, daß wir eines Tages zusammenleben werden. Zusammenwohnen wird nötig sein, um ihm öfter zu begegnen, denn er ist ein sehr betriebsamer Mann, der wahrscheinlich immer relativ wenig Zeit und Energie für eine Beziehung übrig haben wird. Da ich aber auch gern etwas mit meinen Freundinnen unternehme und eine eigene Welt brauche, glaube ich, daß es mir reichen wird. Ich erlebe schon jetzt, daß unsere Begegnungen oft sehr intensiv sind, daß es mir genügt. Ich weiß also, daß große Nähe zu ihm möglich ist. – Was mich stört, ist die Ungewißheit – daß er immer wieder kommt – und die Ungleichheit unserer Beziehung, das heißt, daß ich immer warten muß, daß er kommt und ich keine Möglichkeit habe, ihn zu besuchen. Ich würde gern mehr Freizeit mit ihm verbringen als jetzt. Einen gemeinsamen Urlaub hat er mir schon versprochen. Wir haben bisher dreimal eine Nacht zusammen verbracht.

Hass

Ursel R., 47 Jahre, ledig, Fachlehrerin, war 16 Jahre lang befreundet mit Roland M., verheiratet, 1 Kind, Handelskaufmann
Beziehung endete vor 9 Jahren durch seinen Tod

Viele Erinnerungen steigen in mir auf, wenn ich an Roland denke. Das größte Glück im Leben liegt darin, daß man jemanden liebt. Es gab in den 16 Jahren unserer Beziehung glückliche Stunden, aber da sind auch all die anderen, und ihrer sind viel mehr. Ich kämpfte für eine Liebe, ich habe oft gewonnen, aber am Ende doch verloren. Roland kam 1961 als neuer Chef in die Firma, in der ich damals tätig war; ich wurde seine Sekretärin. Als wir uns sahen, hat es sofort „gefunkt". Bevor ich ihn kannte, war außer ein paar Freundschaften, die sich bald wieder lösten, nichts. Roland lehrte mich zu leben, zu lieben – er war der „Erste". Er lud mich in Restaurants ein, wir machten Spaziergänge, ich begleitete ihn auf seinen Geschäftsreisen. Aber ich wollte Roland in der Firma nicht in Schwierigkeiten bringen und kündigte deshalb bald nach unserer Begegnung meine Stellung. Anfangs war ich sehr verzweifelt. Ich versuchte, noch mehr zu arbeiten, machte eine neue Ausbildung. Damals wohnte ich noch bei meinen Eltern. Wir mußten uns im Hotel treffen. Der erste Abend im Hotel: Ich spürte die Blicke des Mannes am Empfang, die Blicke des Bedienungspersonals, ich kam mir so erniedrigt vor. Aber in Rolands Armen vergaß ich alles – er war ein wunderbarer Geliebter. Ich wünschte mir, er möge die Nacht mit mir im Hotel bleiben, seine Zärtlichkeiten, seine Liebe mögen nie aufhören. Doch vor Mitternacht sagte er, „ich muß nach hause, da wartet jemand auf mich". In dieser Nacht begann ich, seine Frau zu hassen.

Vier Jahre nach unserer ersten Begegnung mußte ich Roland sagen, daß ich ein Kind erwartete. Ich sah Erschrockenheit in seinen Augen und er sagte, „da ist meine Karriere, da ist meine Familie, zuhause erschlagen sie mich". – Von einer Bekannten wußte ich einen Arzt, das Kind kam nicht zur Welt.

Roland nahm mich sehr viel auf Dienstreisen mit, im In- und Ausland. Diese Reisen verlängerten wir häufig, das war dann unser Urlaub. Ich war glücklich, morgens neben ihm aufwachen zu können, aber dieses Glück war von kurzer Dauer. An Sonn- und Feiertagen war ich allein. Unsere Weihnachtsfeier fand immer eine Woche vor Weihnachten statt, häufig kam Roland doch noch mal am Heiligenabend, morgens, in meine Wohnung. Immer, wenn er diese verließ, haßte ich seine Frau.

1968 bekam mein Freund während einer Tagung einen Herzinfarkt. Ein Mitpatient schrieb mir aus dem Krankenhaus, teilte mir das Geschehene mit. Ich rief dort an. Der Arzt meinte, „Gott sei Dank, endlich kümmert sich jemand um ihn". Dann war mein Roland am Telefon: „Mausilein, bist du es?" Mausilein, das war der Kosename seiner Frau. Ich glaubte zu fühlen, wie traurig er war, daß seine Familie nicht angerufen hatte. Ich haßte seine Frau dafür.

1970, nach einem Nervenzusammenbruch, stürzte ich mich in die Arbeit. Ich begann ein Fachlehrerstudium, wurde nach Abschluß in den Schuldienst übernommen und Roland sagte, „ich bin froh, da brauche ich mir um dich keine Sorgen machen". Wir sahen uns ein paarmal die Woche, wenn wir uns nicht sahen, war ich verzweifelt. Immer öfter klagte mein Freund über seine Familie. Er könne es nicht mehr ertragen, aber eine Trennung führte er nicht herbei. Und ich haßte seine Frau.

Weihnachten 1978 starb mein Freund, am zweiten Herzinfarkt. Der Abschied war etwas Unvorstellbares, es läßt sich nicht beschreiben. Nur ein Traum ist mir geblieben. Ich bin nach dem Tod meines Freundes keine Beziehung mehr eingegangen. Ein Stück von mir ist mit ihm gestorben. Was auch immer geschehen mag bis zu dem Tag, an dem ich vielleicht Rechenschaft ablegen muß – ich weiß genau, daß ich nichts bereue.

Briefe

Paula S., 28 Jahre, ledig, Heilpädagogin, seit einem Jahr befreundet mit
Alexander Z., 36, verheiratet, 1 Kind, Sportarzt
– Beziehung dauert (noch) an –

Ich habe Alexander nur wenige Briefe geschrieben, weil ich bald
merkte, daß meine Absichten, ihn damit aus der Reserve zu locken
und ihn zu Stellungnahmen zu „zwingen", ihr Ziel nicht erreichten. Wenn ich mir jetzt die Briefe durchlese, fällt mir auf, daß ich
selbst die Beziehung zu Alexander ziemlich früh problematisiert
habe. Ich wollte ihn immer zu Zugeständnissen bewegen, zu denen
er noch nicht oder überhaupt nicht bereit war. Den ersten Brief
schrieb ich, kurz bevor Alexander seine Stellung wechselte. Die
Ungewißheit über die zukünftige Entwicklung hatte uns sprachlos
werden lassen:

15. Dezember 85

Lieber Alexander,

*Wieder habe ich es nicht geschafft, Dir das zu sagen, was mir
am Herzen liegt. Es tut mir leid, daß ich Dir in den letzten
Wochen oft mit einer todunglücklichen Miene begegnet bin. Ich
bewundere Deine Geduld mit mir. Ich danke Dir für Dein
Verständnis, wenn ich wie ein Kind Trost in Deinen Armen
suchte und fand.*

*Warum kann ich nicht mehr so glücklich und unbeschwert wie
zu Beginn unserer Freundschaft sein? Ich glaube, die Umstände
unserer Beziehung werden mir immer klarer, bedrücken mich
mehr und mehr, ja ich leide darunter. Die Folgen dieses Bewußtseins sind meine depressiven Krisen, in denen ich mich sehr
einsam fühle, und eine allgemeine Passivität, also die Unfähigkeit, mit mir selbst oder anderen etwas anzufangen.*

*Du bist anscheinend in der glücklichen Lage, alles zu ver-
drängen. Dein Leben geht seinen gewohnten Gang, in dem ich
episodenhaft auftrete. Du hast Dich der Situation angepaßt, was
mir leider noch nicht gelungen ist. Ich weiß, daß ‚unser' Problem*

nicht kurzfristig gelöst werden kann, sondern langes Warten erfordert. Gib mir bitte noch Zeit, mit mir selbst besser klar zu kommen und zweifele nicht an meinen Gefühlen für Dich, auch wenn es manchmal so scheint, als ob ich Dich wegstoßen will, es ist in dem Moment nur ein Schutz für mich.

Deine Paula

Der zweite Brief ist meine Reaktion auf Alexanders Eröffnung, daß er seine Frau nicht verlassen könne:

7. Februar 1986

Lieber Alexander,

Deine Sonntagnacht geäußerten Vorstellungen darüber, wie Du Deine private Zukunft planen willst, haben mich sehr beschäftigt. Ich denke, daß Du in Deiner Ansicht, Dein Leben in Zukunft ändern zu können, mal wieder einer Selbsttäuschung erliegst. Selbsttäuschung deshalb, weil ich in Deiner Argumentation Parallelen zu den Gründen entdecke, aus denen Du damals Evi geheiratet hast. Du sagtest, als Evi schwanger wurde, warst Du nach einiger Überlegung davon überzeugt, daß Du zu den Konsequenzen der Schwangerschaft – in Form einer Ehe – stehen müßtest, stehen solltest, stehen willst und stehen kannst.
Was ist aus Deinen Vorsätzen geworden? Du hast Evi betrogen und meinst nun, dies durch zukünftige Treue wiedergutmachen zu können. Du hast bewiesen, daß Du dazu nicht in der Lage bist. Deinen Frust wirst Du immer irgendwie abreagieren müssen, egal ob es jetzt im Beruf, im Gasthaus bei Freunden und einigen Gläsern Bier oder bei einer anderen Frau ist. Evi wird immer die Betrogene bleiben, die hofft, Dich irgendwann wieder ganz für sich zu gewinnen. Sie tut mir leid.
Es ist doch so, daß sich Evis Situation nicht ändert, wenn Du Dich nun entschließt, treu zu sein. Sie weiß ja nicht, daß Du es nun sein willst. Sie lebt in der Hoffnung, daß Du keine tiefere Beziehung zu anderen Frauen hast, bzw. wenn doch, daß Du diese so gut tarnst, daß niemand, als letzte sie selbst, etwas

*mitbekommt. Dein Treu-sein hätte nur Folgen für Dich persön-
lich, nämlich die, daß Du Dir im Spiegel wieder in die Augen
schauen könntest. Es tut mir weh, mit anzusehen, wie Du Dich
quälst, eine Lösung suchst, von einem Extrem ins Andere fällst.
Daß letztendlich auch meine Interessen berührt werden, ist nicht
zu leugnen. Ich möchte aber bewußt nicht weiter darauf eingehen, um nicht so eine Gegensätzlichkeit aufzubauen, worauf es
ja wohl hinausläuft. Außerdem weißt Du, was ich für Dich
empfinde.*

Deine Paula

Der dritte Brief spricht für sich selbst.

26. Februar 1986

Lieber Alexander,

*. . . Es sieht zwar manchmal so aus, als ob Du ganz gut ohne
mich leben kannst, vielleicht sogar besser im Sinne Deiner
neuen Vorsätze. Aber ich brauche Dich! Ich schreibe das jetzt
so, obwohl ich weiß, daß es egoistisch ist, aber es ist wahr. Du
fehlst mir sehr und ich möchte Dich möglichst bald wiedersehen,
mit Dir sprechen und Dich in den Arm nehmen . . .*

Deine Paula

Inzwischen ist Schluß. Er möchte die Beziehung zu seiner Frau
nicht aufgeben, er wäre mit seiner derzeitigen Lebenssituation
zufrieden. Ich hätte möglicherweise die Funktion eines ,,Katalysa-
tors" gespielt. Da er keine Hoffnung mehr auf eine gemeinsame
Zukunft mit mir hegt, wären meine Versuche, ihn zurückzugewin-
nen, momentan von vornherein zum Scheitern verurteilt. Meine
Hoffnung, doch mit ihm alt zu werden, habe ich jedoch nicht
verloren.

Wechselbäder

Linda K., 34 Jahre, geschieden, Sozialpädagogin, seit 4 Jahren befreundet mit Günter H., 34, verheiratet, 2 Kinder, Sozialarbeiter

Es begann am 16. Mai 1982 ganz unverfänglich. Eigentlich kennen wir uns schon acht Jahre. Wir hatten denselben Bekanntenkreis und viel zusammen unternommen. Dieser Mann war mir nie besonders aufgefallen. Ganz im Gegenteil. Ich fand ihn arrogant und pingelig. Dann lernten wir uns auf einem Ausflug näher kennen, kamen ins Gespräch und merkten, wir hatten beide identische Probleme in der Ehe. Das war eine Basis, ich fühlte mich endlich verstanden. Der Mann wurde mir immer wichtiger. In meiner Ehe ging es schon anderthalb Jahre drunter und drüber. Ich hatte unter der Situation schrecklich gelitten und nahm stark ab. Irgendwie ging dann alles sehr schnell. Ich habe meine Ehe *nicht* für den neuen, verheirateten Mann aufgegeben. Ich hätte einen neuen Anfang gesucht. Aber mein Mann war da anderer Meinung. So zog ich nach einem Vierteljahr aus. Günter hat mir damals sehr viel Halt gegeben, immer noch als „guter Freund". Irgendwann sind uns die Gefühle füreinander über den Kopf gewachsen. Wir wußten genau, daß es nicht richtig war, aber der Verstand blieb aus. Es entwickelte sich immer mehr. Im ersten Jahr unserer Freundschaft hatte ich noch sehr viel damit zu tun, die Trennung von meinem Mann zu verarbeiten. Günter hat mir in vielen Gesprächen dabei geholfen und das hat alles etwas erleichtert. Ich habe Tagebuch geführt und mich schriftlich von vielem befreit. Irgendwie kamen wir immer wieder dahin, daß es mit uns beendet werden müßte. Viele Versuche schlugen fehl. Wir wollten nicht aufeinander verzichten und fanden immer wieder zueinander.

Im Oktober '83 hat er sich das erste Mal von zuhause getrennt, für 14 Tage. Er wurde mit der Situation nicht fertig und ging zurück. Alles sollte aus sein! Jeder sollte einen neuen Anfang machen. Er in der Ehe und ich in meinem Leben. 6 Wochen ging es gut (schlecht). Ich wurde sehr krank dabei. Es ging nicht! Lieber nur für Stunden, als gar nicht. Ich hatte in der Zeit eine enorme Wut auf seine Frau. Sie hatte alles und wußte überhaupt nicht, was für einen Mann sie hatte. Versorgt sein, Vater, Mutter, Kinder, heile Welt.

Er als Mensch war gar nicht so wichtig. Mir tat das weh. Wir trafen uns heimlich unter ganz großen Schwierigkeiten. Die Stunden konnten wir genießen und dann kam wieder der große Frust. Ich fing an, mein zweites Leben anders zu gestalten. Ich unternahm alles mögliche, um nur nicht immer zu warten. Die Wochenenden und Feiertage sind mir in den ersten drei Jahren oft zur Qual geworden. Mittlerweile habe ich einen anderen Rhythmus gefunden und kann mit der Situation leben. Es macht mir Freude, allein zu leben und von einem Menschen geliebt zu werden, ohne ihn immer bei mir zu haben. Unsere Beziehung hat so viele Durststrecken durchgestanden und wurde immer intensiver. Ich habe ihn nie unter Druck gesetzt, weil ich weiß, wie es ist, alles hinter sich zu lassen. Mir gelingt es nicht, einem anderen Mann eine Chance zu geben. Die Gefühle für Günter sind einfach da und würden eine neue Beziehung unmöglich machen. Ich will es auch gar nicht. Sollte mein Schicksal ein anderes sein, dann kommt es von allein. „Ganz oder gar nicht" ist für mich nicht der richtige Weg. Heute kann ich jeden Tag genießen, auch ohne ihn. Vielleicht aber auch nur, weil es „ihn" gibt? Ich habe keine Erwartungen mehr und fühle mich wohl dabei.

Rollentausch

Elvira M., 37 Jahre, geschieden, MTA, z.Zt. Hausfrau und Mutter, Freundin/Ehefrau/Ex-Frau von Ingo B., 47, Internist

1973 lernte ich meinen Freund kennen. Er war damals verheiratet mit einer Augenärztin und hatte zwei kleine Kinder. Nachdem er ein flüchtiges Verhältnis mit einer meiner Freundinnen hinter sich hatte, machte er nun mir den Hof. Anfangs war ich wenig interessiert, obwohl meine Verlobung gerade in die Brüche ging. Doch er ließ nicht locker und schließlich verliebte ich mich in ihn. Er lebte damals halb bei seiner Familie, halb in seiner „Arbeitswohnung". Schon bald wurde mir klar, daß er mich betrog: körperlich mit gelegentlichen Verhältnissen und emotional mit seiner Familie. Obwohl er immer von Scheidung sprach, Kinder mit mir wollte, passierte jahrelang nichts. Oder doch – wir erlebten viel miteinander und nach anfänglichem Versteckspiel wurde das Verhältnis offizieller. Im Jahr 1979 zogen wir zusammen, 1981 wurde mein Freund dann geschieden. Die Jahre bis zur Scheidung waren ein schreckliches Hin und Her.

Immer wieder gab es Probleme, immer wieder hatte er kurzfristig eine andere. Nachdem mein Freund geschieden war, hoffte ich auf eine Änderung, aber es änderte sich nichts. Mein Freund hatte Verhältnisse, war launisch und ich abhängig von seinen Launen. 1983 hatte er wieder ein enges Verhältnis zu einer Frau. Ich litt entsetzlich und wollte mich am liebsten umbringen. Aber vor lauter Liebe hatte ich für fast alles Verständnis, sogar dafür, daß er mich zweimal zur Abtreibung zwang.

Im Sommer '83 nahm ich mir dann vor: Entweder endgültige Trennung, oder wir heiraten und ändern so unser Leben. Mein Freund hatte gemischte Gefühle, schließlich heirateten wir Ende 1983 tatsächlich. Doch schon nach einigen Wochen wärmte er ein altes Verhältnis wieder auf. Ich fand es entwürdigend. Nun war es so weit, daß ich die betrogene Ehefrau war und eine andere die Geliebte. Als ich von meiner Schwangerschaft erfuhr, war er gerade bei seiner Freundin in Italien. Noch im Oktober desselben Jahres zog mein Mann aus der gemeinsamen Wohnung aus, besuchte mich aber täglich und wollte wieder mit mir zusammen sein.

Kurz vor Weihnachten '84 sah ich meinen Mann zum letzten Mal. Wir verabschiedeten uns mit Kuß voneinander, ich ohne Arg. Mehrere Tage später bekam ich einen Brief von ihm voller Haß und Anschuldigungen. Anfang '85 kam unser Kind zur Welt, eine Tochter, die er nie gesehen hat. Im Herbst reichte ich die Scheidung ein und bin seit Juni 1986 geschieden. Vorerst bin ich Hausfrau, bekomme Unterhalt und widme mich meinem Kind. Ich bin ruhiger und zufriedener als in der Zeit mit meinem Freund/Mann. Obwohl er mir so viele Verletzungen zugefügt hat, denke ich manchmal immer noch mit Sehnsucht an die Zeiten mit ihm zurück.

Tauziehen

Caroline St., 29 Jahre, ledig, Sekretärin, vier Jahre befreundet mit dem 19 Jahre älteren Karlhans W., verheiratet, keine Kinder, Lehrer Verhältnis endete durch Tod von Karlhans W.

Kennengelernt haben wir uns schon 1969, und zwar in der Konstellation Lehrer/Schülerin. Unser Verhältnis begann 1981 auf einer Schülerfreizeit, die wir beide als Aufsichtspersonen begleiteten. Zunächst sahen wir uns nur tief in die Augen und machten harmlose Konversation dazu. Ich merkte bald, daß etwas in der Luft lag, wagte aber nicht weiterzudenken, so ungeheuerlich kam es mir vor. Es ergab sich ohne viele Worte, daß er eines Nachts in meinem Zimmer landete. Ich äußerte noch Bedenken wegen seiner Ehefrau und er meinte, daß ich nichts tun mußte, was ich nicht selbst auch wollte. Meine Gefühle hatten aber rationale Überlegungen bereits derart in den Hintergrund gedrängt, daß die Sache nicht mehr aufzuhalten war. Nachdem er mich unheimlich zärtlich und rücksichtsvoll genommen hatte, erzählte er mir, daß er sich schon längere Zeit ganz stark zu mir hingezogen gefühlt hätte. Ich hatte sein Verhalten nicht dahingehend gedeutet, sondern hielt ihn einfach für ausgesprochen freundlich und hilfsbereit.

Kurz nach unserer Rückkehr aus der Freizeit trennte ich mich von meinem bisherigen Freund, weil ich es nicht mehr ertragen konnte, mit ihm zusammen zu sein. Kurze Zeit später sprach Karlhans das Thema Scheidung an; erklärte, daß er sich schon seit längerem mit diesem Gedanken beschäftigt habe. Zu diesem Zeitpunkt betrachtete ich unsere Verbindung als sehr rosig und eine Scheidung erschien mir wenig problematisch. Gemeinsame Kinder waren nicht vorhanden, beide Partner waren stets voll berufstätig, das gemeinsame Haus könnte verkauft werden. Wie töricht diese Vorstellung war, sollte sich in den folgenden Jahren herausstellen.

In den nächsten zweieinhalb Jahren gedieh unsere Verbindung ausschließlich im Untergrund. Er wollte seine Frau zu einer Scheidung bewegen, ohne mich ins Spiel zu bringen und bat mich, ihm die nötige Zeit zu geben. Nach anderthalb Jahren Stillhaltens glaubte ich nicht mehr an einen für mich positiven Ausgang der Dinge und versuchte, mich von ihm zu trennen. Es blieb ein hilfloser Versuch! Ein Brief von ihm mit der Schilderung seiner Verzweiflung genügte, mich zurückzuholen. Er mietete sich eine Wohnung, in die er aber nie einzog, weil der Suizidversuch seiner Frau ihn erneut am Gehen hinderte. Ein weiterer Ausbruchversuch meinerseits (ein Jahr später) brachte ihn dann doch dazu, seiner Frau die Wahrheit zu sagen. Ich glaubte mich endlich am Ziel meiner Wünsche und war tief enttäuscht, als sie trotz der jahrelangen Ehestreitigkeiten mit allen Mitteln um den Fortbestand der Verbindung kämpfte. Nach einem halben Jahr konnte sie schließlich seine kühle, abweisende Haltung nicht mehr ertragen und zog aus dem gemeinsamen Haus aus. Der Kampf war damit allerdings nicht zu Ende. Es gab endlose Telefongespräche, Briefe mit Drohungen oder Bitten. Er kam ihr, getrieben von Schuldgefühlen, in vielen Dingen entgegen, was sie ihm als Unentschlossenheit auslegte.

Ich bin in dieser Beziehung an die Grenzen menschlichen Empfindens gestoßen. Es hat dazu geführt, daß ich viele Arten von Gefühlen und menschlichen Reaktionen besser verstehen kann. Ich selbst habe in dieser Zeit Verhaltensweisen gezeigt, die ich bei mir nie für möglich gehalten hätte. Es gab Momente, in denen ich das Gefühl hatte, es müßte mich gleich zerreißen vor Wut, Ärger und innerer Unruhe, aber es gab auch Phasen des absoluten Glücksempfindens, die ich vor und nach dieser Beziehung nie hatte. Was ich bei Karlhans an Übereinstimmung, Zärtlichkeit und Geborgenheit fand, dürfte wohl einmalig gewesen sein. Nur bei ihm habe ich es bisher geschafft, Zeit und Umgebung völlig zu vergessen. Unsere sexuelle Beziehung war wahnsinnig schön und zum Schluß noch so aufregend wie am Anfang. Gesundheitlich hat mich diese problematische Verbindung ziemlich angegriffen. Es gab Zeiten, in denen ich glaubte, meine strapazierten Nerven mit Alkohol und Beruhigungspillen zufriedenstellen zu müssen. Mein Blutdruck stieg durch die ständigen Aufregungen besorgniserregend an und der Arzt verordnete Medikamente und strenge Bettruhe. Auch mit nervösen Blasenbeschwerden hatte ich zu kämpfen.

Mein Freund ist vor anderthalb Jahren ganz plötzlich und für alle völlig überraschend an einem Herzinfarkt gestorben. Das Trennungsjahr von seiner Frau war gerade abgelaufen und er hatte vor, in den nächsten Tagen das Scheidungsverfahren anlaufen zu lassen.

Kurz vor seinem Tod hatte er mich noch mit dem Plan überrascht, zusammen mit einer befreundeten Familie ein großes altes Haus zu kaufen und für uns auszubauen ...

Gehversuche

Sieglinde L., 30 Jahre, ledig, Altenpflegerin, seit 3 Jahren befreundet mit Michael D., 47, verheiratet, 1 Kind, Gastwirt

Meine Schwester schwärmte mir immer von einem Michael vor und da dachte ich mir, den siehst du dir mal an. Er gefiel mir gleich und wir verliebten uns irrsinnig. Ich suchte mir eine Arbeit in seiner Nähe. Jedes Wochenende raste ich dann zu ihm. Damals war ich auch noch nicht so auf ihn fixiert, sondern dachte mir gar nichts dabei. In seinem Haus ging ich aus und ein. Ich war die Freundin von ihm und ihr. Ich schlief im Gästezimmer, wo er mich nachts immer besuchte, nach Lokalschluß, wenn seine Frau bereits schlief. Anfangs war ich da echt abgebrüht, es machte mir nichts aus. Ich half ihr tags im Haus, putzte die Küche, bügelte usw. Wenn ich mal nichts tat, hatte ich irgendwie ein schlechtes Gewissen.

Jeder wußte wohl, daß ich mit ihm ein Verhältnis hatte und ich denke, daß auch sie es immer gewußt hat. Sie steckte den Kopf in den Sand und somit war der Fall erledigt. Es war der absolute Wahnsinn, ich hatte ein immer schlechteres Gewissen und konnte ihr nicht ins Gesicht sehen. Ich sagte Michael, er solle ihr endlich die Wahrheit sagen. Er tat es nicht – irgendwann kam sie von selbst dahinter. Dann saßen wir alle drei an einem Tisch, sie heulte wie ein Schloßhund, ich saß da wie ein Häufchen Elend und er versuchte, alles ruhig zu managen.

Sie sagte unter Tränen, daß sie ihn noch liebe und wenn er mich lieben würde, solle er mit mir gehen und alles stehen und liegen lassen. Das konnte und wollte er nicht. Also hieß es, nach einer anderen Möglichkeit Ausschau zu halten, wo wir uns treffen konnten. Wir hatten Glück und es ging (mir) gut. Hatte keinen Streß und Ärger mit seiner Frau und er kam oft. Ich kochte Kaffee für uns, wir saßen zusammen und schauten gemeinsam Fernsehen, es gab viel Schönes. Aber nach einem Jahr packte mich die innere

Unruhe. Ich wußte, wenn ich den Absprung jetzt nicht schaffe, versumpfe ich.

Vor einem Monat bin ich in eine andere Stadt gezogen. Jetzt weiß ich auch und werde mir dessen immer sicherer, daß ich das Richtige getan habe. Mein Verstand sagt mir, daß ich mein Leben leben muß und nicht dahocken darf, dabei alt und grau werde, um auf ihn zu warten. Er war sehr traurig, als ich wegging und ich weinte furchtbar. Jetzt hält er mir vor, daß ich quasi schuld daran bin, daß wir nicht mehr so viel zusammen sein können. Doch mir ist das egal. Als ich das letzte Mal bei ihm war, sagte ich ihm, daß ich nicht mehr komme, daß alles keinen Sinn hat. Er will es nicht wahrhaben. Wenn ich Sehnsucht nach ihm habe, kann ich ihn nicht mal anrufen, weil sie ans Telefon gehen könnte. Ich versteh' das nicht. Sie weiß doch von uns, was soll die Geheimniskrämerei? Nur, damit er zuhause seine Ruhe hat. Sie haßt mich wie die Pest, obwohl ich mir sage, ich habe ihr doch nichts getan. Deinen Mann habe ich dir doch nicht genommen, den hast du doch nie gehabt.

Gestern war ich im Frauentherapiezentrum wegen meines Problems. Die rieten mir zu einer Einzeltherapie, die auch ich schon lange ansteuern wollte. Von ihm wegzugehen schaffe ich nicht, da ich denke, die Welt stürzt ein und ich gehe kaputt. Ich hoffe und setze viel auf meine Therapie.

Gebranntes Kind

Monika F., 33 Jahre, ledig, freie Fotografin, seit zwei Jahren befreundet mit Walther Z., verheiratet, 2 Kinder, Journalist

Meine erste große Liebe – kleine Liebeleien gab es vorher schon – erlebte ich mit 19. Leider hat dieser Mann mich nur hingehalten. Er war damals 36 Jahre alt und lebte in Scheidung. Ich liebte ihn heiß und innig. Rief er mich an, war ich glücklich – hörte ich nichts von ihm, war ich zornig oder weinte. Es war das typische Wechselbad und eine sehr schlimme Zeit für mich, denn ich hatte nicht die Erfahrung, um einfach Schluß zu machen. War ich über alles hinweg, dann lief er mir wieder über den Weg usw. Später habe ich dann erfahren müssen, daß er schon längst eine andere hatte, die er dann auch geheiratet hat.

Danach befreundete ich mich mit einem Kollegen. Wir machten eine kleine Bildagentur auf. Ich vergaß mein Mißtrauen und wollte einen neuen Anfang wagen. Bis ich dahinter kam, daß er verheiratet war und auch nichts mehr mit unserer Agentur zu tun haben wollte. Zurück blieben Enttäuschung und finanzielle Einbußen.

Es folgten Bekanntschaften, die mehr oder weniger belanglos waren. Ich begann, mich gewerkschaftlich zu engagieren und fand Anschluß im Kollegenteam an sehr nette, aber verheiratete Männer. Das war vor fünf Jahren; so lange kenne ich meinen jetzigen verheirateten Freund schon. Dazwischen hatte ich meine zweite große Liebe. Er war neun Jahre älter als ich. Wir trafen uns oft und es war so, wie ich es mir immer gewünscht hatte. Bis es herauskam, daß ihn eine Haßliebe mit einer anderen Frau verband. Ich kämpfte eine Weile um ihn, da auch er aus diesem Bann herauswollte. Bis ich dann dieses Hin- und Hergerissensein nicht mehr ertragen konnte und Schluß machte.

Als ich darüber hinweg war, war eine Pressefahrt, die ich nie vergesse; mein jetziger Freund und ich kamen im Bus ins Gespräch und es klickte. Mit der Zeit hat sich unsere Zuneigung immer mehr verstärkt. Ich bin mir darüber im klaren, daß er sich nicht scheiden läßt – und ich bin mir auch ziemlich sicher, daß ich ihn gar nicht heiraten wollte, denn ich bin sehr froh und glücklich über meine jetzige Situation. Ich war nie so ausgeglichen und zufrieden wie zur Zeit. Zwischendurch lerne ich immer andere Männer kennen, denn ich gehe sehr gerne aus. Ich habe viele Freunde. Aber nach kurzer Zeit bin ich wieder froh, alleine zu sein, und doch nicht alleine, denn Er denkt sehr oft an mich. Ich gehe grundsätzlich nicht fremd (höchstens mal im Urlaub), aber ich habe auch Angst davor, mich wieder zu verlieren und wieder so einen Zirkus wie in früheren Beziehungen zu haben.

Rückblick

Sophie B., 64 Jahre, ledig, Redakteurin, befreundete sich vor 40 Jahren mit Heinrich T., verheiratet, damals 31, 2 Kinder, Landwirt
Verhältnis dauerte drei Jahre, Kontakt besteht noch, danach 2 weitere Beziehungen mit Ehemännern

Ich gehöre zu der Generation der Frauen, die beim Ausbruch des 2. Weltkrieges 16 Jahre alt waren. Wenn man nach Kriegsende nicht schnell entschlossen einen Mann griff, blieben nur verheiratete Männer übrig. Und die große Liebe erwischte mich, als ich 24 Jahre alt war. Natürlich war er verheiratet, wie man so im Krieg heiratete: eine nette Frau, inzwischen zwei Kinder, das zweite noch nie gesehen. Von vier Ehejahren vielleicht drei gemeinsame Wochen. Sie noch im Ausland. Nichts, was es ihr vorzuwerfen gab, und natürlich die Verpflichtung den Kindern gegenüber. Das war etwas, was ich akzeptieren mußte. Ich hätte es nicht anständig gefunden, diesen Kindern den Vater wegzunehmen. Und so bekam ich das Kind, das ich hätte haben können, nicht. Denn er sagte: Wenn zur Liebe zu dir auch die Pflicht kommt, dann muß und werde ich mich scheiden lassen.

Ich dachte damals, ich kann später noch Kinder bekommen. Und dann habe ich doch nie geheiratet. Seine Frau kam, sie lebten zusammen, es kamen noch zwei Kinder. Damit war die Situation für mich klar. Wir trennten uns. Nach Jahren ohne Verbindung meldete er sich eines Tages wieder. Wir hören voneinander, wenn auch in großen Abständen. Ich weiß, daß die Familie einen guten Zusammenhalt hat, daß alle Kinder im Leben erfolgreich sind. So war der Verzicht doch wohl richtig. Und wir können beide voller Liebe und Achtung aneinander denken. Schwer war es für uns alle drei gewiß.

Ich habe einen Beruf gefunden, der mir viel Freude macht. Wer weiß, wie ich mich in einer Ehe entwickelt hätte? Erprobt hätte ich es gern.

Später hatte ich noch zwei sehr gute Freundschaften mit verheirateten Männern, die viele Jahre dauerten. Daß sie so lange dauerten, mag an meiner Haltung liegen (und vielleicht in meiner Generation begründet sein): Ich habe immer die Ehe des Freundes respektiert. Ich habe nicht versucht, jemanden mit Gewalt aus dieser Bindung herauszulösen. Weil ich merkte, daß da ein Tabu war, eine Ebene, die nicht verletzt werden durfte. Als Andere ist man leicht geneigt, seine Situation zu überschätzen. Die Ekstase, die eine neue Beziehung für den Mann bringt, das Lebensgefühl, das er noch einmal genießt und das eine vom Alltag belastete Ehe nun einmal nicht mehr geben kann, verführt sicher oft zu

Versprechungen und weckt Hoffnungen, die sich später nicht realisieren lassen.

In einer Ehe hat man(n) eine Art ergänzenden Code aufgebaut, die Grundlage für ein gemeinsames Leben, beim Mann doch oft auch Basis und Rückhalt für seinen Beruf. Das gibt ein Mann nicht so einfach auf. So windet er sich, läuft mit schlechtem Gewissen herum, macht möglicherweise Hoffnungen, von denen er im Innersten weiß, er wird sie nicht erfüllen. Kinder, Verpflichtung gegenüber der Frau, vielleicht auch Freundschaft mit ihr und Achtung, und eben die gemeinsame Basis, man wirft es nicht so einfach weg. Die Kraft dieser Bindung, auch die Gewohnheit, wird von der Anderen leicht unterschätzt. Zusammenleben können und vom Alltag unbelastete Leidenschaft erleben, das sind doch zwei sehr verschiedene Dinge.

Mir wurde auch klar, daß eine Ehegemeinschaft von 10, 15 oder mehr Jahren nicht so ohne weiteres aufgegeben wird. Ein einziges Mal, als ich die Bitte um ein möglichst baldiges Wiedersehen aussprach, kam die Frage: ,,Habe ich dir etwas versprochen?". Ich habe nie wieder so etwas gefordert oder erwartet. Vielleicht haben die Freundschaften deswegen so lange gehalten. Leicht war das nicht, niemals anrufen, um Hilfe bitten zu können, kaum je mehr als zwei, drei gemeinsame Tage und Nächte miteinander verbringen dürfen. Erstaunlicherweise bin ich aber auch immer nur an Männer geraten, die zu ihrer Ehe standen, die mir nicht die Ohren vollweinten wegen Unverstandenseins und dergleichen.

Ich sprach einmal mit einer Freundin darüber, daß die Ehefrauen eigentlich immer am längeren Hebel gegenüber uns, den Anderen, seien. Denn ein Mann würde einfach seine Ehe wegen einer Freundschaft nebenbei noch lange nicht aufgeben. Wären die Ehefrauen klug, so warteten sie ab. Denn was immer die Beziehung zu der Anderen ihnen bedeutete, die eheliche Verbindung erwiese sich doch häufig als die stärkere.

Jahre später gestand mir jene Freundin, ihr hätte dies Gespräch seinerzeit sehr geholfen. Denn sie habe eben gerade entdeckt, daß es in ihrer Ehe eine andere gäbe. Und durch unser Gespräch hätte sie plötzlich ihre eigene Situation anders und noch eine Hoffnung für sich gesehen. Wenngleich etwas Grundlegendes für sie zerbrochen gewesen sei – denn sie habe ihren Mann sehr, vielleicht zu

sehr, geliebt. ,,Aber weißt du", sagte sie, ,,ich bin wieder frei!"
(womit sie ,,innerlich frei" meinte, denn sie und ihr Mann sind sehr
wohl noch verheiratet; die andere Geschichte ist vorbei und das
nun alte Ehepaar steht sich im Alter so bei, wie man sich das früher
ja mal vorstellte. Und wieviele Frauen sind heute allein, weil die
Männer die ältere Frau gegen eine junge eintauschen).

Gewissensnot

Jürgen K., 52 Jahre, Werbeberater, verheiratet mit Gustel, 48 Jahre,
Hausfrau, befreundet mit Heike B., 45 Jahre, geschieden

Meine Gustel lernte ich vor 34 Jahren als süßes, 14jähriges Mädel
mit zwei dicken, langen Zöpfen, samtenen Augen und einer
herrlichen dunklen Stimme kennen und sofort lieben – wir haben
uns nie mehr getrennt und sind seit 25 Jahren verheiratet. Gustel ist
eine wunderbare, warmherzige Frau, mütterlich, mit einem Gemüt
wie Sommersonne; alles an ihr ist rund und weich und von üppiger
Sinnlichkeit. Auch wenn sie schwer und manchmal ungelenk wirkt,
überspielen ihre Schönheit und ihr zauberhafter Charme alle diese
körperlichen Schwächen. In Zeiten tiefer Depression hat sie mich
immer wieder über Wasser gehalten. Unsere Beziehung ist innig
und zärtlich, ich verliebe mich jeden Morgen neu in sie und kann
mir ein Leben ohne Gustel nicht vorstellen. Ihr Weltbild ist eine
Mischung aus naiver Einfachheit und wachem Wirklichkeitssinn.
Bei keinem Menschen, meine Mutter einbegriffen, habe ich mich
je so glücklich und geborgen gefühlt. Gustels Stärke liegt eher im
Erleiden als im Handeln. Ihre Erotik ist von trägem, sinnlichen
Wohlbehagen mit explosiven Höhepunkten bestimmt, eher passiv.
Wir haben zwei Kinder, jetzt 21 und 23 Jahre, Tochter und Sohn.
Gustel ist sehr auf die Kinder fixiert, geht geschickt, verständnis-
und liebevoll mit ihnen um, wird sehr wiedergeliebt. Alles, was
heute liebenswert an mir ist, hat Gustel ,,aus mir herausgeliebt"
(Erich Fromm). Meine Beziehung zu Heike wäre ohne Gustel und
ihre Liebe nicht denkbar.
  Heike ist heute Gustels beste Freundin, war urspünglich eine gute
Bekannte, die Kinder führten die beiden Frauen auf dem Spielplatz

zusammen. Nach ihrer Scheidung vor fünf Jahren kam Heike in einem schlimmen physischen und psychischen Zustand, ungepflegt und heruntergekommen, zu uns. In nächtelangen Gesprächen gaben wir ihr wieder Mut, bauten sie auf – so freundeten sich die Frauen an. Bei der Intimität unserer Gespräche kamen Heike und ich uns sehr nahe und glitten fast unmerklich in eine Liebesbeziehung hinein.

Vor vier Jahren begannen wir, uns regelmäßig zu treffen. – Heike ist schon optisch der diametrale Gegensatz zu Gustel. Sie ist überschlank, kleiner als ich. Ein schmales, kapriziöses Persönchen. Im Gegensatz zu Gustel, die nur einen Hauptschulabschluß hat, ist Heike gebildet, hat studiert und stammt aus einer wohlhabenden Familie. Daß Heike und ich einen ähnlichen kulturellen Background haben, verstärkte sicher die gegenseitige Anziehung. Heike hat einen guten Geschmack und kleidet sich stilsicher mit einem urhaften Instinkt für die wirkungsvolle Inszenierung ihrer Persönlichkeit. Sie ist nicht hübsch im konventionellen Sinn, ihr Körper ist mager und trägt deutlich Spuren von vier Geburten, aber sie überwältigt mich mit ihrer pulsierenden erotischen Ausstrahlung – wenn wir uns begegnen, knistert es sofort.

Wir entwickelten miteinander eine raffinierte sinnliche Beziehung, treiben unendlich lange und genußreiche Liebesspiele miteinander, unterbrochen von ebenso langen anspruchsvollen Dialogen.

Heike kam mit einem großen Defizit an Innigkeit, Zärtlichkeit und liebevoller Zuwendung zu uns – wir gaben einander davon, soviel wir nur aufbringen konnten; so vertiefte sich unsere Liebe neben der sexuellen Beziehung unmerklich mehr und mehr. Heike ist das, was man einen „feinen Kerl" nennt: hilfsbereit, kumpelhaft, bescheiden, unkompliziert, fröhlich, temperamentvoll, sportlich und abenteuerlustig, aber auch maliziös, nervig und fieberhaft.

Ihr größtes Problem: ihr Weltbild wird sehr von den Konventionen und Tabus ihres bürgerlichen Elternhauses geprägt – ein wichtiger Teil unserer Beziehung baut darauf auf, daß ich ihr von Anfang an geholfen habe, diese quälenden Verhaltensfesseln abzustreifen und zu sich selbst zurückzufinden. Einerseits rebelliert Heike andauernd gegen das Schubladendenken ihrer Schicht, andererseits greift sie, z.B. bei der Erziehung ihrer Kinder, im Zweifelsfall immer wieder auf die formelhaften Regeln dieser Fremdwelt zurück. Das hat auch sie in ihrem Umgang mit Emotionen unsicher gemacht. Miteinander kämpfen wir dauernd um ihre Befreiung. Diese Selbstbefreiung hat nun zu einem ersten Konflikt geführt:

Einen Geliebten zu haben, war für Heike anfangs ein unerhörtes Unterfangen, ganz gegen alle gelernten Regeln, noch dazu einen verheirateten und, der Gipfel, der Mann der besten Freundin. Aber es reizte ihre Abenteuerlust und ihren Widerspruchsgeist, gegen ein Tabu ihres Elternhauses zu verstoßen. Außerdem war unsere Beziehung das wohl wirksamste Mittel, ihr stark angeschlagenes Selbstbewußtsein wiederherzustellen. Heike hat in ihrer Entwicklung ein großes Stück zurückgelegt – das spiegelt sich in ihrer äußerlichen Erscheinung und in ihrer persönlichen Ausstrahlung deutlich wider. Ihre Anziehungskraft wird immer stärker. Kein Wunder, daß sie von manchem Mann bewundert und auch begehrt wird – das schmeichelt ihr und stärkt ihr Selbstwertgefühl. So konnte es nicht ausbleiben, daß bei ihren Bewunderern nun auch ein attraktiver Mann war, der sie so faszinierte, daß ich sie nur knapp und mit Mühe daran hindern konnte, mit fliegenden Fahnen zu ihm überzulaufen.

Wir hatten uns am Anfang unserer Beziehung gegenseitig beteuert, einander die Freiheit lassen zu wollen und keine Besitzansprüche zu stellen. So gestaltete sich unsere Liebe einfach und schön, ohne Störung und voller Harmonie. Nun waren wir beide erschrocken über das emotionale Dilemma, in dem wir uns unversehens befanden. Ich reagierte mit der Drohung, mich zurückzuziehen. Sie war entsetzt, daß mich ihr „Seitensprung" so tief verletzt hatte und unsere Liebe ernsthaft in Gefahr brachte. Beide wußten wir bis zu diesem Zeitpunkt nicht, wie sehr wir aneinander hingen. Es gab Tränen, schlaflose Nächte ... der schmerzhafte Prozeß brachte uns einander noch näher. Eine neue Welle von Zuneigung und Leidenschaft überflutet uns zur Zeit.

Gegenüber Gustel, die von alldem nichts weiß, plagen Heike Schuldgefühle. Ich selber habe mich bisher über diese Konflikte immer mit der Ausrede hinweggemogelt, daß die Beziehung zu Gustel immer besser und inniger geworden ist, seit ich mit Heike zusammen bin und daß ich Gustel nichts fortnehme. Wenn ich Gustel wie Erde und Sonne liebe, dann liebe ich Heike wie das Feuer. Was mich stark belastet, ist die Notwendigkeit, dauernd zu lügen, weil ich Lügen für ein zerstörerisches Element halte, das die Persönlichkeitsentwicklung gefährdet und zu Selbstbetrug und Lebenslügen führt.

Heike ist glücklich, solange wir zusammen sind, um dann wieder unter der Trennung zu leiden. Je mehr ich sie liebe, umso mehr wird mir das Ungleiche und Ungerechte unserer Beziehung bewußt. Ich habe eigentlich alles, die Liebe zweier Frauen und das häusliche Glück mit einer intakten Familie. Heike aber hat nur einen Bruchteil davon.

Ich leide immer stärker unter dieser bitteren Wahrheit. Dies ist mein großer Gewissenskonflikt: wenn ich Heikes Glück wirklich will, dürfte ich mich einer Beziehung zu einem anderen ungebundenen Mann nicht in den Weg stellen. Das macht mir Angst vor der Zukunft.

Schlußbemerkung und Resümee

Der Inhalt dieses Buches beruht auf dem, was ich aus unzähligen persönlichen Gesprächen, Telefonaten und Briefen über die Lebenssituation von Geliebten in Erfahrung bringen konnte. Meine Recherchen decken sich längst nicht in allen Punkten mit den Untersuchungsergebnissen ausländischer Soziologinnen, die sich in ihrem Heimatland mit der Psyche und dem Alltag moderner Nebenfrauen befaßt haben. Dafür gibt es einleuchtende Gründe: in jedem Land sind/waren etwas andere kulturelle, moral-ethische, soziologische und historische Einflüsse wirksam, und sie präg(t)en das Bild der „anderen" Frau in entscheidender Weise mit. Das mag erklären, weshalb einerseits Übereinstimmungen, andererseits gravierende Unterschiede zwischen Geliebten hierzulande und anderswo auffallen.

Ich habe versucht, *die* deutsche Geliebte zu porträtieren. Meine statistischen Angaben basieren auf der Auswertung mehrerer hundert selbsterstellter Fragebögen, die mir die betreffenden Frauen bereitwillig ausgefüllt haben. Die Kontakte zu diesen Frauen bahnte ich über breitgestreute Anzeigen an. Ich inserierte in überregionalen Tages- und Wochenzeitungen, in Frauenzeitschriften unterschiedlichen Niveaus und Boulevardblättern. Überwältigend viele Zuschriften erhielt ich auf meine Wortanzeigen in „BRIGITTE" und „DIE ZEIT". Ohne Echo blieb meine Inseration in der feministischen Zeitung „EMMA". Einen einzigen Brief erhielt ich auf eine Kleinanzeige in der AZ (Abendzeitung) München und nicht mehr als zwei Frauen meldeten sich auf einen Aufruf in der „FRAU IM SPIEGEL" bei mir. Die Vielzahl von Zuschriften erlaubte es zwar, Statistiken anzulegen. Fehlerquellen lassen sich jedoch bei dieser Vorgehensweise nicht gänzlich ausschalten. In meinen Untersuchungen sind nicht erfaßt:

- alle Frauen, die keine Zeitungen/Zeitschriften lesen,
- alle Frauen, die Kleinanzeigen überblättern und
- alle Frauen, die sich auf Kleinanzeigen hin nicht schriftlich artikulieren wollen/können.

Die Reaktionen auf meine kleine Anzeigenkampagne waren für mich äußerst aufschlußreich. Mehr und mehr hat sich im Verlauf meiner Recherchen mein Verdacht bestätigt, die Problematik der „leidenden Geliebten" ist

- etwas leider Alltägliches
- ein Problem, das gehäuft in bestimmten Berufen und Gesellschaftsschichten anzutreffen ist
- ein Problem, dessen Wurzeln in der frühen Kindheit *und* im soziologischen Umfeld gesucht werden müssen und
- ein Problem, das etwas mit Emanzipationskonflikten zu tun hat.

Für die mir typisch erscheinenden Geliebten unserer Tage habe ich die Bezeichnung „Halb-Emanzipierte" gewählt. Mir fiel nämlich wiederholt auf, daß die Betreffenden äußerlich emanzipiert wirken, innerlich aber noch ganz „Weibchen" sind. Die Unvereinbarkeit zwischen verstandes- und gefühlsmäßigem Anspruch treibt heutzutage offenbar vorwiegend intelligente, sensible und freiheitsliebende Frauen in die Arme verheirateter Männer, von denen sie dann über kurz oder lang seelisch abhängig werden. Die Ambivalenz der Gefühle verursacht Leidensdruck, aus vormals Unabhängigen werden emotional Hörige.

Falls meine Thesen und Theorien zur Frage der zeitgenössischen Geliebten jedoch den Kern der Problematik treffen, gibt es einen Hoffnungsschimmer am Horizont. Gelingt es den neuen Frauengenerationen nämlich erst einmal, Emanzipation zu verinnerlichen, wird es irgendwann auch keine leidenden Geliebten mehr geben. Aber: Nicht parallele oder entgegengesetzt verlaufende Emanzipationsbestrebungen von Männern und Frauen können die Situation entschärfen. Annäherung, nicht Abgrenzung scheint mir der gangbare Weg. Die Anderen von heute müssen vielleicht erst die Männergeneration austragen, die ihren Töchtern ermöglicht, ganz Frau und trotzdem frei zu sein.

Wie sollen Männer auf Frauen eingehen, die nicht wirklich wissen, was sie wollen? Ein anderes Männerbewußtsein könnte die Antwort auf ein neues, nicht aufgesetztes, sondern gelebtes Frauenselbstverständnis sein. Was nötig ist: Ein neues Partnerbewußtsein – und mehr Toleranz gegenüber Lebensformen, die alle beglücken und bereichern könnten, wären da nicht unrealistische Normvorgaben, unlebbare moral-ethische Ansprüche und die Illusion des ehelichen Glücks durch verordnete Monogamie. Weniger Verlogenheit, mehr Mut zur Offenheit und unkonventioneller Beziehungsform würde vielleicht manche Ehe retten und Ehefrauen, Geliebte, Ehemänner von einem Teil ihres Leidensdrucks befreien. Dreiecksverhältnisse sind und werden immer problematisch bleiben – im herkömmlichen Ehesystem gibt es keine Ideallösung. Es kann nur im Interesse aller Betroffenen liegen, ehrlich zueinander zu sein und die Leiden durch Lug und Trug nicht sinnlos zu steigern.

Maja Langsdorff

Du weißt es nicht
Und glaubst es doch.
Dazwischen liegt:
Nicht mehr – und: noch
„Kein weites Feld"
Und doch im Raum
Für Deinen Trotz,
Für Deinen Traum.

(Jan Kaestner)

Rat und Hilfe – wo und wie?

Statistiker behaupten, daß ...

... etwa fünfzig Prozent aller Männer und Frauen einmal im Leben ein außereheliches Verhältnis hatten

... aber nur einer von zehn Geliebten das zweifelhafte Glück beschieden ist, von der „Anderen" zur „Einen" zu avancieren

Tatsachen sind, daß ...

... es im Spannungsfeld Dreiecksverhältnis keine allumfassend befriedigende bzw. Ideallösung geben kann, solange an der Illusion der Monogamie festgehalten wird und Menschen mit Gefühlen wie Eifersucht, Verlustangst und Besitzanspruch nicht umgehen können

... unter der Dreierkonstellation Ehefrau – Ehemann – Freundin alle Beteiligten zu leiden haben, der Leidensdruck aber bei der zur Passivität verdammten Geliebten besonders groß ist

... Lügen keine Lösung sein können, sondern nur helfen, einen untragbaren Zustand sinnlos auszudehnen

Neue Wege suchen ...

... ist in jedem Fall besser, als lammfromm auf einen glücklichen Zufall zu warten. Wer nicht länger leiden will, muß aktiv werden. Es gibt keine Garantie für die Richtigkeit einer Entscheidung, aber zahlreiche Möglichkeiten, sich bei einer Neuorientierung oder auf der Suche nach Auswegen aus dem Gefühlslabyrinth helfen zu lassen.

Was hilft?

Lesen, schreiben, sprechen, zuhören, verstehen, diskutieren.

- Gespräche mit Vertrauten und Freunden
- Gedankenaustausch mit anderen Frauen in vergleichbarer Situation

- eventuell eine offene Aussprache mit dem Freund und/oder seiner Frau
- eine Aussprache mit einem aufgeschlossenen Seelsorger
- eine psychologische Beratung, eine therapeutische Maßnahme
- Selbsthilfe im Alleingang oder unter Gleichgesinnten
- Gruppenarbeit und Gruppenselbsterfahrung.

Den ersten Schritt muß die Geliebte selbst und freiwillig tun – bei den weiteren kann sie sich durch andere Menschen, Fachleute und Laien, stützen lassen. Gehen allerdings muß sie ihren Weg allein. Verlagert sie ihre Probleme nur auf Dritte, hilft ihr das auf Dauer nicht weiter in der Bewältigung ihrer Konflikte.

Wer hilft weiter?
Zum Beispiel eine der zahlreichen Beratungsstellen für Jugend-, Ehe-, Familien- und Lebensfragen, die es überall im Bundesgebiet gibt. Diese Beratungsstellen sind Ansprechpartner für den Erstkontakt; können bei der weiteren Orientierung behilflich sein oder führen selbst tiefergehende Maßnahmen durch.

Adressen, ...
an die frau sich wenden kann:

PRO FAMILIA
– Bundesverband –
Cronstettenstraße 30
6000 Frankfurt/Main 1
Tel. 069/550901

Die Fachleute von PRO FAMILIA – Deutsche Gesellschaft für Sexualberatung und Familienplanung e.V. bieten Lebenshilfe an – sie sind nicht auf bestimmte Problemgruppen (z.B. Frauen mit Schwangerschaftskonflikten) fixiert.

Die Anschrift der nächstgelegenen PRO FAMILIA Beratungsstelle steht im Telefonbuch oder läßt sich beim Bundesverband erfragen (bitte unbedingt ein frankiertes Rückkuvert beilegen!)

FAMILIEN-NOTRUF MÜNCHEN
Leopoldstraße 43/I
8000 München 40
Tel. 089/394477

Der FAMILIEN-NOTRUF MÜNCHEN ist eine Beratungsstelle für Familien, Geschiedene und Alleinerziehende bei Ehekrisen, Trennungen und Scheidungen. Die Zukunft dieser als Modellprojekt von Bund und Land Bayern eingerichteten Beratungsstelle ist ungewiß. Solange die Stelle noch besteht, können dort auch Frauen, die verheiratete Männer lieben, Rat und Hilfe suchen.

Anmeldung:
Montag - Donnerstag 8.30 - 17.00 Uhr
Freitag 8.30 - 15.00 Uhr

TRIALOG –
Arbeitskreis soziale Bildung
und Beratung e.V.
Rothenburg 35
4400 Münster
Tel. 0251/511414 und 51248

TRIALOG ist eine Gruppe von Psychologen, Sozialarbeitern, die eng zusammenarbeitet, um den von Familienkrisen, Trennung und Scheidung Betroffenen bei der Bewältigung ihrer Probleme zu helfen. TRIALOG bietet Gespräche, Informationen, Beratung und Vermittlung von Therapieangeboten an. (bei schriftlicher Kontaktaufnahme mit TRIALOG bitte Rückporto beilegen!).

Selbsthilfe

Ein Gespräch unter Leidensgenossinnen, ein Telefonat, ein offener Brief an einen Menschen, der die quälenden Konflikte aus eigenem Erleben kennt, kann den Leidensdruck lindern und im Klärungsprozeß einen entscheidenden Schritt weiterhelfen.

Ich bin gern bereit, bei der Gründung von Selbsthilfegruppen oder bei der Vermittlung von Kontakten behilflich zu sein.

Schreiben Sie mir:
Maja Langsdorff, Hornbergstraße 123, 7000 Stuttgart 1
– bitte unbedingt ein frankiertes Rückkuvert beilegen! –
Ich freue mich auch über Post von Ehefrauen und verheirateten Männern zum Thema.

An diesem Buch haben mitgewirkt

mit fachlichen Beiträgen:
Anke HÜPER, Lehramts-Assessorin und Autorin, Karlsruhe
Heiner KRABBE, Diplompsychologe, Fachgebiet Familienkrisen, Münster

mit Versen und Epigrammen:
Christel BECKER-KOLLE, Diplompsychologin, Stuttgart
Brigitte BOHNHORST, Schriftstellerin, Bremerhaven
Michaela VAN DE SCHANS, Gymnasiallehrerin und Autorin, Hannover

mit einer gemeinsamen ökumenischen Stellungnahme:
Hermann BENZ, katholischer Gemeindepfarrer, Stuttgart-Möhringen
Wolfgang BIRK, Gesprächstherapeut und katholischer Pfarrer, Sprecher der katholischen Seelsorgestellen in Deutschland, Stuttgart
Johannes KUHN, evangelischer Fernsehpfarrer und Autor, Stuttgart

mit persönlichen Erfahrungsberichten:
elf „Geliebte" und ein „Liebhaber"
sowie zahlreiche Frauen, die verheiratete Männer lieben

Zu den Versen und Epigrammen in diesem Buch

Im Rahmen meiner Recherchen zum Thema „Geliebte" kam ich in Kontakt mit zwei Schriftstellerinnen und einer schreibenden Psychologin, die ihre Gefühle, Gedanken und Konflikte als (gewesene) Andere mal selbstironisch, mal poetisch, mal kritisch in Worte gekleidet haben. Spontan stellten sie mir eine Auswahl ihrer Verse und Epigramme zur Verfügung, um sie als Bereicherung und Auflockerung zwischen die Kapitel, streuen zu können. Ich danke den Frauen, die ich anschließend kurz vorstellen möchte:

BRIGITTE BOHNHORST, geb. 1948 in Bremerhaven. Fing nach der Schulzeit eine Schwesternausbildung an, arbeitete als Finanzbuchhalterin. Seit 1982 engagierte Hobbyfotografin; seit 1983 schriftstellerisch tätig. Im Mai 1985 „Sprung in die Öffentlichkeit". Brigitte Bohnhorst ist Mitglied im VS (Verband Deutscher Schriftsteller) und wurde in die „Bibliographie Deutscher Schriftstellerinnen von 1945 - 1985" aufgenommen. Sie lebt in Bremerhaven.

Lesungen und Veröffentlichungen in Bremerhaven, Langen, Bremen, Hildesheim, in Radio Bremerhaven, Nordsee-Zeitung, Szene Bremerhaven, Kursbuch Bremen, Postboje Verlag Spangenberg.

MICHAELA VAN DE SCHANS, geb. 1957 in Duisburg. Seit 1980 Gymnasiallehrerin, seit 1986 beurlaubt. Seither intensive Beschäftigung mit Malerei und akademischem Tanz. Michaela van de Schans schreibt seit 1985. Sie lebt in Hannover.

Lesungen und Veröffentlichungen in diversen Zeitungen und im Katalog zur Ausstellung „Lebenswelt Hafen – so viel Wind und keine Segel" vom Schiffahrtsmuseum Bremerhaven. Mitarbeit und Lesung beim „Literaturprojekt Bremerhaven". Projektiert ist die Mitarbeit an einem Sachbuch zum Thema „Der Alkohol" von Manfred Hausin.

CHRISTEL BECKER-KOLLE, geb. 1952 in Magdeburg. Qualifizierte sich über 2. Bildungsweg. Industriekaufmann, Betriebswirtin, Diplom-Psychologin (seit 1982). Schreibt seit 1976. Arbeitet heute an der AIDS-Beratung der Evangelischen Gesellschaft (EVA) Stuttgart. Christel Becker-Kolle ist mittlerweile selbst verheiratet.